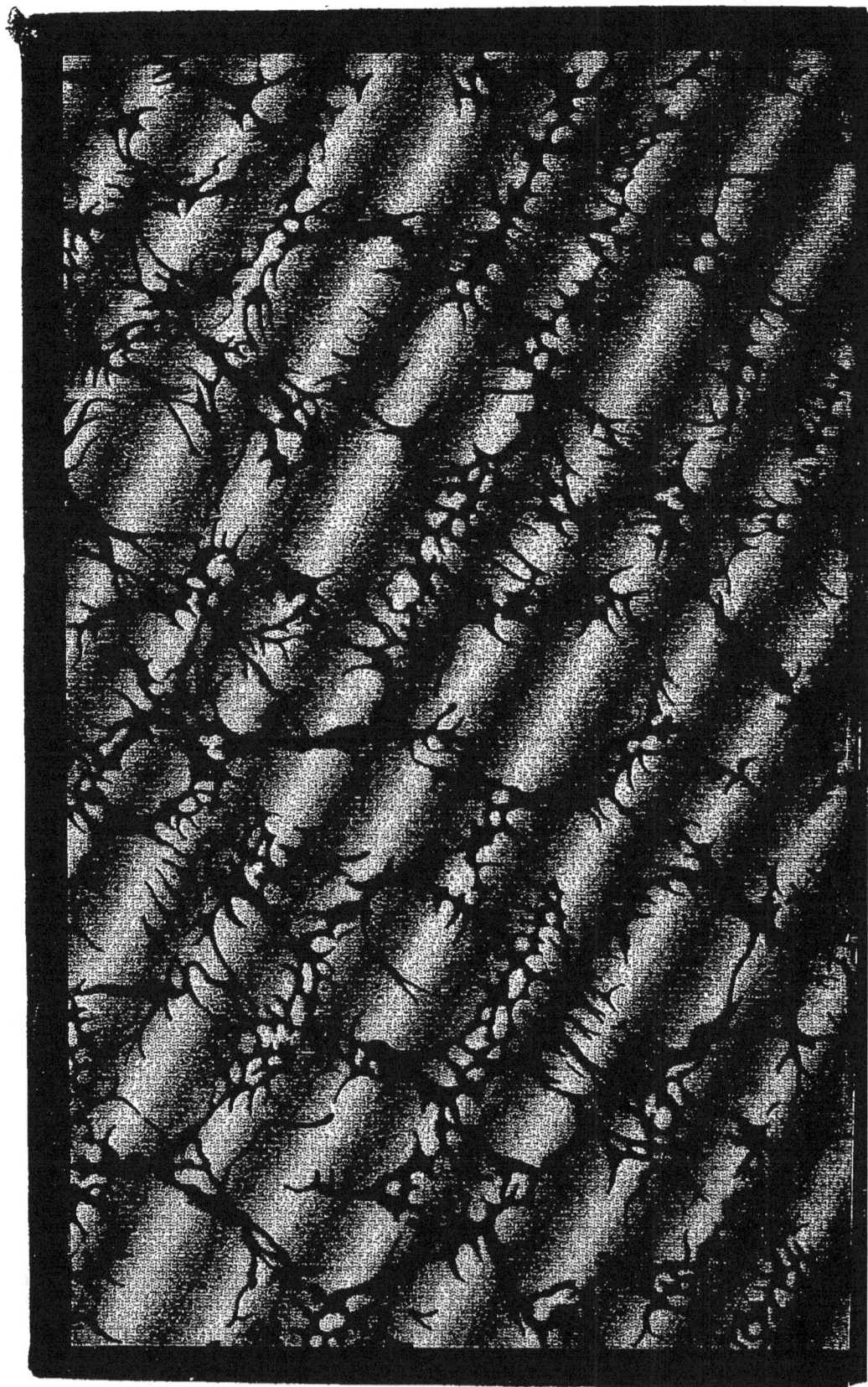

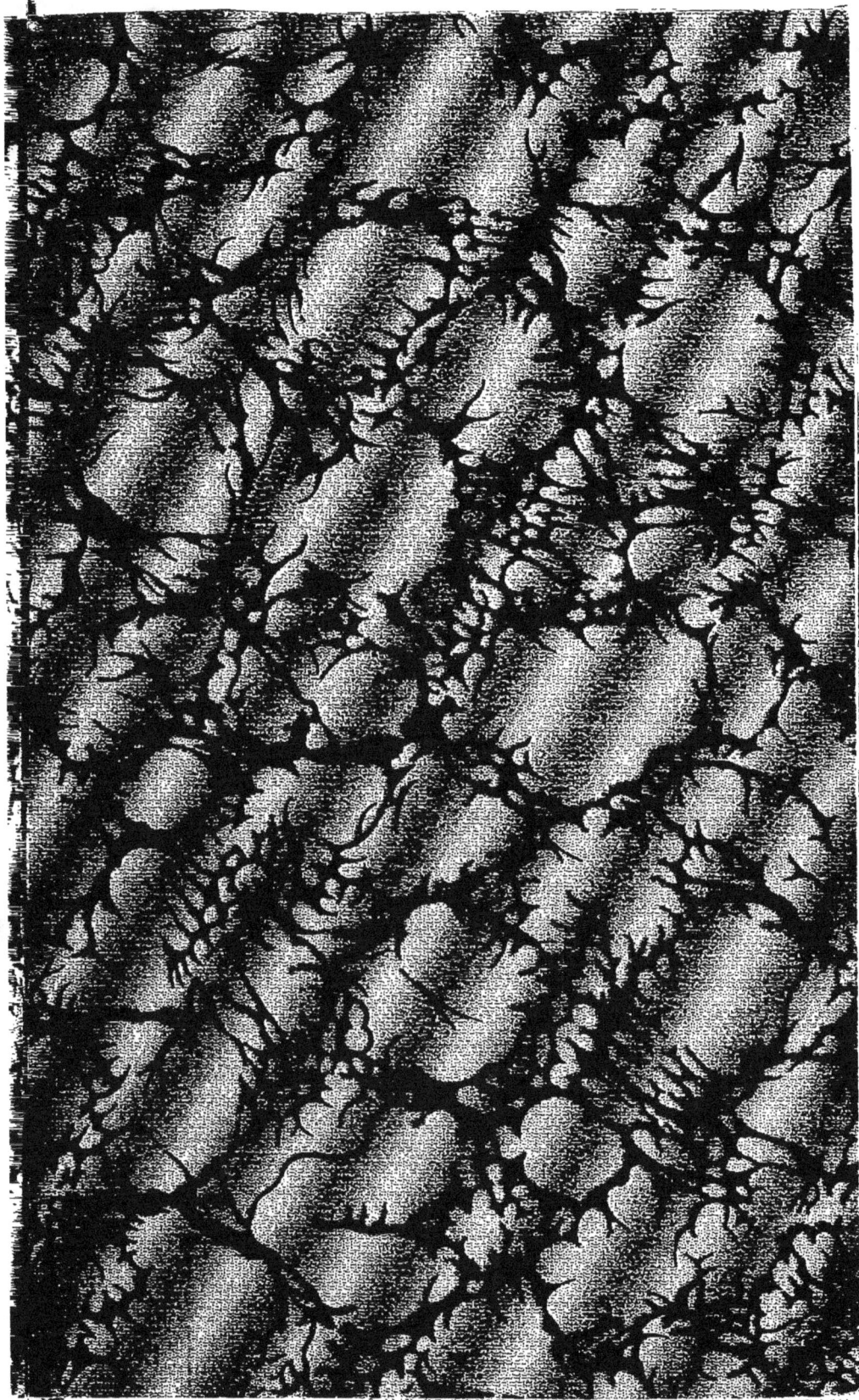

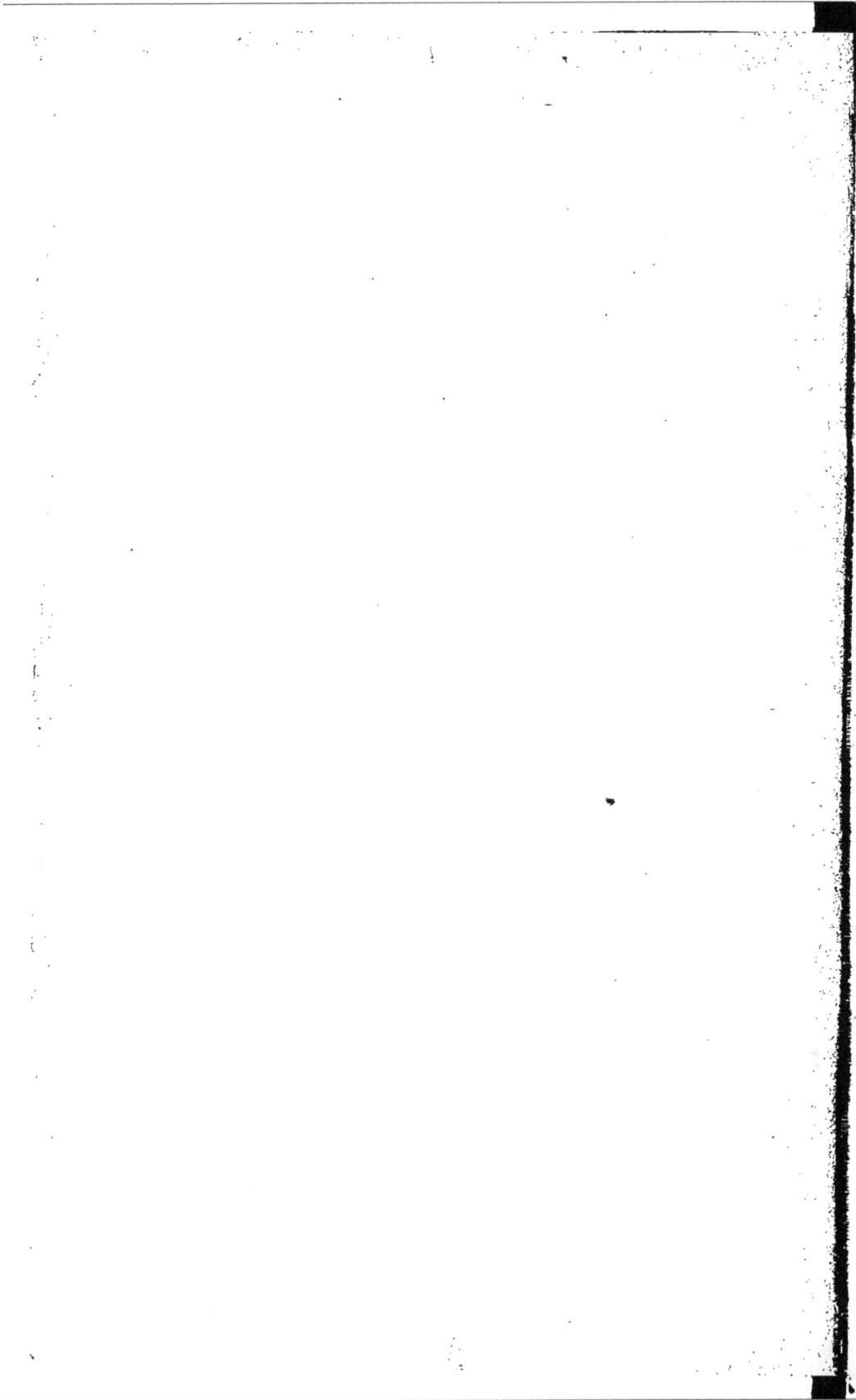

Mémoires d'un Combattant

PAR

Jacques HARMANT

PARIS

NOUVELLE LIBRAIRIE PARISIENNE

ALBERT SAVINE, ÉDITEUR

12, rue des Pyramides, 12.

1892

LA VÉRITÉ SUR LANG-SON

LA VÉRITÉ

SUR LA

RETRAITE DE LANG-SON

Mémoires d'un Combattant

PAR

Jacques HARMANT

PARIS

NOUVELLE LIBRAIRIE PARISIENNE

ALBERT SAVINE, ÉDITEUR

12, rue des Pyramides, 12.

1892

Porte de Chine.

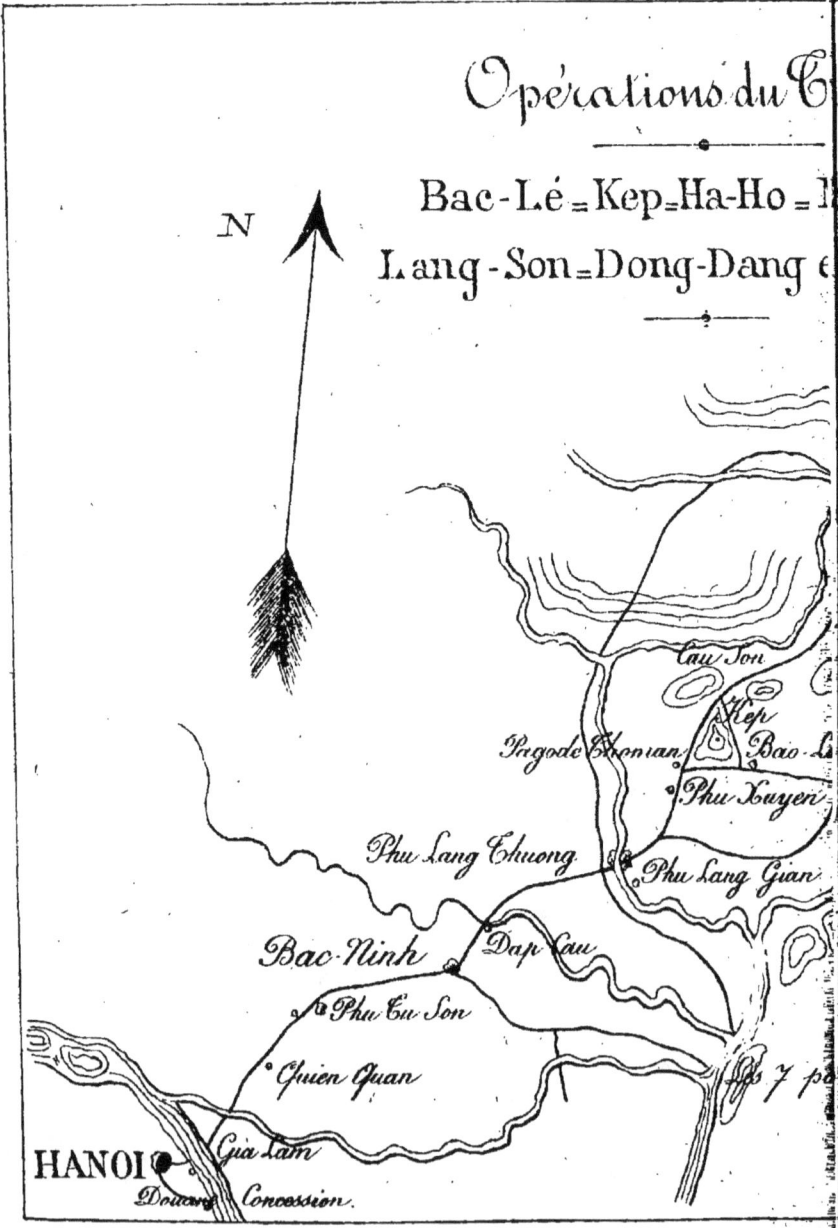

Opérations du C

Bac-Lé = Kep = Ha-Ho = l
Lang-Son = Dong-Dang e

N

Cau Son
Kep
Pagode Thonian
Bao-L
Phu Xuyen
Phu Lang Thuong
Phu Lang Gian
Bac-Ninh
Dap Cau
Phu Cu Son
Chien Quan
No 7 p
HANOI
Gia Lam
Douane Concession.

Carte d'ensembl

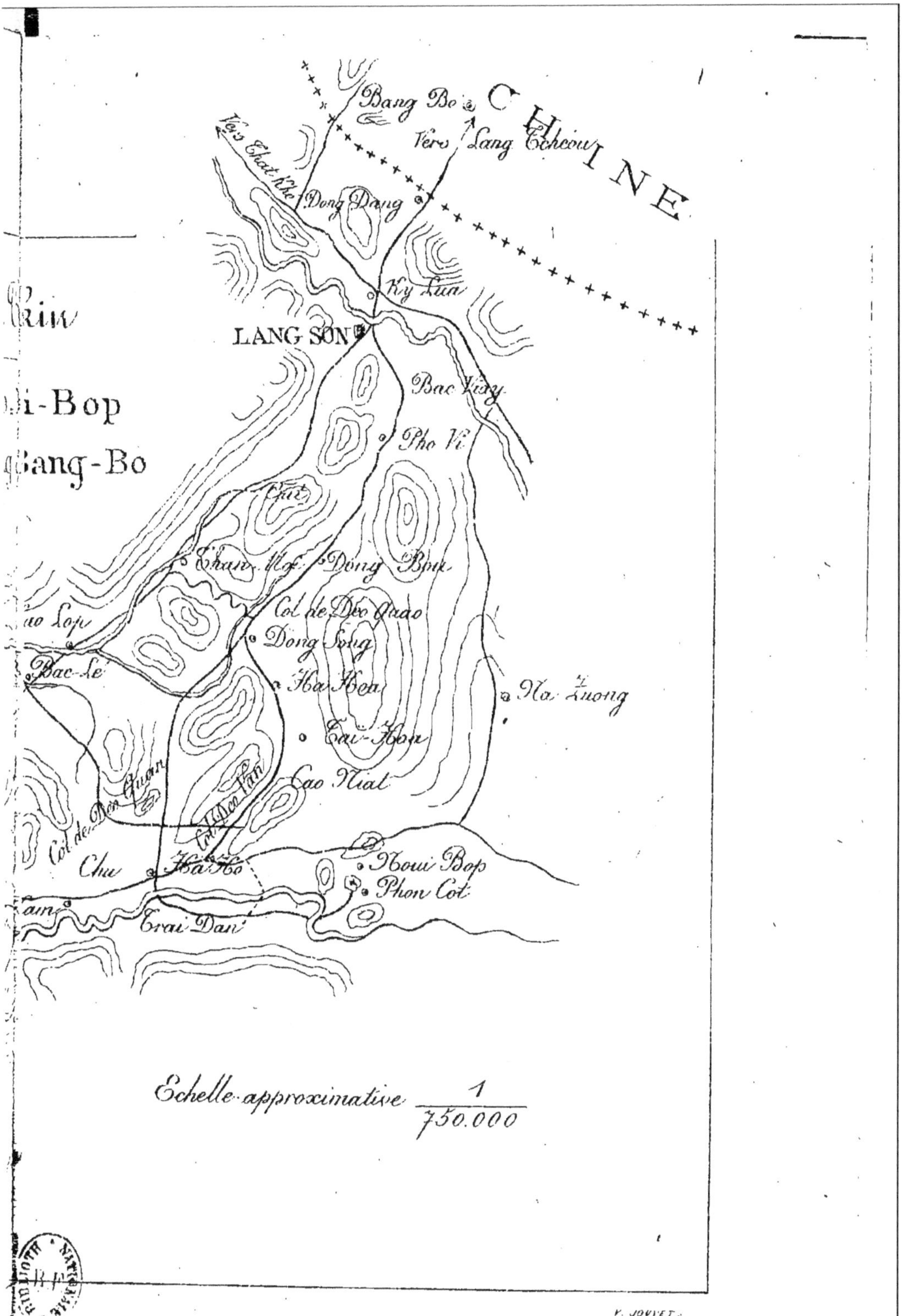

CHINE

Bang Bo

Vers Chat-Khé

Vers Lang Tcheou

Dong Dang

Ky Lua

LANG SON

Bac-Viay

Pho Vi

Riu

i-Bop

Bang-Bo

Chat

Chau-Hoa

Dong Bou

ao Lop

Col de Déo Quao

Bac-Lé

Dong Song

Ha Hen

Na Luong

Col de Bon Quan

Cai-Hon

Col de Ban Tan

Cao Nial

Chu

Ha Ho

Noui Bop

Phon Cot

am

Trai Dan

Echelle approximative $\dfrac{1}{750.000}$

V. JOUVET

des Opérations

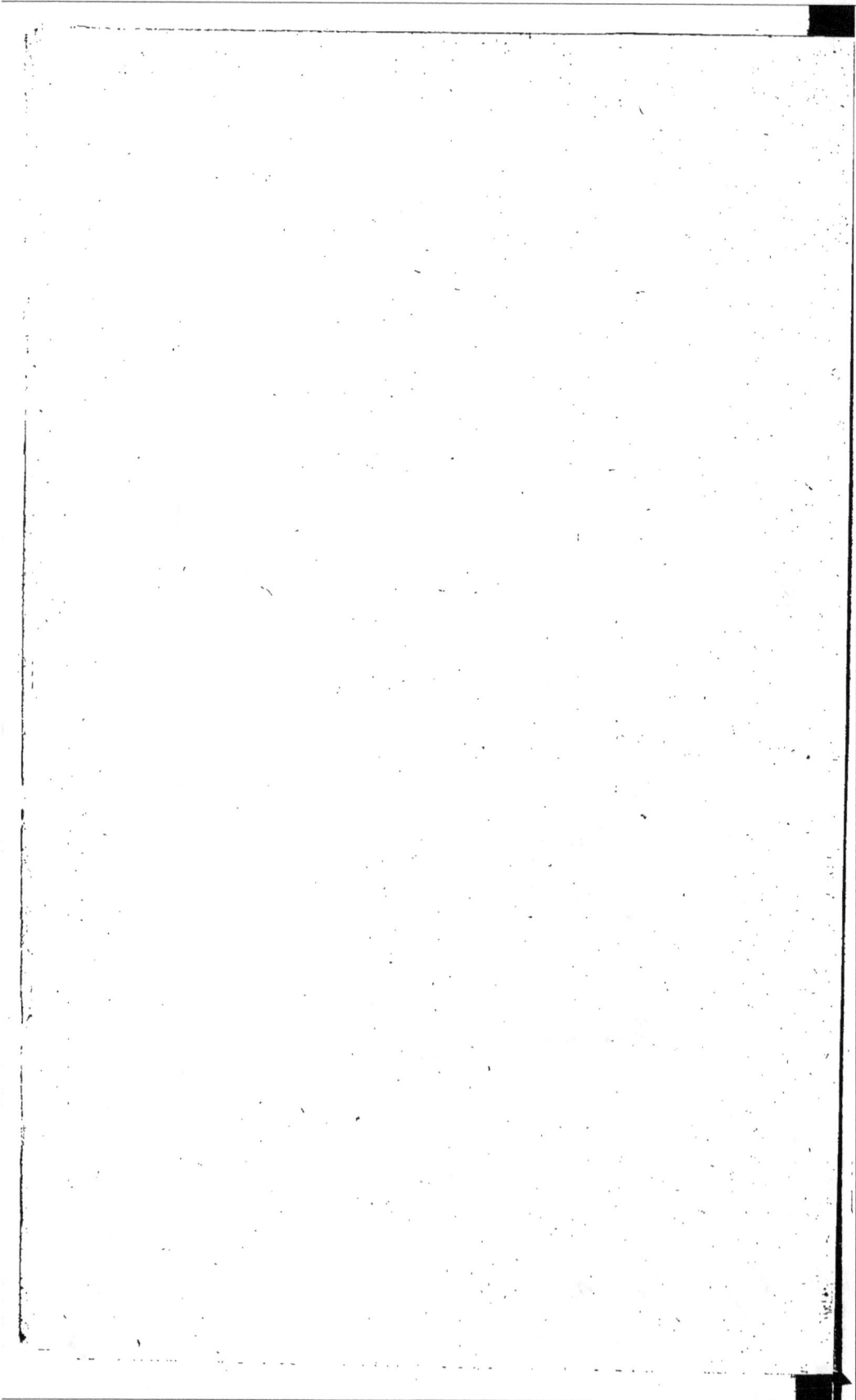

AVANT-PROPOS

La question du Tonkin est une de celles qui ont soulevé le plus de discussions et qui ont fait jaillir le moins de lumière.

Les passions des partis se sont mises en travers, dès le principe, et se sont appliquées à dénaturer le caractère de presque tous les événements accomplis.

La politique fixe bien le moment précis où s'engage une lutte entre deux nations; mais, dès que le canon gronde, elle est reléguée à l'arrière plan pour laisser la première place aux événements militaires; elle ne reprend ses droits que, lorsque l'issue de la lutte n'étant plus douteuse, elle a à préparer le terrain sur lequel les deux partis auront à s'entendre.

Il semble donc naturel, pour bien établir la vérité, d'étudier surtout les faits militaires, d'aller au cœur même du combat et de n'accorder à la politique que la place qui lui revient, avant et vers la fin des opérations.

Ceux qui savent voir sans parti pris constatent que le Tonkin est une colonie susceptible d'avenir, promettant, sous une sage administration, d'être profitable à la mère-patrie.

Le *Soleil* lui-même se porte garant de ses richesses et de sa vitalité, dans son numéro du 14 novembre 1890 :

DEUXIÈME ÉDITION

Dernières dépêches. — Service du *Soleil*.

» Dimanche, 3 heures du matin.

« L'arrivée du prince Henri d'Orléans. »

» Marseille, le 22 novembre.

» Retenu par une brume intense, l'*Iraouaddy*, » bien qu'arrivé hier au soir en vue des îles, » n'a pu entrer que ce matin dans le port.

» Après les angoisses éprouvées pendant la
» longue séparation d'un voyage, au cours
» duquel le prince Henri avait été exposé à des
» périls nombreux, on comprend l'impatience
» qu'avait Madame la duchesse de Chartres
» de revoir son fils.......................

» .... C'est au nord de Lao-Kay, qu'ils
» rencontrèrent, à Tat-Sien, le premier poste
» avancé français. L'apparition de cette cara-
» vane délabrée fut une grande surprise pour
» les officiers et soldats. On fut en liesse ; après
» un court repos, les voyageurs s'embarquèrent
» sur les jonques qui font, sur le fleuve Rouge,
» le service de Lao-Kay à Hanoï, où ils arrivè-
» rent quatre jours après.

» Il était intéressant de savoir exactement
» ce que les voyageurs pensaient du Tonkin.
» *M. Bonvalot paraît très enthousiasmé de nos*
» *possessions dans ce pays, et le prince par-*
» *tage sa manière de voir ; ils fondent sur*
» *l'avenir de la colonie de grandes espérances,*
» *si on peut parvenir à se débarrasser de la*
» *piraterie.*

» Dans le pays, on considère, disent-ils,
» les pirates comme des bandits hors la loi.
» Les pirates, dit M. Bonvalot, ce sont les faits
» divers de là-bas.

» Quand on lit, d'ailleurs, à Hanoï, les faits
» divers des journaux parisiens, on se dit que
» Paris n'est plus la ville sûre. *La piraterie,*
» *c'est une affaire de temps et de police inté-*
» *rieure.*

» *Le prince ajoute qu'Hanoï ne le cèdera*
» *bientôt en rien, comme confort et comme luxe,*
» *aux villes anglaises de Hong-Kong et de*
» *Shanghaï, si les progrès constatés se main-*
» *tiennent.*

» Très épris des choses militaires, le fils du
» duc de Chartres a, là-bas, longuement causé
» avec les officiers et les simples soldats du
» corps d'occupation, qui lui ont paru *très*
» *satisfaits de leur séjour, préférable à celui*
» *de l'Indo-Chine et de certaines garnisons*
» *algériennes.* »

Oui, de l'avis de tous ceux qui l'ont vu, le
Tonkin est un pays merveilleusement riche.

« Je demeure ébloui, s'écrie M. Bonnetain
» du *Figaro,* du nombre de ses ressources, de
» la fécondité de son sol et du bon marché de
» la main-d'œuvre par laquelle on l'exploite.
» Ensuite, — et cette raison devrait suffire si les
» rancunes des partis tombaient chez nous
» quand le pavillon est en jeu, quand l'Europe

» nous regarde, — il fallait que nous le
» prissions, pour qu'une autre nation ne le
» prît pas. A ceux qui répondraient : « Qu'im-
» porte ? La France est une puissance conti-
» nentale, et peu nous chaut la couleur du
» drapeau flottant sur le Tonkin ! » A ceux qui
» récriminent, à présent que la chose est à
» peu près faite et la conquête terminée, il faut
» montrer l'abîme où leurs théories mènent
» notre pays.

» Elle n'est plus à plaider la cause des
» colonies. On a *scientifiquement* démontré
» que l'expansion transocéanienne s'imposait
» à nous, inéluctable. Pour qui douterait encore
» de cette fatale nécessité, un coup d'œil sur la
» carte du monde suffira.... » (1).

Ceci bien établi, il ne s'agit plus que de
savoir si, pour arriver à cette conquête, nous
n'aurions pas pu dépenser moins de sang et
moins d'argent.

Tout se résume dans une question de plus
ou de moins.

Sans hésitation, nous répondons par l'affirmative ; oui, trop de sang, trop d'argent ont
été versés.

(1) Au *Tonkin*, par Paul Bonnetain.

Mais à qui la faute ?

Deux mots se dressent devant nous comme deux immenses points d'interrogation : Bac-Lé et Lang-Son.

Y a-t-il eu un véritable guet-apens à Bac-Lé ? La retraite de Lang-Son ne pouvait-elle pas être évitée ?

Toute l'histoire du Tonkin roule autour de ces deux noms, qui rappellent deux faits essentiellement militaires et où seuls les militaires ont été mêlés. C'est donc là qu'il faut l'étudier.

S'il est prouvé que ceux qui, à cette époque, étaient à la tête des opérations, n'ont pas eu en main de quoi faire face à la situation et ont été victimes de circonstances indépendantes de leur volonté, que la responsabilité des événements retombe toute entière sur celui qui a été le promoteur de cette guerre.

Mais, s'il est reconnu qu'avec un peu plus de perspicacité, qu'avec une juste connaissance des hommes et de la situation, Bac-Lé d'abord, Lang-Son ensuite, auraient pu être évités, inclinons-nous alors devant les faits accomplis et, faisant abstraction des personnalités qui ont joué un certain rôle dans ces deux affaires, examinons si les fautes commises ne doivent pas plutôt retomber sur certaines de nos institutions militaires ou, mieux encore, sur une fausse éducation, à laquelle nous sommes souvent façonnés sans nous en douter.

Pour conclure, il ne restera plus de tout ce fatras de discussion, qu'à se recueillir et·à bien voir s'il n'y a pas, dans cette page de notre histoire, de précieux enseignements à puiser pour l'avenir.

LA VÉRITÉ

SUR LA

Retraite de Lang-Son

CHAPITRE PREMIER

Organisation de la colonne marchant sur Bac-Lé. — L'artillerie
est laissée à Phu-Lang-Thuong. — Insuffisance des interprètes du colonel Dugenne. — Rencontre de quatre chinois
par le lieutenant Bailly. — Passage du Song-Thuong. —
Conférences avec les parlementaires chinois — On marche
en avant. — Combat de Bac-Lé.

Après nos victoires de Son-Tay '16 décembre
1883', de Bac-Ninh ;12 Mars , Thaï-Nguyen
'19 Mars; et l'occupation de Tuyen-Quan (1er juin
1884;, un traité fut signé à Tien-Tsin entre la
France et la Chine.

D'après les stipulations de ce traité, la Chine
faisait abandon de ses droits de suzeraineté sur le
Tonkin et donnait toute liberté au général Millot,
commandant en chef le corps expéditionnaire, pour
faire occuper, dès le 6 juin 1884, les villes de

Lang-Son, de That-Ké, de Kao-Bang et toutes les places échelonnées sur la frontière du Quang-Tong et du Quang-Si.

Vingt jours plus tard, des garnisons françaises pouvaient s'établir à Lao-Kay et dans toutes les autres villes adossées au Yun-Nan.

Fidèle à notre principe, laissons de côté toutes les discussions soulevées au sujet de la passation de ce traité, sur lequel on a ergoté à n'en plus finir, sans que jamais la lumière ait été faite, et suivons tout simplement les troupes du lieutenant-colonel Dugenne, qui a reçu du général en chef la mission d'aller occuper Lang-Son, That-Ké et Kao-Bang.

Nous empruntons au livre du capitaine breveté Lecomte « *Le guet-apens de Bac-Lé* » les principaux faits de cette affaire, si grosse de conséquences, qui a marqué la reprise des hostilités au Tonkin et le commencement de la guerre de représailles sur les côtes de la Chine et à Formose.

Cet officier faisait partie de l'état-major de la colonne Dugenne. Son récit est des plus consciencieux ; mais ses conclusions nous semblent en désaccord avec les faits exposés.

Ainsi que le dit fort bien ce capitaine : « il y avait le plus grand intérêt à occuper ces places immédiatement après le départ de leur garnison chinoise, pour ne pas les laisser tomber aux mains des rebelles ou des irréguliers, et pour assurer, du même coup, la tranquillité dans toute la partie orientale du Tonkin. Il fallait de toute nécessité, du moment que les Chinois consentaient à rappeler leurs contingents au-delà de la frontière, que nous fussions les maîtres du pays qu'ils nous abandonnaient, afin d'affirmer nos droits et de leur ôter tout prétexte de s'immiscer dans les affaires intérieures du Tonkin. »

Une colonne d'occupation fut formée. Le commandement en fut donné au lieutenant-colonel Dugenne, bien qu'il ne fut pas encore rétabli de trois blessures qu'il avait reçues au mois d'avril.

La colonne comprenait :

1° Le lieutenant-colonel Dugenne, commandant l'expédition ;

Etat-major : commandant Crétin, chef d'état-major ; capitaine Lecomte, breveté d'état-major ; sous-lieutenant Vernet, du 2e bataillon d'Afrique ;

2° Un bataillon d'infanterie de marine, commandant Reygasse (310 hommes) ;

3° Une batterie de 4 de la marine, traînée à la bricole ;

4° Un détachement mixte de pontonniers et d'artilleurs, lieutenant Remusat, commandant le détachement (54 hommes) ;

5° Un détachement de chasseurs d'Afrique, capitaine Laperrine, commandant le détachement (43 hommes) ;

6° Un détachement de tirailleurs tonkinois, capitaine Bouchet, commandant le détachement

(350 hommes dont 50 savaient à peine se servir de leurs fusils) ;

7° Un détachement du Bataillon d'Afrique, compagnie Maillard (25 hommes) ;

8° Convoi (35 jours de vivres, 6 caisses de piastres), capitaine Bresselle (127 conducteurs, 200 mulets, 975 coolies) ;

9° Un détachement d'ambulance, M. Gentil, médecin-major de première classe, MM. Achard et Claude, médecins aides-majors ;

10° Télégraphie optique, M. Bailly, chef de service (8 télégraphistes) ;

11° Gendarmerie, 5 hommes ;

M. le capitaine Clémenceau, chargé de la photographie, accompagnait la colonne.

Phu-Lang-Thuong fut désigné comme point de concentration.

Le 11 juin, tout le monde est réuni.

La route que l'on devait prendre était la route mandarine. Elle avait été suivie jusqu'à Cau-Son (22 kilomètres au-delà de Phu-Lang-Thuong) par le général de Négrier, après la prise de Bac-Ninh, dans sa poursuite de l'armée ennemie.

« Sur le reste de son parcours, la route était seulement connue par les relations de deux voyageurs qui étaient allés à Lang-Son quelques années auparavant; c'étaient M. Aumoitte, alors chancelier du consulat de France à Hanoï, et le Père Fuentès, missionnaire espagnol. D'après les récits de ces deux voyageurs, le trajet pouvait se faire jusqu'à Lang-Son en cinq journées.

· » *Première journée* : de Phu-Lang-Thuong à Lang-Kep.

» *Deuxième journée* : de Lang-Kep à Bac-Lé.

» *Troisième journée* : de Bac-Lé à Tanh-Moi ou Phu-Truong-Kanh.

» *Quatrième journée* : de Tanh-Moi à Cut.

» *Cinquième journée* : de Cut à Lang-Son.

» La distance à parcourir était exactement de 100 kilomètres, soit 20 kilomètres par jour.

» Pour des piétons isolés, pendant la saison des pluies, alors que la chaleur est extrême et que les orages sont fréquents et d'une violence inouïe, une marche aussi rapide aurait été bien difficile ; à plus forte raison, pour une colonne traînant derrière elle un énorme convoi, était-il impossible de parcourir une telle distance en si peu de temps. Aussi, malgré tous les efforts de chacun, on ne put parcourir plus de 50 kilomètres en 10 jours.

» Pendant la saison froide, les conditions eussent été tellement différentes que la colonne d'occupation aurait très probablement pu gagner Lang-Son dans le temps déterminé, surtout si son convoi avait été allégé, et, en tous cas, si les charges portées par chaque coolie avaient été réduites.

» La brigade Giovanninelli parcourut ces 100 kilomètres en cinq jours lorsqu'elle quitta Lang-Son en février 1885, pour venir débloquer Tuyen-Quan..... »

Le 13 juin, la colonne quitte Phu-Lang-Thuong à trois heures et demie du soir.

Le colonel Dugenne sent que son effectif est bien faible pour la mission qui lui incombe et son premier acte est de laisser là la batterie de 4 de marine !

La route est, dit-on, trop mauvaise.

Le 21 juin, après une marche des plus pénibles, la colonne arrive à Cau-Son. Pendant le trajet, de nombreux coups de fusils ont été tirés par des tirailleurs restés invisibles, mais sans blesser personne. Tout fait croire que ces coups de fusil doivent être attribués à des irréguliers chinois ou aux pirates du Cai-Kinh, signalant ainsi notre arrivée.

Des postes de télégraphie optique ont été installés par le lieutenant Bailly.

Les troupes sont ainsi en relation, pendant la nuit, avec le général Millot auquel le colonel Dugenne envoie en outre, tous les soirs, par le service des trams (1), un compte-rendu détaillé de la journée.

La marche s'est ressentie des difficultés de la route ; elle a été loin d'être aussi rapide que le prévoyait et que le désirait le général en chef, qui envoie, le 21 juin, la dépêche suivante :

« Quelle raison vous a forcé à modifier le plan primitivement adopté, en vous faisant suivre de

_____

(1) Courriers du pays.

la totalité des approvisionnements, alors qu'il était prescrit d'arriver le plus tôt possible à Lang-Son avec une colonne allégée, quitte à établir ensuite un va et vient de convois pour le ravitaillement ? L'intérêt qu'il y avait à faire acte de présence à Lang-Son n'a pas diminué. »

Cette dépêche a souvent été mise en avant pour couvrir le colonel Dugenne ; mais il convient de lui opposer la suivante, qui fut expédiée le lendemain, alors que le général en chef, mieux renseigné, eut reçu les rapports journaliers du commandant de la colonne :

« Approuve vos dispositions pour convoi ; apprécie *l'énormité des difficultés* et *les efforts inouïs faits par tous pour les surmonter.* Vous envoie 300 coolies et demi-compagnie de tirailleurs algériens.

» Aussitôt tous les approvisionnements réunis à Lang-Son, laissez-y infanterie de marine et Tonkinois ; rentrez avec tout le reste en organisant, si possible, la communication avec Phu-Lang-Thuong.

» *Ce que vous ferez sera bien fait.* »

Cette dépêche devait bien mettre à l'aise le colonel Dugenne, lui laisser toute initiative et par suite toute responsabilité.

Le 22, la colonne est arrivée à Bac-Lé ; le co-

lonel a demandé du renfort : on lui a envoyé la
compagnie Maillard, forte de 77 hommes !

En revanche, une vingtaine de malades ont été
laissés à Cau-Son pour y constituer un poste de
correspondance et garder les vivres qui étaient sur
jonques. C'était donc au total un renfort de 57
hommes (?) qui arrivait au lieutenant-colonel.

Quant à l'artillerie, elle est toujours restée à
Phu-Lang-Thuong. Le commandant de la colonne
n'a pas songé à la faire rejoindre ; le général en
chef n'a pas eu l'idée d'envoyer une batterie de
montagne, plus mobile que la batterie de marine
et dont le tir est beaucoup plus efficace !

On ne peut cependant pas alléguer que le pays
soit tranquille.

« Nous sommes dans un pays franchement
hostile », écrit le capitaine Lecomte, arrivé à cet
endroit de sa relation.

Il constate en même temps que l'interprète
annamite, mis à la disposition du colonel Dugenne, est parfaitement insuffisant. « S'il connaît
bien sa langue maternelle, il n'a, par contre, que
des notions très vagues de la langue française. »

Dès le matin du 22, on se trouve en présence
de Chinois ; c'est le lieutenant Bailly qui les
rencontre pour la première fois, en allant recon-
naitre l'emplacement d'un poste optique. Ils sont
au nombre de quatre, armés de fusils. Le lieutenant leur tire trois coups de revolver ; ils se jettent
sous bois sans riposter.

Je demande pardon au lieutenant Bailly de lui poser ici une question. Pourquoi donc tirer ainsi, lorsque la paix est signée, sur des soldats amis, qui ne lui disaient rien du tout ? Il n'y a aucun doute, ce sont les premiers Chinois avec lesquels vous vous trouvez bien face à face et, sans rime ni raison, vous leur envoyez trois coups de revolver !

Le soir de ce même jour, les troupes campent en carré dans une clairière. Le colonel Dugenne se porte en avant avec une patrouille pour reconnaître les abords d'un gué, qui lui permettra de traverser le lendemain le Song-Thuong.

» Lorsque nous sommes arrivés à une centaine de mètres du passage, écrit à ce sujet le capitaine Lecomte, un des cavaliers de la pointe vient avertir qu'on voit sur la rive opposée des Chinois armés de fusils. Les cavaliers mettent pied à terre et se postent, la carabine à la main, à la lisière des bambous qui bordent la rivière. Le colonel descend la rampe, se fait indiquer la direction du gué et donner tous les détails obtenus par la reconnaissance. Cependant les broussailles s'agitent sur la rive opposée, et il est évident que *l'ennemi* prend position, *mais il ne tire pas*. Au bout d'un certain temps, le colonel remonte lentement la berge, les cavaliers continuent à faire face aux Chinois qui sont sur la rive droite, puis ils se retirent un par un.

» Au moment où le colonel Dugenne arrive au haut de la berge, à la lisière du bois, il dit, en parlant des Chinois qui nous avaient tenus au bout de leurs fusils : « Pourquoi diable n'ont-ils » pas tiré ? Ils avaient cependant un beau coup à » faire. » Nous nous mettons à rire et nous rentrons au camp. »

Journée du 23 Juin 1884.

« Le 23, à 4 h. 30 du matin, l'avant-garde quitte le camp. Arrivée au bord de la rivière à 5 h. 45, la pointe d'avant-garde la traverse sous la protection de la compagnie Maillard, qui borde la rive gauche, *prête à tirer sur tout ce qui se présenterait.*

» A peine parvenue sur la rive droite, la section de Tonkinois est accueillie par des coups de feu partant d'un mamelon boisé et qui n'est pas à plus de 250 mètres.

» La 24ᵉ compagnie se jette immédiatement à l'eau et le colonel Dugenne *donne l'ordre au capitaine Lecomte de prendre la direction du combat.*

» La position de l'ennemi étant reconnue, la section de Tonkinois, appuyée par la première section de la compagnie d'infanterie de marine, se déploie à gauche de la route ; la 2ᵉ section de la même compagnie se déploie sur la route et dans les fourrés qui sont à droite, elle est précédée par quelques éclaireurs tonkinois et a pour mission de tourner la gauche de l'ennemi.

» Le mouvement se fait bien ; dès que la section

de droite, par suite de son mouvement tournant, a dégagé la route, la 3ᵉ section est déployée à cheval sur la route, la 4ᵉ suit en réserve. Le mouvement tournant réussit ; la lisière du bois est lestement enlevée.

» Ordre est donné de cesser le feu. Sous la protection des Tonkinois, on remet de l'ordre dans les sections. Nous nous trouvons dans un terrain très boisé, resserré entre le Song-Thuong et la muraille à pic du Nuï-Dong-Naï, haute de plus de 100 mètres, et sur laquelle des broussailles et même des arbres se sont accrochés un peu partout.

» La situation n'est tenable qu'à la condition de pousser de l'avant.

(Remarquons-le cependant en passant : le feu a cessé et, bien que le capitaine Lecomte n'en fasse pas mention, il va sans dire que l'ennemi de son côté ne tire plus).

» La 2ᵉ section de la compagnie d'infanterie de marine suivra la berge escarpée de la rivière en cherchant toujours à déborder la gauche de l'ennemi ; elle sera reliée à la route par quelques hommes de la 3ᵉ section ; la 1ʳᵉ continuera à appuyer les Tonkinois, et la 4ᵉ s'arrêtera tout d'abord à la lisière pour garder la position conquise.

» *La marche est reprise ; l'ennemi embusqué tire presque à bout portant,* mais trop haut et disparaît dans les fourrés. Un peloton de la compagnie Maillard, sous les ordres du lieutenant Genin, est envoyé par le colonel et remplace à la lisière du bois la 4ᵉ section de la compagnie Lombard, qui est portée en avant.

» Comme l'ennemi s'adosse à la muraille du Nuï-Dong-Naï, sur la gauche, le sous-lieutenant Vernet, à la tête de 15 hommes fournis par la réserve, est envoyé dans cette direction pour nettoyer le fourré qui borde le pied de la montagne.

» *La marche en avant continue.* Au moment où nos troupes débouchent dans une clairière, *elles sont accueillies par des feux de salve très réguliers*, indiquant un adversaire discipliné, feux auxquels elles répondent énergiquement.

» L'ennemi est délogé et disparaît de nouveau dans les fourrés. Nous occupons la position enlevée : nous sommes à environ 800 mètres du point de passage de la rivière.

» *Le défilé dans lequel nous nous étions engagés s'élargit en cet endroit.* Ordre est donné de s'arrêter et de reformer les sections. *Du haut d'un mamelon déboisé, nous avons des vues qui s'étendent à au moins 600 mètres en avant.* A huit heures, le feu cesse des deux côtés. Nous avons eu trois blessés, dont un meurt des suites de sa blessure....

» Pendant ce temps, le convoi effectuait son passage, qui s'achève à onze heures du matin.

» A neuf heures, un parlementaire chinois se présente à nos avant-postes ; il était habillé de blanc et portait des lettres qu'il élevait au-dessus de sa tête au moyen d'un bambou. Son escorte s'arrête à un tournant du chemin et à une centaine de mètres de notre petit poste le plus avancé.

» On bande les yeux du parlementaire et il est conduit auprès du colonel Dugenne qui, à ce moment, se trouve sur le bord du fleuve, surveillant le passage du convoi.

» Les lettres que le parlementaire apporte sont confiées au lettré, qui avait été mis à la disposition du colonel, pour qu'il les lise. Mais celui-ci ne peut qu'ânonner des choses inintelligibles :

« J'ai l'honneur... les messieurs qui sont au » bord du Tien-ton... J'ai envoyé douze escouades » dans tous les villages... »

Il finit par avouer qu'il est incapable de les traduire !

Le boy (1) du lettré s'offre alors pour essayer de les déchiffrer, et voici ce qu'il peut dire :

« Le nommé Phuc-Daï-Nhan a envoyé vingt » lettres pour retirer tous les Chinois dans leur » pays. Aujourd'hui, je retire à Tong-Yen ; nous » sommes engagés pour retirer nos hommes et » garder nos hommes à Bien-Gioï. Cette affaire, » nous sommes entendus, et il faut retirer chez » nous, non pas faire la guerre avec les Français ; » notre engagement ne vaut rien. Maintenant il » faut nous retirer à Tong-Ly pour conseiller de » retirer chez nous. Nous avons fait beaucoup » de choses, mais nous n'avons pas réussi. A

(1) Petit domestique.

» présent nous avons reçu ordre de Tong-Ly,
» enfin nous partirons chez nous pour rentrer en
» nos pays, puisque nous avons traité la paix. Il
» ne faut plus faire la guerre.

» Tong-Ly, à Ginh-Va.
» Signé : Vuong-Ly-Huy. »

La deuxième lettre était, d'après la traduction
du boy annamite, conçue en ces termes :

« Circulaire.

» Chez nous on a envoyé une lettre du côté de
» Bac-Ninh en disant que les Français avec nous
» pour conseiller la paix. Il ne faut pas faire la
» guerre avec les Français. Alors nous ferons
» rompre le traité comme aujourd'hui des gens de
» chez nous n'ont pas encore retiré chez nous, il
» reste beaucoup de monde ici. Vous croyez assez
» forts pour faire la guerre avec les Français. Cette
» guerre à cause de vous autres. Ce n'est pas
» moi. Je vous donne pour dix jours pour retirer de
» suite à nos pays. Sinon je demande un ordre
» pour aller vous chercher, ne pensez plus à la
» guerre. Messieurs, dès que vous aurez lu mes
» lettres, il faudra vous retirer. Il ne faut pas
» rompre le traité. »

« 29 du 5e mois (18 juin).

Sur la bande :

« Le général des Français décachètera la lettre. »

Sur l'enveloppe :

« Dans l'enveloppe il y a une lettre. Je vous prie
» de courir pour remettre cette lettre. »

« M. le Général français,
» Domestiques portent la lettre, il ne faut pas
» perdre la lettre ; elle est très urgente ; la re-
» mettre. »

» Telle est la traduction que le colonel Dugenne
put obtenir. Il se dégageait de cette traduction que
les Chinois connaissaient le traité de Tien-Tsin,
ne voulaient pas le violer, qu'il leur fallait dix
jours pour se retirer au-delà de la frontière, et
qu'ils allaient battre en retraite en précédant notre
colonne. *C'était la conviction absolue du colonel
Dugenne.* « Au moins, disait-il, nous aurons
» maintenant des ponts pour traverser les rivières,
» les Chinois les construiront pour battre en
» retraite et nous passerons dessus. »

» Cependant aux avant-postes, les soldats français et les Chinois fraternisent en s'offrant des
cigarettes et du feu ; nos troupiers avec des « oui »
des « non », appuyés de gestes expressifs, cherchent à se faire comprendre par les Chinois ; tous
rient aux éclats.

» De peur d'accident, les deux partis sont séparés ; une raie est marquée avec une canne en
travers du chemin et personne ne doit s'en approcher à plus d'une dizaine de pas.

» Le chinois A-Po est arrivé au petit-poste le

plus avancé; bien qu'il ne parle pas très bien le français et qu'il ne comprenne pas tous les dialectes chinois, on peut causer à distance.

» — Vous allez à Lang-Son ? demandent les Chinois.

» — Oui.

» — Combien de temps comptez-vous y rester ?

» — Mais toujours.

» Ils répliquent. Vous savez que nous sommes trois millions (1), mais nous avons fait la paix avec vous, maintenant nous ne devons plus nous battre, et nous allons rentrer en Chine.

» Tous ces hommes étaient grands, bien taillés et paraissaient très vigoureux. Leurs uniformes étaient neufs et en tous cas très propres. Tous étaient armés de fusils se chargeant par la culasse : Remington, Winchester.

» Trois Chinois s'étaient présentés en même temps que le parlementaire, ils étaient armés de coupe-têtes et de pistolets; ils se disaient déserteurs de l'armée chinoise et exprimèrent au colonel Dugenne le désir de prendre du service dans l'armée française.

» Nos soldats leur donnèrent une ample provision de tabac et de biscuit.

» A 10 heures, un nouvel émissaire se présente. Il se dit envoyé par le vice-roi du Quang-Si, pour

---

(1) Le mot *million* dans la bouche d'un Chinois signifie simplement un nombre de soldats tellement grand qu'il est impossible de les compter.

faire connaître aux chefs militaires, qui pourraient l'ignorer, que la paix était signée, pour empêcher toute collision entre les troupes françaises et chinoises, et hâter le mouvement de retraite de ces dernières. Cet individu avait certainement connaissance de la teneur de la lettre apportée par le premier parlementaire. Il demanda au colonel, sans insister toutefois, de laisser à l'armée chinoise, dont la marche était très lente dans ce pays de montagne, le temps de s'écouler.

» Le colonel lui demanda si, en sa qualité d'envoyé du vice-roi du Quang-Si, il avait autorité sur les chefs militaires. Sur sa réponse affirmative, le colonel lui dit que ses instructions ne lui permettant pas d'arrêter la marche de sa colonne, pour couper court à toute difficulté, il n'avait qu'à inviter le commandant des troupes chinoises à commencer immédiatement son mouvement de retraite. Il répondit, *après un moment de réflexion,* qu'il donnerait cet ordre et en assurerait l'exécution.

» Le colonel lui exprima son indignation d'avoir été reçu à coups de fusil dans la matinée par des soldats, qui savaient que leur nation était en paix avec la nôtre ; il assura que l'avant-garde n'avait pas été attaquée par des soldats chinois, mais par des bandits du Nui-Dong-Naï.

» Enfin, le colonel lui exprima le désir de voir le chef militaire chinois. Il répondit que ce chef ne ferait aucune difficulté pour venir au camp français,

qu'il l'y conduirait lui-même. Toutefois, comme
ce personnage était à grande distance, un délai de
quatre heures était nécessaire pour qu'il pût se
présenter aux avant-postes. Ce délai fut accordé et
il s'en retourna chez les siens.

(Rapport du colonel Dugenne.)

« A 2 heures et demie de l'après-midi, le poste
le plus avancé signale l'arrivée de deux mandarins..
Ils sont arrêtés à quelque distance du poste, déclarent ne ne plus vouloir avancer et demandent
que le commandant de la colonne se rende auprès
d'eux. Le colonel leur envoie le commandant Crétin. Cet officier supérieur, escorté de deux chasseurs
d'Afrique et de l'interprète A-Po, dépasse le
poste avancé et rencontre les deux personnages à
un coude du chemin. Ils sont entourés d'une quarantaine de soldats et d'officiers armés de revolvers
ou de fusils perfectionnés, vêtus d'uniformes
variés, absolument neufs et d'une grande propreté.

» Ils portent pour la plupart la sandale et la
botte chinoise. Leur tenue est celle de troupes
fraîches qui arrivent et non de soldats qui ont
supporté les misères du bivouac (?)

» L'officier français expose le but de sa mission.
Il vient prendre les deux mandarins pour les
conduire au commandant des troupes françaises.
L'envoyé du gouverneur du Quang-Si paraît

disposé à se rendre au camp, tandis que le général, resté à quelques pas en arrière, au milieu de ses gens, s'y refuse et prétend ne pas dépasser un point qu'il indique et qu'il dit être la limite entre la province de Bac-Ninh et celle de Long-Son. (c'était la raie tracée le matin sur le chemin pour séparer les avant-postes.)

« L'officier français insiste sur la nécessité d'une entrevue ; il rappelle le traité, invoque l'intérêt des deux troupes et autorise même le général chinois à se faire accompagner par dix hommes de son choix ; les deux mandarins parlementent sur un ton élevé. Quelques personnes de leur suite se mêlent à la discussion, devenue trop rapide pour que l'interprète A-Po puisse en saisir le sujet. Enfin l'envoyé du Quang-Si semble avoir déterminé le chef militaire à céder ; mais le général tient d'abord à changer de vêtements. Il disparaît en effet ; son escorte s'écoule peu à peu, l'envoyé du Quang-Si s'évanouit à son tour et personne ne reparaît. »

(Rapport du commandant Crétin).

La traduction des lettres apportées par le parlementaire témoignait d'intentions pacifiques de la part des Chinois et du désir de battre en retraite devant nous. *C'est l'opinion intime du colonel Dugenne.* Les pourparlers, bien que compliqués et légèrement embrouillés, ne font que confirmer le fait et, à 3 heures, c'est-à-dire aussitôt après l'entrevue du commandant Crétin, le colonel renvoie aux avant-postes chinois le parlementaire qu'il avait accueilli le premier dans la matinée. Il est porteur de ces seuls mots à l'adresse du mandarin militaire :

« *Dans une heure, les troupes françaises continueront leur marche.* »

A quatre heures, en effet, la colonne se met franchement en mouvement. Ordre est donné de ne pas tirer. On arrive à une clairière ; la présence des Chinois est signalée ; ils sont en force et l'on continue à marcher. Des coups de feu alors partent de tous côtés des rangs ennemis.

On a beau faire les sonneries « cessez le feu », le feu continue et le combat s'engage, combat terrible où nous luttons un contre dix. Là le colonel Dugenne fait preuve des plus grandes qualités militaires.

D'une intrépidité et d'un courage au-dessus de tout éloge, il conserve un sang-froid imperturbable qui fait l'admiration de tous. Grâce à son coup d'œil, à sa présence d'esprit, il réussit à se tirer d'une situation des plus périlleuses. Officiers, sous-officiers et soldats, soutenus par son exemple, rivalisent de zèle, d'ardeur, d'abnégation, d'héroïsme. Mais les forces que nous avons devant nous sont trop supérieures. Nous n'avons pas de canons, le terrain nous est défavorable. Il faut battre en retraite. Cette retraite s'exécute en bon ordre, sous le feu violent de l'ennemi. Le lieutenant Bailly se distingue entre tous en traversant, la nuit, les lignes chinoises pour aller établir un poste optique sur une hauteur que l'on a aperçue dans le lointain. Il réussit dans sa mission périlleuse.

Le général Millot est ainsi averti.

Le général de Négrier est envoyé au secours de la colonne et, après quelques engagements, les troupes rentrent dans leurs cantonnements.

Nos pertes s'élèvent à 2 officiers tués, 5 officiers blessés, 24 hommes de troupe tués, dont 2 disparus et 2 morts d'insolation, 58 hommes de troupe blessés sur un effectif de 750 combattants.

L'expédition de Lang-Son a échoué. Tout est à refaire !

CHAPITRE II

Considérations sur l'affaire de Bac-Lé. — Le colonel Dugenne.
— On aurait dû et pu ne pas laisser la batterie d'artillerie à
Phu-Lang-Thuong. — Il n'y a pas eu guet-apens mais
malentendu. ·

Etudions maintenant les faits en eux-mêmes.
On ne pourra pas nous accuser de parti pris. Nous
les avons tous puisés, en ayant soin de respecter
jusqu'au texte lui-même, dans l'ouvrage du capitaine Lecomte, qui conclut à un véritable guet-
apens de la part des Chinois à Bac-Lé.

Si nous n'avons pas été témoin des faits que
nous venons de relater, nous connaissons, du
moins, le pays que nous avons exploré pendant
plus de trois mois ; nous y avons eu maille à partir
avec les pirates du Nuy-Dong-Naï ; nous avons
assisté aux échanges de pourparlers qui s'établi-

rent entre Français et Chinois à la suite du proto-
cole du 4 avril 1885, signé aussitôt après la retraite
de Lang-Son ; nous avons vécu dans l'intimité de
plusieurs officiers qui ont pris part aux combats
des 23 et 24 juin. Nous avons pu·nous faire ainsi,
sur cette affaire, une opinion que le livre du capitaine Lecomte n'a fait que confirmer et que nous
allons essayer de faire partager à nos lecteurs
parce que nous la croyons vraie.

Commençons par la composition de la colonne
Dugenne et prenons-en la tête « *Ab Jove princi-*
pium. »

La mission qui incombe au colonel est des plus
délicates. Il est évident qu'il va se trouver en contact avec les Chinois et que, puisque la paix vient
d'être signée, il aura plutôt à faire acte de diplomate
que de guerrier.

Certes, le colonel Dugenne est un officier d'une
bravoure incontestable et incontestée ; il a du coup-
d'œil, du sang-froid, une grande lucidité d'esprit ;
mais la note dominante de son caractère est la rigi-
dité : c'est une barre de fer ne connaissant que la
ligne droite. Il n'admet ni réplique, ni tergiversa-
tion. Il marche droit de l'avant. Il ne sait pas
tourner un obstacle, il faut qu'il le brise ou qu'il
s'y brise.

C'est peut-être lui, de tous les officiers supérieurs
du Tonkin, qui est le mieux fait pour conduire à
bien, de sang-froid, une opération sur le champ de

bataille ; mais c'est aussi lui qui est le moins apte
à soutenir une lutte diplomatique.

Les finesses et les arguties ne conviennent pas à
son caractère entier. Et pour l'aider dans cette
tâche si difficile, qui sort des données de son
caractère, qui lui donne-t-on ? un interprète chinois, le lettré A-Po, qui ne peut pas arriver à
déchiffrer les lettres des mandarins ; un Annamite
qui peut bien connaître sa langue maternelle,
mais qui, par contre, n'a que des notions très
vagues de la langue française ; et c'est avec cela
que nous allons lutter de ruse avec le peuple
réputé le plus finassier du monde !

Il ne devait pas cependant manquer de bons
interprètes à l'état-major du général Millot ; mais
la qualité de ceux-ci ne se mesurait probablement
pas à la difficulté des missions qui leur incom-
baient ; mais bien à l'importance du grade de
l'officier auquel ils étaient attachés.

Tout le monde, le colonel en tête, reconnaît que
l'effectif des combattants de la colonne est bien
faible, et le premier soin de cet officier supérieur,
est de laisser à Phu-Lang-Thuong, une batterie de
4 de la marine, la seule qui ait été mise à sa disposition !

Pour expliquer un pareil abandon, le capitaine Lecomte nous fait savoir que « d'après les
quelques renseignements que l'on a sur la route, et
d'après les dires mêmes du général de Négrier, elle
est très mauvaise ; l'ennemi ne doit pas être ren-

2.

contré, les coolies font défaut pour traîner les
canons, et les bâts des mulets du train ne sont pas
disposés pour le transport d'un matériel d'artillerie..... »

D'aussi simples et d'aussi aléatoires renseignements peuvent-ils justifier une semblable mesure ?

Le général de Négrier a pu dire que la route
jusqu'à Cau-Son, était mauvaise, il n'a pas ajouté
qu'il fallait, par suite, ne pas se faire suivre par ses
canons :

« *On ne doit pas rencontrer l'ennemi* », voilà ce
qu'avance le capitaine Lecomte. Il faudrait cependant que cet officier se mette d'accord avec lui-
même. A la page 6 de son livre, il écrit « qu'il y a
grand intérêt à occuper immédiatement les garnisons de Lang-Son, That-Ké, Cao-Bang, etc...
*pour ne pas les laisser tomber aux mains des
rebelles et des irréguliers et pour assurer du
même coup la tranquillité dans toute la partie
orientale du Tonkin.* » Et quinze pages plus loin,
lorsqu'il s'agit d'expliquer une résolution prise
beaucoup trop à la légère par le colonel Dugenne,
il décide que l'ennemi ne doit pas être rencontré !

Le capitaine aurait mieux fait peut-être de se
relire et de laisser ce point un peu dans l'ombre
que de forcer ainsi son raisonnement, pour essayer
de prouver que tout s'était passé pour le mieux
dans la meilleure des colonnes.

Il y a là une faute, il n'y a pas à se le dissimuler.

L'auteur lui-même du « guet-apens de Bac-lé »
sent bien qu'elle peut être reprochée à son chef, et
il va plus tard de nouveau au-devant des objections
qui peuvent lui être faites à ce sujet.

Dans le récit de la journée du 24, il est dit en
effet : « L'ennemi nous ayant attaqué à des distances variant entre 40 et 300 mètres, si nous avions
eu la batterie de 4, laissée par le colonel Dugenne
à Phu-Lang-Thuong, son utilité sur le terrain de
combat aurait été bien vite annulée, les artilleurs
auraient été tués jusqu'au dernier. »

Mais, avec un pareil raisonnement, il faudrait,
au début de toute opération, supprimer l'artillerie
comme pouvant être exposée à être attaquée de
près aussi bien que de loin.

Dans le cas qui nous occupe, le colonel
Dugenne n'aurait pas dû se séparer ainsi de prime
abord de ses canons ; il devait faire tout son possible
pour les emmener avec lui. Le terrain était difficile, soit ; mais c'était alors le cas d'appliquer la
parole de Napoléon, le mot « impossible » n'est
pas français.

Et sans aller aussi loin, n'est-il pas évident ainsi
que le dit général Von Der Goltz, que « nulle chose
raisonnable et logique ne doit, à la guerre, être
tenue pour impossible tant qu'on ne l'a pas ten-
tée, et il faut tenter tout ce que l'on croit pouvoir
réaliser. »

Si le colonel avait agi ainsi, il aurait pu, c'est
notre conviction intime, faire passer son artillerie,

aussi bien que les lourds bagages de son convoi. Et, n'en déplaise au capitaine Lecomte, ce canon aurait pu rendre les plus grands services à la colonne, en inspirant à nos ennemis une crainte des plus salutaires. Personne de ceux qui ont fait la guerre au Tonkin, ne nous contredira : c'est surtout grâce à notre artillerie que nous avons pu tenir en respect les nuées de Chinois qui menaçaient d'envahir le Delta et les refouler ensuite au delà de leurs frontières.

Le canon était tout sur le champ de bataille et il fallait entendre les soupirs de soulagement de nos troupiers, lorsque, au milieu de la fusillade, ils entendaient gronder notre artillerie. « L'affaire, suivant leur expression, était alors dans le sac. »

Après avoir fidèlement exposé les faits qui ont signalé la marche de la colonne Dugenne et les combats des 23 et 24 juin, le capitaine Lecomte a tiré ses conclusions.

Elles reposent sur les faits relatés et sur d'autres complètement étrangers au récit.

Nous l'avouons franchement : ni les uns ni les autres ne nous ont convaincu.

Passons-les en revue dans l'ordre même où ils ont été présentés dans le « Guet-apens de Bac-Lé. »

De ce que les Chinois ont été bousculés à Bac-Ninh et poursuivis par le général de Négrier au-delà de Kep, le capitaine Lecomte arrive à déduire qu'ils furent entièrement détruits ! .

Une pareille assertion nous paraît quelque peu

risquée. A Bac-Ninh, à Taï-Nguyen, à Hong-Hoa, nous n'avions eu affaire qu'à des Chinois jouant surtout la fantasmagorie, agitant fiévreusement leurs drapeaux, faisant mine de vouloir nous résister à outrance et décampant dès que les distances se rapprochaient, dès qu'ils se trouvaient à portée raisonnable de nos fusils.

Ces victoires étaient plutôt éclatantes par le terrain conquis, le peu de pertes que nous avions subies ; elles étaient dues surtout aux marches effectuées, aux dispositions tactiques habilement prises par nos généraux'et aussi, et surtout, à l'effet moral que nous leur produisions grâce *à nos canons*. Mais de là à conclure que nos adversaires avaient été complètement détruits, il y a loin.

L'armée chinoise détruite, pour expliquer la présence des Célestes à Bac-Lé, le capitaine Lecomte fait faire de nouvelles levées à la fin du mois de mai ; et ces levées n'ont lieu que pour violer le traité de Tien-Tsin.

Puis vient l'histoire de cent Chinois plantant leurs pavillons sur les bords du Loc-Nam ; puis celle de 3,000 réguliers arrivés à Tanh-Moï et manifestant hautement leur intention de se battre avec les Français.

Mais en tenant pour vrais tous ces faits, qui n'ont d'ailleurs été suivis d'aucune sanction, n'est-il pas plus juste de ne voir en eux qu'une comédie, qu'un acte de simple fanfaronnade dont les Chinois

se sont montrés coutumiers pendant toute la durée
de la guerre ?

Tout cela, à notre point de vue, ne prouve rien.
De même le télégraphe, qui reliait Pékin à Lang-
Tchéou ; de ce qu'un télégraphe existe, il ne
s'en suit pas nécessairement qu'il doive servir à
rompre les traités de paix.

Passons maintenant aux preuves tirées du récit
lui-même du « Guet-apens de Bac-Lé : »

Le capitaine Lecomte met en avant des coups
de fusil tirés le 15 juin à des intervalles égaux,
pendant que la colonne s'approchait de Cau-Son ;

Une embuscade tendue par des gens déguenillés
à la lisière d'un bois pendant une reconnaissance
effectuée le 16 juin ;

Un groupe d'individus placés en observation
sur un mamelon en arrière de Bac-Lé, dans la
matinée du 21 ;

La rupture des ponts, à quelques kilomètres du
Song-Thuong ;

Les Chinois rencontrés par le lieutenant Bailly
dans la matinée du 22 ;

D'autres prenant position sur les bords du Song-
Thuong et qui n'ont pas tiré sur le colonel Dugenne.

Ces incidents, d'après lui, démontrent suffisam-
ment que les Chinois, qui occupaient Tanh-Moï,
avaient poussé au loin des éclaireurs pour être
renseignés sur notre marche.

Peu nous importe. Les Chinois, il nous semble, étaient bien libres de savoir ce que nous faisions.

Mais où la supposition devient tout à fait gratuite, c'est lorsque l'auteur du « Guet-apens de Bac-Lé » conclut, de l'ensemble de tous ces faits, que les Chinois purent prévenir de notre approche les grands mandarins qui étaient à Lang-Son et à Lang-Tchéou, et que ceux-ci eurent le temps de recevoir par le télégraphe des instructions de Canton et de Pékin pour nous tendre un affreux piège à Bac-Lé et rompre le traité.

Ce qui s'est passé les 15, 16 et 21 et la rupture des ponts, s'explique tout naturellement.

Dans toutes nos reconnaissances du côté du Nuy-Dong-Naï, des faits identiques se sont toujours produits. Tous ces faits portent la marque des pirates.

Quant aux trois coups de revolver tirés sur des Chinois sans rime ni raison par le lieutenant Bailly, nous avons déjà fait connaître notre étonnement à ce sujet. Il eût été plus politique de les passer sous silence que de nous les servir comme preuve de la mauvaise foi chinoise.

Il en est de même de ces Chinois qui, le 22, avaient tenu le colonel au bout de leurs fusils, mais qui aussi n'avaient pas tiré. Nous ne voyons pas trop ce que vient faire ici cet argument : il se retourne également contre nous.

Que signifie cette réflexion du colonel Dugenne, qui fait rire de confiance son entourage ? « Pourquoi diable n'ont-ils pas tiré, ils avaient cependant un beau coup à faire ? »

Les Célestes ont été très corrects, et c'est plutôt à eux d'invoquer cette circonstance en leur faveur.

Deux faits nous frappent dans la relation du combat du 23 juin : c'est d'abord l'attitude prise dès le début de cette journée par la colonne Dugenne : la compagnie Maillard a pour mission de protéger le passage de la rivière et de *se tenir prête à tirer sur tout ce qui se présenterait ;* mais en donnant un pareil ordre, le colonel n'a-t-il pas affiché, le premier, des intentions tout à fait hostiles ? Et les Chinois, en présence d'une pareille posture, n'ont peut-être fait que nous prévenir, en accueillant par des coups de feu la section de Tonkinois lancée dans le Song-Thuong.

Il y a lieu de remarquer, en second lieu, que ce n'est que lorsque nous nous portons en avant que nous recevons des coups de fusil. Le feu cesse de lui-même lorsque notre marche est suspendue. Trois fois nous poussons de l'avant, trois fois les Chinois nous tirent dessus.

Je n'ose pas affirmer le fait ; mais tout semblerait faire croire que le colonel Dugenne a cherché ce jour-là à avoir une affaire.

Que le lecteur veuille bien relire le récit de la journée du 23 juin. N'est-on pas surpris de la légèreté avec laquelle a été engagé un pareil combat ? Croirait-on, en lisant simplement les premières lignes, que les troupes en présence sont dès troupes appartenant à deux nations qui viennent de signer un traité de paix ? N'est-ce pas enfin avoir fait acte de légèreté que de n'avoir pas essayé d'entrer en pourparlers avec les Chinois, dès le matin du 23 juin, lorsque les premiers coups de fusil ont été tirés sur nos tirailleurs tonkinois ?

Nos règlements sont cependant assez précis ; nous faisons, Dieu merci, assez de théories en temps de paix sur le fonctionnement des parlementaires !

N'était-ce pas le moment, pour le colonel, d'arborer alors un drapeau blanc, au lieu de donner l'ordre à la compagnie Maillard de se tenir prête à tirer sur tout ce qui se présenterait ?

Passons maintenant à l'arrivée des parlementaires chinois dans le camp français. Jusqu'alors on peut, à la rigueur, comprendre l'état d'énervement de la colonne et de son chef. Ce pays inconnu, ces fourrés mystérieux, qui semblent à chaque pas vous cacher un nouveau piège, ce sifflement agaçant des balles, qui signale votre approche ou souligne tous vos mouvements, sont bien de nature à donner sur les nerfs de gens même sérieusement animés des intentions les plus pacifiques. On sent le besoin impérieux de s'expliquer et l'on ne se trouve en présence que du mystère.

Les parlementaires chinois en plein camp français remettent tout en question ; de part et d'autre on peut, sans faire acte de faiblesse, passer l'éponge sur les incidents qui viennent de se produire et s'avouer réciproquement qu'il y a eu maldonne. C'est le moment ensuite de bien s'expliquer, de bien s'entendre pour l'avenir, de tenir compte aussi du caractère et des mœurs des troupes que l'on a en sa présence.

C'est surtout le moment de se rappeler qu'une paix est signée, qu'une reprise des hostilités peut avoir les plus terribles conséquences, que nous n'avons plus de canons, que nous sommes bien inférieurs en nombre, en présence de troupes connaissant bien le pays. Ces réflexions, le colonel Dugenne se les est-il bien faites, et les ayant faites, a-t-il agi en conséquence ?

Poursuivons notre récit et passons immédiatement aux pourparlers qui se sont engagés avec les parlementaires.

Ici, la situation devient grotesque de prime abord : c'est un boy, le boy d'un chinois, qui tient dans ses mains, ou plutôt au bout de sa langue, les destinées des deux armées.

La colonne Dugenne est tellement bien outillée sous le rapport des interprètes, que l'on est obligé d'avoir recours à ce « gna-qué » (1) pour traduire des lettres dont le contenu est aussi important.

---

(1) Terme de mépris que les Annamites emploient pour désigner un campagnard : il signifie *paysan* et a la même nuance de mépris que le mot *provincial* dans la bouche d'un parisien.

Cependant il se dégage de cette traduction que les intentions des Chinois sont pacifiques ; « nous voulons la paix ; ne pensons plus à la guerre ; il ne faut pas rompre le traité, » cela nous est répété sur tous les tons. « Attendez encore 10 jours pour nous permettre de nous retirer. » Une marche en retraite dans ce pays ne peut être que très lente. Le colonel Dugenne comprend tout cela et il répond par cette espèce de cartel adressé au mandarin militaire : « *Dans une heure, les troupes françaises continueront leur marche,* » Et, en avant, Fanfan la Tulipe, nous nous jetons bénévolement.... dans la gueule du loup.

Ecoutons les explications du capitaine Lecomte :

« Lorsque le colonel Dugenne a eu la notion qu'une troupe importante de réguliers chinois était devant lui, le Song-Thuong avait été franchi par la colonne.

» Devait-il repasser la rivière à la suite de la petite escarmouche du matin ?

» La traduction des lettres apportées par le parlementaire témoignait d'intentions pacifiques de la part des Chinois et du désir de battre en retraite devant nous. D'un autre côté, les instructions données au colonel étaient bien nettes : faire acte de présence à Lang-Son le plus tôt possible. Il écrivait au général en chef qu'il tâcherait de marcher sur les talons des Chinois, afin de les empêcher de brûler la citadelle et de piller la ville.

« Avec de la *diplomatie* (?) disait-il, j'arriverai en
» même temps qu'eux. »

» Dans ces conditions, il ne pouvait être question
de reculer.

» Or, il était impossible de rester au campement
de la matinée, avec une rivière à dos et un bois sur
le front.

» Il fallait donc, de toute nécessité, se porter en
avant, au moins jusqu'à ce que l'on trouvât une
position défensive, permettant d'attendre que le
général en chef, prévenu, pût donner de nouveaux
ordres.

» La communication avec Hanoï, par le télégraphe optique, ne pouvait être établie que pendant la nuit ; on atteindrait, en marchant pendant
les dernières heures du jour, la position d'attente
en question. C'est à ce dessein que se résolut le
colonel Dugenne. »

Nous comprenons très bien que le colonel se
trouve mal placé entre un bois en avant et une
rivière à dos. On peut souhaiter une position plus
avantageuse pour la défensive ; mais on peut en
trouver aussi de plus défectueuse.

Somme toute, nos troupes occupent le bord
d'une clairière ; elles peuvent prendre position sur
un mamelon au pied duquel coule un ruisseau
couvrant leur front, et elles ont des vues qui
s'étendent au delà de 600 mètres.

La muraille du Nuï-Dong-Naï se prolonge bien

au loin, vers le nord-est ; elle forme avec le Song-Thuong, qui lui est parallèle, un très long couloir ; il n'est pas difficile de voir que plus nous avancerons, plus notre situation sera critique, plus nous nous engagerons dans la gueule du loup.

Et, après tout, le Song-Thuong, qui forme un coude en arrière de nous, n'est pas, à cet endroit, un obstacle bien sérieux, puisque nous avons pu le traverser le matin sous le feu de l'ennemi.

Mieux valait encore rester à l'entrée du couloir, avec le Song-Thuong à dos, que de s'y engager complètement (1).

D'un autre côté, le colonel se prétend lié par les ordres qu'il a reçus du général Millot. La première dépêche, que nous avons citée, disait en effet que l'intérêt qu'il y avait à faire acte de présence à Lang-Son n'avait pas diminué ; mais la seconde

(1) Dans une récente brochure du capitaine Lecomte, « Marche de Lang-Son à Tuyen-Quan » nous cueillons, à la page 13, la réflexion suivante, qui vient bien à l'appui de notre thèse :

« A 200 mètres environ au delà du point où la colonne Dugenne fut arrêtée, un *arroyo* assez large tombe des rochers, coule à travers un bois inextricable ; ses berges ont au moins 12 mètres de hauteur ; elles sont à pic ; si les Chinois avaient laissé la petite colonne de juin 1884 s'engager au-delà de cet endroit particulièrement difficile, elle eut été irrémédiablement perdue. »

Qui dit guet-apens, dit mauvaise foi, fourberie. Si les Chinois avaient cherché à nous tendre un piège de propos déli-béré, n'auraient-ils pas attendu que nous fussions encore plus engagés dans le couloir ? Il leur suffisait de nous laisser franchir 200 mètres de plus, de l'avis même du capitaine Lecomte, pour nous anéantir.

lui déliait complètement les mains, quand le général, après plus ample connaissance de la situation,
lui télégraphiait : « Ce que vous ferez, sera bien
fait. » Cet argument du colonel tombe donc de lui-
même.

Quand bien même il eut été pénétré de ce qu'il
avance, quand bien même il eut obéi aux deux
sentiments que nous venons d'exposer, n'était-ce
pas le moment de faire acte de diplomatie ?

« Dans une heure, les Français reprendront
leur marche. » C'est tout ce qu'il peut trouver
dans son bagage diplomatique. Franchement une
pareille phrase, dans son laconisme, n'a-t-elle pas
un caractère tout à fait agressif ?

Le colonel a cru les Chinois beaucoup plus
chinois qu'ils ne le sont en réalité, s'il s'est imaginé
que son cartel aurait le pouvoir de lui ouvrir toutes
grandes les portes de Lang-Son.

Les conventions ne se violent pas seulement à
coups de fusil. Si vous dépassez en troupe et en
armes la frontière, vous avez fait violation de territoire.

Les Chinois nous voyant ainsi avancer en plein
dans leurs rangs, une heure après nous avoir
assuré qu'ils ne demandaient pas mieux que de
respecter les traités, que de ne plus faire la guerre,
se sont vus insultés dans leur amour-propre.

Se sentant plus nombreux que nous, ils n'ont
pas craint d'engager le combat, pouvant arguer

plus tard, non sans quelque raison, que, les premiers, nous avions eu une attitude provocante.

Voyons maintenant s'il ne serait pas plus logique
de tenir un tout autre raisonnement que celui du
capitaine Lecomte.

Avant tout, sachons tenir compte du caractère et
de la façon de faire la guerre de nos adversaires.

Les Chinois sont orgueilleux et formalistes. La
question de costume, de formule, de couleurs,
joue chez eux un très grand rôle. Un Chinois qui
conserve sa queue enroulée autour du cou, en vous
parlant, vous manque de respect. Il se moque de
vous, en vous présentant un pli d'une seule main.
Notre mot « oui » a chez eux des traductions différentes, suivant qu'il s'adresse à des supérieurs,
à des égaux ou à des inférieurs, etc., etc.

La solidarité, qui les lie pour les questions d'ordre
général ou patriotique, est bien moins grande que
chez nous ; ils ont sur la guerre des sentiments
qui diffèrent des nôtres. C'est ainsi que, pour eux,
l'acte de lâcher pied ne les entache pas le moins
du monde de déshonneur, si cette fuite ne doit
avoir d'autre conséquence que l'abandon d'un terrain sur lequel ils n'ont aucun intérêt immédiat.

Leur opiniâtreté sur le champ de bataille est
toujours en raison directe du profit qu'ils peuvent
en tirer et surtout des richesses qu'ils ont à sauve-
garder.

C'est ainsi qu'ils furent opiniâtres au Kep, à

Chu, à Noui-Bop, à Dang-Dong, à Bac-Viay et surtout à Bang-Bo.

Dans la campagne qu'ils avaient entreprise contre nous, ils avaient adopté un système de cheminement qui, pour être original, n'offrait pas moins son côté pratique, étant donné le peu de solidité de la masse de leurs troupes.

Le terrain qui sépare Lang-Son du Delta est couvert de hauteurs innombrables présentant un enchevêtrement des plus curieux, mais dans les principales crêtes desquelles on pouvait démêler un certain parallélisme par rapport à la frontière de Chine.

Les Chinois s'avançaient, couronnant cette série de hauteurs d'une quantité incalculable de forts casematés en partie, et dans lesquels ils entassaient non seulement des vivres et des munitions ; mais encore leurs magasins de vêtements (1) et surtout des objets pour leur usage particulier, auxquels ils étaient très attachés et qui dénotaient chez eux le désir de faire la guerre en s'entourant de toutes leurs aises.

Ce système de fortification, immense gabion farci, se rapprochant progressivement de nos positions, s'édifiait avec une rapidité prodigieuse.

(1) C'est surtout dans ces magasins que l'on doit trouver l'explication de ces vêtements neufs qui semblent avoir si fortement troublé le capitaine Lecomte et qui lui ont fait supposer que les Chinois de Bac-Lé étaient des troupes toutes fraîches, levées tout exprès dans le Quang-Si ou le Quang-Tong pour nous tendre un affreux piège à Bac-Lé.

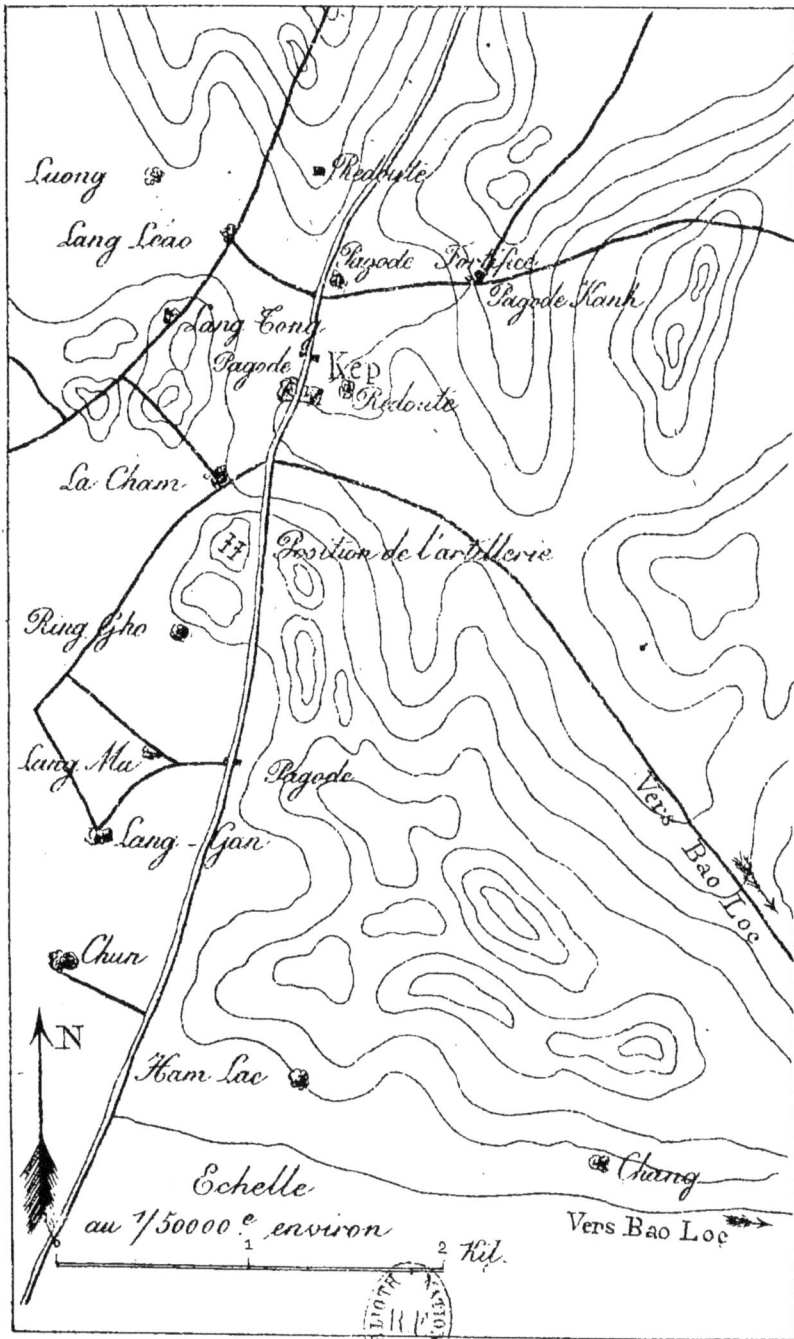

Luong
Redoute
Lang Léao
Pagode Fortifiée
Pagode Kanh
Lang Tong
Pagode
Kep
Redoute
La Cham
Position de l'artillerie
Ring Gho
Lang Ma
Pagode
Lang - Gon
Chun
N
Ham Lac
Chang
Echelle
au 1/50000e environ
Vers Bao Loc
Vers Bao Loc
1   2 Kil.

JOUVET.

Combat du Kep

C'était surtout dans la vallée du Song-Thuong qu'ils avaient le plus accumulé de forts et d'approvisionnements de toute espèce.

Après les pourparlers, qui eurent lieu dans la journée du 23, et dans lesquels, ils ne font que protester de leur respect pour la paix, le colonel Dugenne froisse leur amour-propre en leur envoyant un factum des plus laconiques qu'ils considèrent comme une provocation jointe à une amère plaisanterie. On leur accorde juste une heure pour faire leurs paquets !

Ils sentent que la colonne française est bien faible, qu'elle n'a pas de canon ; ils voient dans sa marche en avant comme une provocation et nous tombent dessus. Et maintenant, à qui la faute si le traité de Tien-Tsin a été rompu ? N'est-ce pas un peu au général Millot, qui avait si mal organisé sa colonne comme effectif et comme interprète ? N'est-ce pas surtout au colonel Dugenne, qui avait laissé son artillerie à Phu-Lang-Thuong et qui avait traité si cavalièrement les Chinois, en poussant de l'avant, malgré les assurances de paix qu'ils venaient de donner ?

Comment admettre, enfin, que Li-Hong-Tchang et même le Tsong-Li-Yamen aient voulu nous tendre un piège !

« Le 24 juin, en effet, le jour où nos soldats tombaient à Bac-Lé, une division de douze navires de guerre chinois venait mouiller à Tché-Fou, à proximité de nos bâtiments.

» L'un des croiseurs impériaux portait Li-Hong-Tchang, accompagné de plusieurs hauts mandarins et d'une suite des plus fastueuses. Le vice-roi venait rendre à l'amiral la visite faite à Tien-Tsin. Ce témoignage de courtoisie, relevé par les plus délicates attentions de la part de Li-Hong-Tchang, fut accueilli· par l'amiral comme il était convenable.

» Le vice-roi, reçu au bruit de dix coups de canon, au son de la *Marseillaise* et aux cris cinq fois répétés de : *Vive la République,* eut à bord le spectacle d'un branle-bas de combat et d'un lancement de torpilles, qui parurent l'intéresser vivement. Il quitta Tché-Fou la nuit suivante, laissant un cadeau somptueux aux marins de la division et paraissant emporter les meilleures impressions de sa visite (1). »

Comment Li serait-il venu se mettre à la merci de la division navale à Tché-Fou ? Comment aurait-il pu donner à l'amiral les témoignages de la confiance la plus entière, s'il avait su qu'à ce moment même les troupes chinoises se préparaient à attaquer nos soldats au mépris d'une convention à peine signée ?

Bac-Lé a nécessairement occasionné la rupture

(1) Pierre Lehautecourt, *Les expéditions françaises au Tonkin.*

de la paix de Tien-Tsin, et la responsabilité de cette rupture ne peut retomber que sur ceux qui ont joué un rôle dans cette affaire.

Quant au gouvernement, il se trouvait fatalement forcé d'opter entre ces deux solutions :

Fallait-il subir l'humiliation faite à nos armes, en faisant supporter à nos chefs militaires la responsabilité de leur imprévoyance et de leur inconséquence ? Fallait-il passer simplement l'éponge sur le sol de Bac-Lé, encore tout rouge du sang de nos soldats, et laisser s'amoindrir ainsi notre prestige en Extrême-Orient ? Fallait-il aller contre l'opinion publique, contre le vote du Parlement, qui réclamait une réparation à l'insulte faite à notre drapeau ?

Ou bien, considérant qu'après tout les Chinois nous avaient, les premiers, tiré dessus, alors qu'il n'était pas du tout dans nos intentions de rompre le traité, fallait-il assumer la responsabilité des faits accomplis, couvrir nos chefs militaires, continuer la guerre et faire respecter l'honneur de nos armes ?

La seconde de ces solutions était la plus digne, la plus conforme à nos sentiments français, ce fut aussi celle qui fut imposée par l'opinion publique, par le Parlement et acceptée par le gouvernement.

Anachronisme.

En parlant plus haut des pourparlers, qui
s'établirent entre Français et Chinois à la suite de
la retraite de Lang-Son, nous commettions un
anachronisme qu'il n'est pas cependant sans
intérêt de rapprocher de l'incident de Bac-Lé :
Près d'un an s'était écoulé depuis les événements
que nous venons de relater. Nous étions dans les
premiers jours du mois d'avril, encore sous le
coup de la retraite de Lang-Son, lorsque nos avant-
postes, établis à deux kilomètres du fort de Kep,
se replièrent.

C'était l'avant-garde d'un corps de 6,000 Chinois
environ, qui nous arrivait. Le lendemain, ils
ouvraient le feu sur la plaine, nous tuant un sergent et deux hommes.

Deux jours après dans la soirée, le colonel
Godart, qui commandait le fort de Kep, reçut
un télégramme lui annonçant qu'un armistice
était conclu entre la France et la Chine, en
prévision d'une paix qui devait être préparée
sur les bases du traité de Tien-Tsin ; la dépêche
portait en outre que les hostilités devaient cesser
le lendemain, à neuf heures du matin.

Ce matin-là, on ne voyait plus de Chinois
dans la plaine de Kep. Néanmoins le colonel
Godart, par un sentiment que nous ne pouvons
guère nous expliquer, fit tirer le canon jusqu'à
9 heures précises et réunit ensuite tous ses officiers

pour leur annoncer, à leur grand ébahissement, que la paix était signée.

« Messieurs, commença-t-il, j'ai une bien mauvaise nouvelle à vous communiquer... (Tête de tout le monde ! Que pouvait-il encore nous être arrivé après la retraite de Lang-Son et la blessure du général de Négrier ?) « ...La guerre avec la Chine est terminée... etc. »

On peut trouver dans ces quelques paroles du colonel l'explication des coups de canon qu'il fit tirer jusqu'à la dernière minute.

Comme le Kep était le point le plus en contact avec les Chinois, ce fut par l'intermédiaire de cette place que s'établirent en partie les relations.

Après que le feu eut cessé, le colonel Godart envoya demander au général mandarin ennemi si, de son côté, il avait eu connaissance de l'armistice.

Le mandarin répondit qu'il en avait bien entendu parler, qu'il n'avait encore reçu aucune instruction précise de ses chefs directs, qu'il cesserait cependant les hostilités ; mais qu'il devait attendre, pour évacuer le territoire, des ordres supérieurs.

Rapprochons cette réponse de la lettre à peu près traduite par le boy du chinois A-Po et dont nous donnons ci-après le texte aussi fidèle que possible :

« Au noble commandant des troupes
françaises,

» Votre compatriote, M. Fournier, a dit à Tien-
Tsin, au moment où il s'en‑retournait en France,
que « après vingt jours, des soldats français se-
» raient envoyés pour parcourir le pays et que
» l'armée du Kouër devrait s'en retourner camper
» dans certains endroits. » Nous le savons comme
vous. Vous voulez aujourd'hui que nous nous
retirions sur la frontière ; *mais il faut absolument
pour cela un avis du Tsong-Li-Yamen.*

» Ce n'est pas que nous voulions violer le traité.
Le traité de Tien-Tsin porte bien que nos troupes
seront reportées sur la frontière. *Nous ne voulons
pour cela qu'une lettre qui nous fixe sur les mouvements que nous avons à faire.*

» On ne doit pas rompre la paix par des combats
inutiles.

» Nous vous prions donc de vouloir bien vous-
même adresser un télégramme à Pékin pour
demander une lettre du Tsong-Li-Yamen. Il ne
faudra que peu de temps pour la demande et la
réponse.

» Dès que nos troupes auront reçu l'avis du
Tsong-Li-Yamen, elles se formeront en bataillon
et évacueront le territoire annamite pour retourner
aussitôt à la passe du Midi (1).

(1) Tcheng-Van-Kuang, défilé sur la frontière du Kouang-Si.

» Nos deux pays ayant, en effet, conclu la paix, on ne doit pas faire de nouvelles luttes.

» Tel est ce que nous avions à vous dire.

» Les Chefs du camp chinois :

» Li-Wang et Wei. »

Pendant plus d'une semaine nous fûmes en relations avec nos ennemis de la veille, et nous mettons en fait que, pendant ce court espace de temps, si nous n'avions pas été rendus plus prudents par la connaissance, que nous avions du caractère chinois ; si nous n'avions pas été tous pénétrés au plus haut point des conséquences terribles que le plus petit conflit aurait pu faire surgir, nous mettons en fait, disons-nous, que nous aurions eu vingt occasions pour une de renouveler l'incident de Bac-Lé.

Quand une suspension d'armes est convenue, il est de règle de déterminer une ligne de démarcation entre les deux armées ; jamais nous n'avons pu obtenir une chose aussi simple de la part des Chinois ; et que de fois n'avons-nous pas surpris plusieurs d'entre eux, sans armes, installés dans nos petits postes et faisant avec nos troupiers une causerie mimée, de laquelle ressortait clairement leurs intentions pacifiques.

Détail à signaler : ces colloques gesticulés se terminaient toujours par de bons éclats de rire et une bonne rasade, dont nos troupiers faisaient généralement les frais.

On a eu beau menacer des peines les plus sévères les chefs de poste et les sentinelles qui laisseraient approcher les Chinois, à moins de 5o mètres ; malgré tout, ceux-ci s'avançaient les bras ouverts, faisant bien voir qu'ils n'étaient porteurs d'aucune arme. Ils s'asseyaient au milieu des nôtres, riaient à gorge déployée « bons camarades », disaient-ils, avec un accent cuivré. Comme il eut fallu employer la force pour les faire disparaître, on finissait par rire comme eux, ce qui était, en définitive, le seul parti à prendre.

Et que de fois, en pensant aux suites qu'aurait pu avoir un coup de fusil malencontreux, ne nous sommes-nous pas dit : « Mon Dieu ! pourvu qu'une sentinelle maladroite ne s'avise pas de tuer un Chinois pour observer sa consigne. »

Les troupiers, eux aussi, étaient pénétrés de l'importance de leur rôle et aucune balle inintelligente n'a fait résonner de ses échos la vallée du Song-Thuong.

Les Chinois avaient fini par recevoir des ordres leur prescrivant de cesser les hostilités et d'évacuer le pays jusqu'au-delà de Lang-Son. Une date avait été fixée d'un commun accord, pour le commencement de cette évacuation.

Au jour dit, comme bien on pense, nous étions dès le matin sur le talus du fort, épiant le mouvement de retraite ; mais rien ne faisait mine de bouger, et nous nous demandions si nous n'étions pas bernés, lorsque vers les six heures du soir, à la tombée de la nuit, nous vîmes les colonnes chinoises se mettre en marche du côté de Bac-Lé.

Les Chinois se conformaient fidèlement à leurs conventions, mais avec cette mesquinerie et cette puérilité qui font partie intégrante de leur caractère.

Le lendemain, l'évacuation était dans son plein et s'effectuait régulièrement, lorsqu'un enseigne de vaisseau, M. D'Hunolstein, nous apporta un pli pour les Chinois. Le lieutenant Rondoni, des tirailleurs tonkinois, fut chargé de le faire parvenir à destination. Il partit en parlementaire, et quand il arriva à hauteur de la colonne chinoise, alors en marche, une de leurs musiques s'arrêta et joua en son honneur un des meilleurs airs de son répertoire.

Autres faits pris au hasard : Un jour, une patrouille de tirailleurs tonkinois nous revient sans armes et dans un assez piteux état.

On leur demande des explications. Ils se mettent à nous raconter que des Chinois les ont surpris et se sont emparés de leurs fusils. Ils ne devaient qu'à la vitesse de leurs jambes d'avoir conservé leur existence.

Une plainte est adressée à ce sujet à nos ennemis de la veille. Une enquête est faite des deux côtés. Les Chinois, dès le début, nous répondirent que nos tirailleurs pouvaient bien être d'horribles farceurs ; l'enquête démontra la vérité de cette assertion :

3.

Nos Tonkinois avaient voulu piller leurs compatriotes. Ceux-ci ne s'étaient pas laissé faire, et avaient même réussi à les désarmer. Les Chinois retrouvèrent les fusils et nous les firent parvenir au Kep.

Un autre jour, nous voyons arriver à nous un mandarin, rang de lieutenant, porteur des insignes de la queue du renard. Il avait une mission pour le commandant du fort. Il est introduit dans la salle du cercle, les yeux bandés. Nous ignorons au juste de quoi il s'agissait; mais ce que nous savons, c'est que le mandarin fut d'une correction parfaite, qui nous le fit appeler : le chinois « *high-life* ».

Pendant le cours de la conversation, on lui versa force coupes de champagne et on lui montra quelques égards.

Il fut très touché de cet accueil et, en nous quittant, il remit sa carte au lieutenant Rondoni.

Quelque temps après, le colonel recevait à son tour une lettre de remerciements de notre mandarin, qui avait pensé qu'il y aurait eu familiarité à laisser simplement sa carte à un officier d'un grade de beaucoup supérieur au sien.

L'évacuation s'opérait régulièrement, mais avec une lenteur qui ne nous surprenait pas le moins du monde.

Au fur et à mesure que le terrain était libre, nous établissions des postes plus avancés. C'est ainsi que le capitaine Sazonoff fut envoyé à Tan-Moï.

Avant d'abandonner complètement la région, les Chinois lui dépêchèrent plusieurs mandarins pour lui demander s'il n'avait rien à reprocher à leurs soldats, ajoutant que s'il avait quelques plaintes à formuler, ils n'hésiteraient pas à punir sévèrement les coupables.

Le capitaine Sazonoff, n'avait eu avec eux que des relations d'excellent voisinage. Et quand bien même il eut eu à se plaindre, il se serait bien gardé de le faire par esprit d'humanité, sachant trop par expérience que les mandarins ne se seraient guère gênés pour cueillir çà et là, sans trop grandes formalités, quelques têtes sur les épaules de leurs subordonnés. Peu auparavant, il avait vu ainsi décapiter un pauvre diable, à la suite d'une rixe qui s'était élevée chez un soldat chinois, lequel avait mis à profit le repos forcé de l'armistice pour monter un débit d'alcool. Les Célestes, on le voit, ne négligeaient aucune occasion de faire « le petit commerce ».

Un dernier fait, qui s'est passé du côté de Chu :

Le lieutenant Degot, attaché à l'état-major du général de Négrier, est envoyé du côté du Déo-Van, porteur de dépêches pour les mandarins chinois.

Il a son revolver et est suivi de quelques cavaliers armés. Les mandarins vont à sa rencontre couverts de vêtements somptueux. Arrivés à hauteur du lieutenant, ils font remarquer qu'ils sont complètement désarmés et lui demandent, en lui montrant son revolver, pourquoi cette marque de défiance à leur égard.

Le lieutenant Degot, en rappelant ce fait, avoue qu'il fut un peu désorienté par cette question ; mais, reprenant son assurance, il expliqua qu'il n'était venu en armes, que dans la crainte d'une rencontre avec les pirates.

Il fut reçu de la façon la plus courtoise, et n'eut qu'à se louer des procédés de nos anciens ennemis.

En général, du reste, tous les officiers qui furent en relations avec les Chinois après la paix du 4 avril 1885, sont unanimes à proclamer combien ils se montrèrent dignes, affables et prévenants. Nos rapports avec eux eurent alors beaucoup d'analogie avec ceux que nous eûmes avec les Russes après la guerre de Crimée.

Nous voyons là un indice des temps. Peu à peu tomberont toutes ces accusations haineuses que des esprits prévenus ont portées contre notre colonie.

Le colosse chinois aux portes du Tonkin ne nous effraie pas. La guerre qu'il a entreprise contre nous n'a été qu'une aventure pour ce peuple essentiellement commerçant.

Avec de l'esprit de suite, du tact, de la fermeté et du temps, qui efface tout, nous arriverons à nous créer avec les habitants du Céleste empire, par trop décriés, trop peu compris, des relations qui feront de notre colonie, un des pays les plus prospères qu'une nation puisse souhaiter avoir sous son protectorat.

Notre caractère ouvert et franc convient beaucoup mieux aux Chinois que celui plein de morgue qu'affectent les Anglais. Et il n'est pas loin le temps où nous pourrons contre-battre, et même supplanter complètement l'influence que ces derniers exercent dans ce pays d'Extrême-Orient.

Dût-on nous accuser d'un optimisme outré, nous n'hésitons pas à affirmer que nous ne sommes pas inquiets pour notre colonie des massacres· qui ont lieu actuellement en Chine.

Ces massacres, qui pourront encore se renouveler dans un avenir plus ou moins prochain, n'ont pas et n'auront pas de contre-coup dans le Tonkin. Ce sont là affaires de linge sale, qu'on peut forcer les Chinois à laver dans leur propre famille.

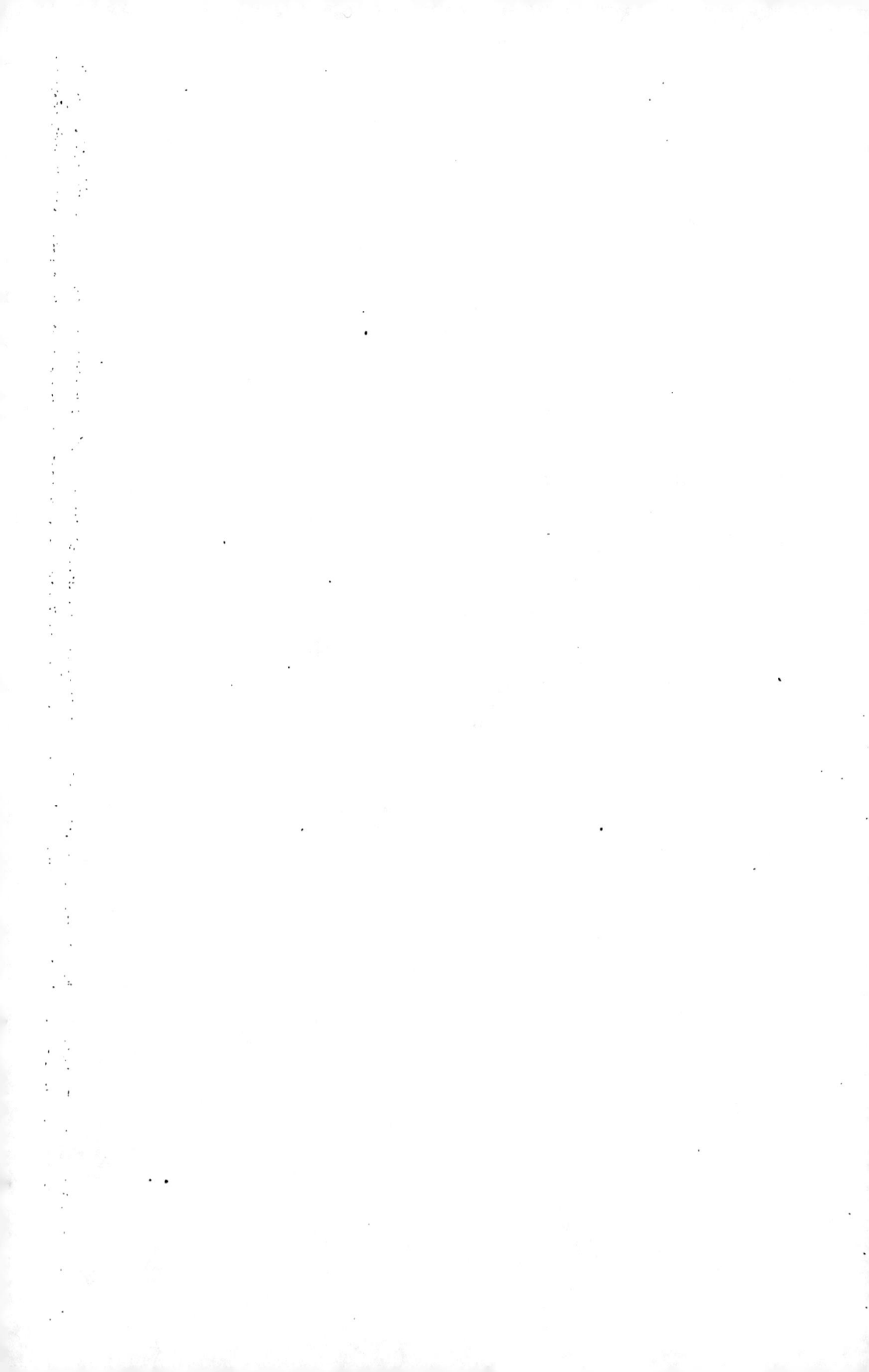

CHAPITRE III

Préparatifs de marche sur Lang-Son. — Mode de cheminement des Chinois pour arriver jusqu'au delta. — Marche sur Phu-Lang-Thuong. — Considérations sur cette marche.

Nous étions au mois d'octobre 1884. L'été touchait à sa fin et, bien que la chaleur fut encore assez forte, on commençait à pouvoir respirer.

L'expédition de Lang-Son était résolue.

Lang-Son était le point de convergence de tous les efforts du corps expéditionnaire ; mais, malgré toute l'activité déployée, il nous restait beaucoup à faire.

Le général Brière de l'Isle ne voulait rien commencer sans que tout fut prêt et bien prêt.

Dans la campagne que nous allions entreprendre, nous n'avions à compter que sur nos propres ressources. Le pays nous était complètement inconnu ; nous ne pouvions nous y diriger pour ainsi dire qu'à l'aveuglette. Nous ne soupçonnions que les difficultés qu'il devait offrir à notre marche.

A juger des routes d'après celles que nous avions parcourues, nous avions à prévoir qu'elles devaient être parsemées d'une foule d'obstacles.

Aucune carte sérieuse, aucun moyen de transport, si ce n'est celui que devait nous offrir le dos de nos coolies, de nos mulets et de quelques chevaux annamites.

Seule, la nourriture de nos animaux pouvait ne pas nous inquiéter outre mesure, grâce au paddy (1) que nous étions sûrs de rencontrer en grande quantité, mais à la condition d'aller le chercher dans les forts de l'ennemi.

Avec leurs travaux de taupe, les Chinois devenaient gênants. Ils s'étaient avancés jusqu'au Kep, à 15 kilomètres de Phu-Lang-Thuong, notre poste le plus avancé du nord-est du delta. Ils semblaient également vouloir nous déborder à droite et s'étaient solidement établis à Chu. Nous n'étions pas encore assez fortement outillés pour entreprendre l'expédition de Lang-Son ; mais il était urgent de leur donner une leçon.

Cette leçon, ils la reçurent d'une façon exemplaire et en partie double de la part du général de Négrier et du colonel Donnier.

(1) Riz non décortiqué.

Le général s'était réservé le Kep ; Chu avait été donné comme objectif au colonel.

Le 29 septembre, le général nous passe en revue dans la citadelle d'Hanoï. Beaucoup de mulets, porteurs des pièces de montagne, tombent de fatigue sous leur lourde charge et ont beaucoup de peine à se relever ; nous en tirâmes un fâcheux augure pour l'avenir ; mais le général parut ne pas s'en émouvoir autrement. Il les fit tourner en cercle : il prescrivit qu'on modifiât et qu'on augmentât leur nourriture, et nous dûmes reconnaître par la suite que les événements n'avaient pas donné raison à nos craintes.

Pendant toute la durée de l'expédition, nos mulets se comportèrent très vaillamment, gravissant les côtes les plus raides et rivalisant de zèle pour ne pas rester en arrière.

Ces pauvres mulets étaient devenus les enfants chéris de nos troupiers ; ils nous rendirent d'immenses services et contribuèrent pour une bonne part au succès de la marche sur Lang-Son. Lorsqu'on les voyait, avec leur énorme charge sur le dos, perdre pied et rouler de temps en temps le long des pentes les plus raides jusqu'au fond d'un ravin, que de cris de commisération s'échappaient de nos poitrines : *Pauvre Catherine !* criaient les soldats ; mais Catherine ne s'émouvait pas pour si peu et, arrivée au fond du fossé, se relevait, se secouait une ou deux minutes comme pour remettre ses membres en place, puis regagnait tranquillement sa batterie.

Après la revue d'Hanoï, le général de Négrier transporte son quartier général à Phu-Lang-Thuong, d'où il peut mieux juger de la situation et surveiller les agissements des Chinois. Le colonel X... reçut le commandement de la colonne qui devait se concentrer à Phu-Lang-Thuong et de là marcher sur Kep.

Cet officier supérieur était fatigué par le climat; la mise en mouvement de sa personne absorbait toute son énergie. Il était par suite loin d'être en état de conduire une troupe jeune, enthousiaste, avide de se porter en avant.

Aussi notre marche sur Phu-Lang-Thuong se ressentit-elle de l'état dans lequel se trouvait notre chef.

Au départ d'Hanoï, la colonne du colonel X... comprenait :

Trois compagnies du 23e d'infanterie (capitaines Gignous, Gaillon et Pécoul) sous les ordres du commandant Godart (472 hommes et 12 officiers);

Bataillon du 111e d'infanterie, commandant Chapuis (capitaines Planté, Venturini, Maillat, Verdin), 510 hommes, 14 officiers ;

Deux sections de 80e de montagne (capitaine de Saxé), 96 hommes, 2 officiers ;

3e batterie (bis) de 4 rayé d'artillerie de marine (capitaine Roussel, 55 hommes, 3 officiers) ; le commandant de Douvres commande l'artillerie ;

Un détachement d'ambulance (médecin principal Challand).

Cette colonne devait se compléter en route de deux compagnies du 143e (capitaines Barbier et Dattelle, 242 hommes, 8 officiers), d'un détachement du génie, d'une section de télégraphie de campagne sous les ordres du lieutenant Bailly et d'un demi-peloton de cavalerie (sous-lieutenant Dumez) ; en tout 1,400 fusils environ.

La distance qui sépare Hanoï de Phu-Lang-Thuong est de 45 kilomètres : 30 de Hanoï à Bac-Ninh et 15 de Bac-Ninh à Phu-Lang-Thuong.

La route est large, sûre et permet de marcher sur quatre rangs.

Elle est coupée par quatre arroyos : le *fleuve Rouge,* à Hanoï ; le *canal des Rapides,* à 7 kilomètres plus loin ; le *Song-Cau,* que l'on traverse à Dap-Cau, situé à 2 kilomètres au-delà de Bac-Ninh, et enfin le *Song-Thuong,* sur les rives duquel est bâti Phu-Lang-Thuong.

Un grand nombre de villages, distants tout au plus de trois kilomètres les uns des autres, se trouvent à droite et à gauche de la route. La lune était dans son plein et nous éclairait une grande partie de la nuit.

Le passage des arroyos s'effectuait au moyen de sampans et de jonques : ce sont des embarcations pouvant contenir les premières de 8 à 12 hommes, les secondes de 60 à 100, suivant leurs dimensions.

Les petits chevaux annamites qui nous servaient de monture et dont la taille ne s'élève guère au-dessus de 1ᵐ 20, s'embarquaient facilement sur les petits sampans.

L'embarquement des chevaux français et des mulets, ainsi que de l'artillerie, s'effectuait sans trop de difficultés sur les jonques, hommes et animaux ayant acquis une grande habileté dans ce genre d'exercice.

Il est inutile d'ajouter que plus le nombre d'embarcations était considérable, plus rapide était le transbordement d'une rive à l'autre. Or comme le delta était sillonné d'un grand nombre de ces barques, le passage d'un cours d'eau d'une largeur moyenne ne prenait jamais plus d'une heure ou deux pour une colonne de 1,500 hommes avec tous ses impédimenta, si l'on avait la précaution de réquisitionner au préalable toutes les barques des environs.

Pour traverser les quatre arroyos et faire les 45 kilomètres qui nous séparaient de Phu-Lang-Thuong, nous mîmes 58 heures ; nos hommes arrivèrent éreintés. Nous eûmes un grand nombre de cas d'insolations, dont un mortel.

Passons maintenant au détail de cette marche :

L'ordre de mise en route est envoyé à midi au colonel qui cantonne au milieu de nous ; il ne

nous est communiqué qu'à 2 heures et demie.
Départ précipité, aucune instruction précise n'est
donnée. Tout marche à hue et à dia ; on oublie
des ballots de souliers, puis on va les chercher et
on les distribue tant bien que mal pendant que la
colonne est en marche. Enfin le colonel ne donne
aucun ordre à un détachement de tirailleurs tonkinois qui devait prendre part à l'expédition et
qui reste dans ses cantonnements.

Nous arrivons vers les trois heures à la douane
française, où l'infanterie doit traverser le fleuve
Rouge, pendant que l'artillerie, les chevaux et les
bagages le franchissent à la Concession.

En débarquant sur la rive opposée, les troupes
forment les faisceaux et attendent dans la formation de bivouac. Il est cinq heures. Aucun ordre,
aucune instruction ne sont donnés. Doit-on faire
la soupe? Doit-on aller plus loin ? Rien !

Le lieutenant-colonel a eu son cheval noyé, il
est furieux.

Nous restons jusqu'à minuit dans cette indéci-
sion, croyant à tout moment que la marche allait
reprendre.

On s'est résolu à entamer quelques boîtes de
conserve.

A minuit, nous rompons les faisceaux, nous
nous mettons en route, nous faisons ainsi deux
kilomètres; halte ! et nous cantonnons dans un
village annamite, auprès du blockaus de la rive
gauche, à Gian-Lam..

Le lendemain, 4 octobre, départ à cinq heures du matin.

Vers les six heures, nous arrivons au canal des Rapides, que nous franchissons en deux heures. Mais, comme la veille, nous perdons un temps précieux pour attendre que le dernier bagage du convoi ait franchi le canal. La chaleur commence à se faire sentir ; mais on peut encore marcher sans trop de fatigue. A neuf heures et demie, nous rencontrons un gros village qui pourrait nous offrir un abri contre les rayons du soleil. Tout le monde pense qu'on va s'y arrêter. Erreur !

Des cas d'insolation commencent à se manifester.

Le lieutenant-colonel ne veut pas même entendre les demandes qui lui sont faites à ce sujet, et nous continuons notre route.

Les rayons d'un soleil de plomb tombent perpendiculairement sur nos têtes. A peine avonsnous fait un kilomètre que les hommes, qui avaient tenu bon jusque-là, s'arrêtent épuisés ; près d'un tiers est frappé d'insolation. Enfin, on fait halte par la force des choses dans un misérable village, près de Phu-Tu-Son, où on organise, tant bien que mal, une ambulance volante. Les abris sont insuffisants pour tous nos insolés, et, constatation bien pénible à faire, nous voyons le colonel X˙ s'installer tout seul dans une grande pagode, avec une sentinelle à l'entrée, qui a pour consigne d'empêcher qui que ce soit d'arriver jusqu'à lui et de troubler sa sieste. Le docteur Challand a beau se multiplier, il est insuffisant à la tâche.

Tous les soldats qui ont résisté sont employés à soigner les camarades, qu'on apporte successivement.

L'un d'entre eux ne peut pas être ramené à la vie : il est enterré sur place.

Nos coolies seront en trop petit nombre pour transporter les malades. Nous sommes obligés de cerner un village annamite pour en réquisitionner les habitants, nous parvenons ainsi à en saisir une vingtaine.

A quatre heures et demie, on reprend la marche ; la chaleur tombe progressivement ; c'est le moment de prendre une allure normale : ordre est donné de marcher avec la plus grande lenteur (un pas de procession). Nous parcourons ainsi un kilomètre en vingt minutes. A une pareille allure, nous atteignons Dap-Cau à deux heures de la nuit, sans avoir pris le repas du soir ; les hommes éreintés vont se coucher sans manger.

Le lendemain, de six à huit heures, passage du Song-Cau dans les mêmes conditions que la veille. Puis, sans motif plausible, on s'établit en grand'garde. C'est la 2ᵉ compagnie du 111ᵉ qui forme les avant-postes. Un homme de cette compagnie tombe encore insolé, on est obligé de le rapporter à Dap-Cau dans un état pitoyable.

Le soir, vers le coucher du soleil, nous reprenons notre marche, toujours avec notre pas de

procession, et nous arrivons vers les huit heures
et demie à Phu-Lang-Thuong, encore plus
exténués que la veille.

Il n'est pas besoin d'insister pour prouver combien cette route a été faite en dehors des règles les
plus élémentaires de l'hygiène et de la tactique, qui
doivent présider à une marche dans un pays
comme le Tonkin.

Il suffisait, pour éviter ce qui s'était passé, de ne
pas perdre un temps précieux dans le passage des
cours d'eau, en obligeant toutes les unités de la
colonne à s'arrêter pour attendre le transbordement
de tous les bagages. Il suffisait de s'arrêter au
fort de la chaleur. Il suffisait, alors que la chaleur
n'était plus à craindre, de ne pas prescrire un pas
de procession et de faire le kilomètre en douze
minutes. Nous aurions pu ainsi arriver facilement et sans fatigue quatorze heures plus tôt au
minimum ; nous n'aurions pas eu un soldat mort
d'insolation ; le général de Négrier n'aurait pas été
dans l'obligation de nous accorder un grand jour
de repos, et notre marche sur le Kep aurait pu
être avancée de vingt-quatre heures au moins.

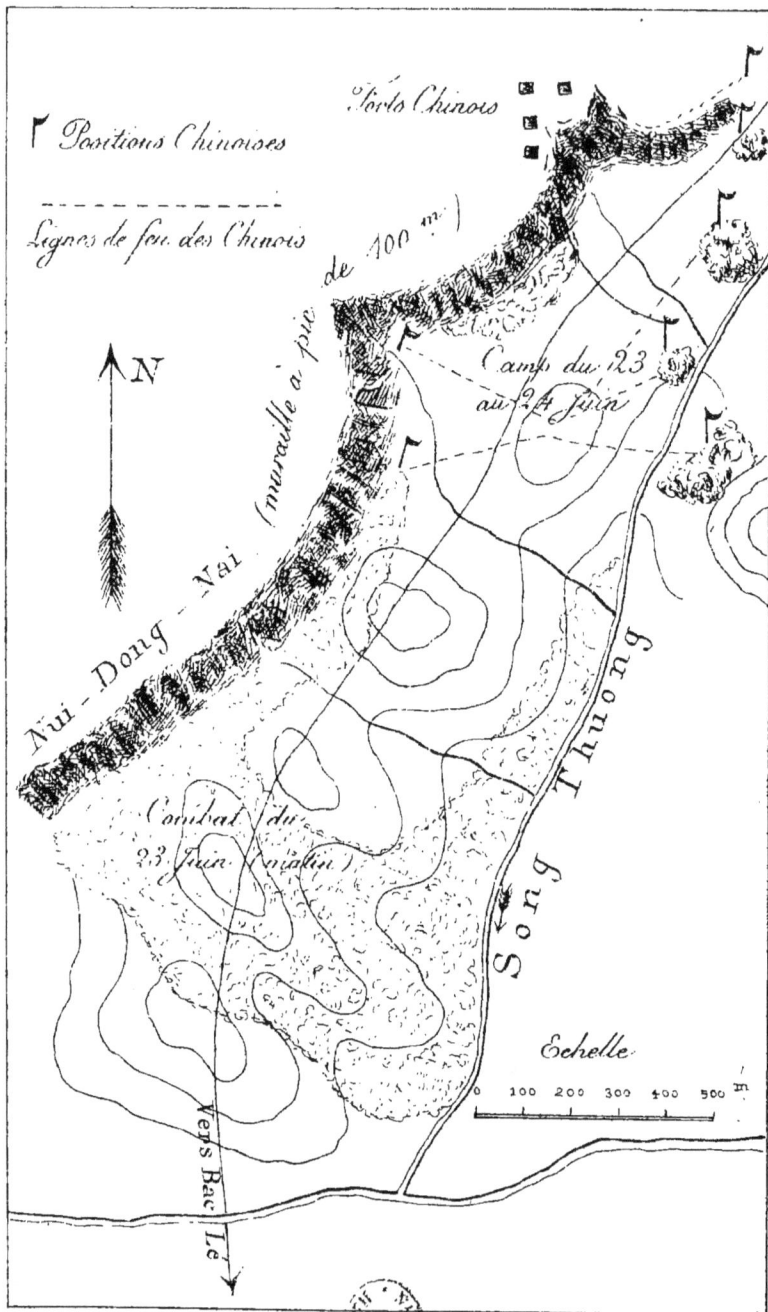

Combat de Bac-Lé

CHAPITRE IV

Aspect général du delta tonkinois. — Un village tonkinois.
— Marche sur Kep. — Le Kep. — Combat de Kep.

Phu-Lang-Thuong est divisé en deux par le
Song-Thuong ; sur la rive gauche est bâti le village
annamite; sur la rive droite le village français,
entouré d'une fortification passagère dont le tracé
est un saillant formant tête de pont. A l'extrémité du saillant se trouve un blockaus.

Au sud-est et à 1,500 mètres environ en amont
du cours d'eau, on rencontre le village de Phu-
Lang-Gian.

Le général de Négrier était là; tout avait été
prévu pour le passage de la rivière, qui s'effectua
promptement et en bon ordre.

4

Puis on nous dirigea sur Phu-Lang-Gian où notre cantonnement et nos vivres avaient été également préparés (1). Nous n'eûmes plus par suite qu'à nous installer, à manger et à dormir. Notre système d'avant-postes fut réduit au strict nécessaire.

Quelle différence entre notre situation et celle des jours précédents !

Aucun à coup, aucune fatigue inutile. Tout le monde savait à quoi s'en tenir. Un nouveau souffle nous animait.

Nous allons profiter de ce repos pour ouvrir ici une parenthèse et essayer de donner une idée du pays dans lequel nous avions opéré jusqu'à ce jour ; c'est-à-dire du delta tonkinois.

Vert foncé sur vert tendre, coupé par de nombreuses lignes d'un jaune roussâtre, tel est l'aspect que présente, vu du haut d'un ballon, ce delta du fleuve rouge, qui s'étend sur une superficie de 1,100 kilomètres carrés.

---

(1) Voici l'ordre qui fut dicté par le général à l'arrivée de notre colonne : Sur la rive gauche, chaque compagnie trouvera un guide qui la conduira à son cantonnement. Les compagnies ne fourniront pour la nuit qu'une section de piquet pour leur sûreté personnelle.

Les hommes resteront couchés quand bien même on entendrait la fusillade. A cinq heures et demie du matin, les compagnies se tiendront prêtes à marcher (sacs faits), les troupes sous les armes. Dès la pointe du jour, les compagnies enverront toucher un jour de vivres. Aussitôt après la distribution faite aux hommes, les sacs seront refaits et on attendra de nouveaux ordres.

Le vert tendre c'est le fond du tableau, l'immense rizière, le tapis vert à perte de vue.

Les lignes jaunes roussâtres, qui sillonnent ce tapis dans tous les sens, sont les arroyos (ou rivières) chargés du limon qui donne à la terre son incomparable fertilité. Ces arroyos sont les routes naturelles du pays, des routes qui marchent, suivant l'expression de Pascal.

A certaines époques de l'année, la rizière prend des tons différents, depuis le vert tendre jusqu'au jaune paille, suivant les degrés de maturité du riz.

En se rapprochant de la surface du sol, on s'aperçoit que le tapis vert est coupé, presque géométriquement, par un réseau continu, à mailles quadrangulaires de vingt à cinquante mètres de côté. Les mailles de cet espèce de vaste filet, qui s'étend sur tout le delta, sont déterminées par de petits talus en terre, formant séparation entre les divers lots de la rizière; ce sont les petites digues destinées à retenir l'eau nécessaire à la culture du riz.

Des digues beaucoup plus épaisses, d'un bien plus fort relief, maintiennent les arroyos dans leur lit, faisant barrière contre les inondations.

Les routes dans le Tonkin sont en très petit nombre. Pour se rendre par terre d'un point à un autre, on se sert de ces digues artificielles.

Sur les digues des arroyos, on peut marcher deux, trois et jusqu'à quatre de front.

Sur les petites digues, on ne peut marcher qu'à

la queue leu-leu et bien souvent il est difficile de s'y maintenir en équilibre. Une coupure, un éboulement vous font perdre pied et vous pataugez dans la rizière, de la boue jusqu'à la cheville, de l'eau jusqu'au genou.

Au dessous de la couche de boue, dont l'épaisseur ne dépasse pas trente centimètres, le sol est résistant. A la rigueur on peut marcher dans la rizière, même à cheval; mais c'était là une promenade peu réjouissante et dont nous n'usions que lorsque nous ne pouvions pas faire autrement; d'autant plus que, bien souvent, nous nous exposions à tomber dans un trou, de l'eau jusqu'au dessus de la ceinture et même au-delà. Que de soldats n'a-t-on pas repêchés après de pareils plongeons ! (1)

Quand la moisson est faite, la boue se sèche très vite et l'on peut marcher partout en faisant crépiter sous ses pieds la paille du riz coupé.

Sur ce fond de tableau vert tendre, apparaissent une quantité incalculable de points verts foncés. Ce sont autant de bouquets de verdure formant

(1) Quand les canonnières exploraient un arroyo, un matelot jetait à chaque instant la sonde et indiquait la profondeur par ces mots, qui se succédaient de minute en minute pendant des heures entières : « 2 mètres », « 2 mètres cinquante » « 3 mètres », puis quand la profondeur augmentait-on entendait : « 4 mètres; pas de fond ». Pendant la marche sur Bac-Ninh, un troupier du 111ᵉ tombe dans un trou de rizière et disparaît. Ses camarades de le repêcher aussitôt, et lui, à peine sorti, de s'écrier au milieu de l'hilarité générale : « 4 mètres; pas de fond ».

une ceinture des plus pittoresques aux villages
annamites.

Ces villages sont si nombreux, qu'un individu
jeté au hasard sur un point quelconque du delta,
n'a qu'à faire sur lui-même un simple tour d'ho-
rizon pour en compter facilement une quinzaine,
n'étant pas plus distants en moyenne les uns des
autres de deux à trois kilomètres.

Mettons-nous maintenant en marche à travers la
rizière, et dirigeons-nous sur un de ces villages.
Ils se ressemblent presque tous, ils ne varient que
dans leurs dimensions.

Il est rare qu'un novice au Tonkin arrive du
premier coup à pénétrer dans un village. D'abord
la ceinture de bambous se présente uniforme à ses
yeux, et, dès le premier pas, il est embarrassé sur le
point qu'il doit prendre comme direction. Il suit
un sentier de rizière, celui qu'il suppose le meilleur, et, après bien des détours, il vient buter
contre un fossé ou un étang, de l'autre côté duquel
se trouve un fort talus, surmonté d'une haie de
bambous énormes, plantés très serrés, impénétrables même à l'œil.

L'eau du fossé ou de l'étang devant soi, l'eau de
la rizière à droite et à gauche, il faut rebrousser
chemin et reprendre un autre sentier, au bout
duquel on éprouve la même déception.

Quand ce manège a été renouvelé plusieurs fois
de suite, on commence à s'impatienter, à maudire

ces pauvres paysans tonkinois, ces « gna-quès »,
mais on n'est pas plus avancé.

Vous ne pouvez pas même vous livrer àux
mouvements désordonnés de bras et de jambes
que les tempéraments nerveux emploient, dans ces
circonstances, comme dérivatif à l'agitation de
leurs nerfs, autrement, vous perdriez l'équilibre
et vous tomberiez dans l'eau de la rizière.

Avec de la pratique, ces hésitations deviennent
moins fréquentes et vous arrivez assez facilement
à découvrir une des rares entrées du village. Vous
reconnaissez alors que le chemin suivi est des
plus sinueux et vous en tirez cette idée, aussi juste,
que philosophique, que les naturels de ce pays
sont des gens bien craintifs, peu façonnés, et
pour cause, aux saintes lois de l'hospitalité.

Vous voilà à l'entrée du village ; mais vous ne
l'avez pas encore franchie. Une porte en bambou,
en forme de herse, ne pouvant se soulever que de
l'intérieur, vous fait obstacle.

Il faut ou démolir cette porte ou la faire ouvrir
par des appels réitérés.

Vous pénétrez ensuite dans une espèce de cour
intérieure, encore entourée de bambous. Une
deuxième porte est à ouvrir ; bien heureux si vous
n'en rencontrez pas une troisième et si le sol n'est
pas jonché de branchages formant abattis, qu'il
faut encore balayer.

Nous voilà dans le corps de la place. Là, le
tableau perd de sa poésie, ce ne sont que de misé-

rables huttes, des « cagnias » aux murs de torchis recouverts de chaume ; on ne peut y pénétrer qu'en rampant. Comme mobilier, trois ou quatre misérables bancs et tables en bambous servant de couchettes, des nattes en paille de riz, un misérable fourneau, une pipe.

Femmes, enfants, vieillards, poules, canards et chiens comestibles, tout vit pêle-mêle dans une demi-obscurité, qui est loin d'égayer le tableau.

A côté, une cage, où se vautrent dans un fumier noirâtre et croupissant, deux ou trois buffles qui vous regardent les Européens d'un air hébété, mais peu rassurant ; là encore, quelques cochons, qui courbent leur échine sous le poids d'une graisse qui traîne à terre. Quelques jardins mal entretenus, avec seulement quelques bananiers.

Les beaux quartiers renferment, mais en plus petit nombre, des maisons plus luxueuses aux murs en pisée, recouvertes de toits en briques supportés par des colonnes en bois de teck verni qui ne manquent pas d'une certaine élégance.

Elles appartiennent aux notables de l'endroit, et s'élèvent au milieu de petits îlots formant jardins, mieux entretenus que les autres, où les aréquiers se mêlent agréablement aux orangers, aux bananiers et au bétel. Çà et là quelques pagodes.

En général, les rues ne sont pas formées par l'alignement de maisons faisant face les unes aux autres. Ce sont des sentiers très étroits, bordés de chaque côté par de fortes haies de cactus ou d'autres plantes grasses, s'enchevêtrant les unes dans les autres et vous masquant complètement les cagnias.

Pour aller d'une habitation dans l'autre, vous êtes obligé de traverser deux, trois et quelquefois quatre de ces haies, de soulever presque autant de portes, ce qui vous oblige à un grand nombre de détours et vous désoriente complètement.

Vous éprouvez vite le besoin de sortir de là ; mais vous êtes perdu dans un véritable labyrinthe et vous vous trouvez en présence de presque autant de difficultés pour sortir que pour entrer.

Phu-Lang-Gian est construit sur le patron de ce village type que nous venons d'essayer de décrire. Il n'en diffère que par la rareté des animaux et des habitants chassés en grande partie par notre approche et par la facilité des communications que nous nous sommes empressés de multiplier à coups de hache et de coupe-coupe.

Il était dans les intentions du général de Négrier de nous mettre en route le 6 octobre au matin ; mais nous nous ressentions encore de nos fatigues de la veille, et il dut, bien à contre-cœur, nous faire reposer une partie de la journée.

Le Kep est à 18 kilomètres au nord de Phu-Lang-Thuong, sur la route mandarine qui part de Hanoï et aboutit à Lang-Son, en passant par Than-Moï et Cut ; il est placé aux confins du delta, au sud de la partie montagneuse du Tonkin.

La route, quoique mal entretenue, comme toutes

les routes du pays, est assez large pour permettre à l'artillerie de rouler.

Tout autour la campagne est superbe ; toutefois les rizières n'offrent plus, comme dans le delta, la même étendue continue et monotone.

Le sol devient boisé, mouvementé ; au fur et à mesure que l'on avance, ce caractère s'accentue et devient plus sauvage.

Un massif montagneux, à base presque triangulaire, dont les extrémités sont déterminées par le Kep au nord, la pagode Thomman (1) à l'ouest, Bao-Loc à l'est, est contourné par la route mandarine et par de mauvais sentiers qui réunissent ces trois points.

Le Kep, dont il n'existe actuellement aucune trace, si ce n'est une mauvaise colonne commémorative élevée par les soins du colonel Godart, est, ou plutôt était, un village annamite, ramassé sur lui-même et renfermant une centaine de cagnias dont les plus grandes servaient de magasins aux Chinois.

Ce village, à l'est et à l'extrémité d'un coude de la route mandarine, ne s'aperçoit que lorsqu'on est à 500 mètres de lui ; il est bâti sur une légère élévation de terrain couronnée par un fortin servant de réduit.

---

(1) Le caporal Thomman, de la légion étrangère, tué au mois de mars, dans la première marche sur le Kep et enterré devant cette pagode avec plusieurs de ses camarades, lui avait donné son nom.

Un système de retranchement en carré, formant une cour extérieure, au milieu de laquelle passait la route, avait été construit par les Chinois et présentait un relief d'environ deux mètres, surmonté d'une forte haie de bambous et de cactus entrelacés.

Le Kep est dominé au sud par une série de mamelons, à droite et à gauche de la route. Il n'a de valeur tactique que par l'occupation de ces hauteurs.

Au nord, une plaine de rizières d'une largeur de deux kilomètres environ, limitée par les dernières ramifications d'un massif montagneux, dont la crête sert de partage des eaux entre le Loc-Nam et le Song-Thuong. Au pied de ces hauteurs, les villages de Kanh, Lang-Léao et Luong.

Le 5 octobre au soir, voici quelle était la situation des Chinois : Les renseignements ont fait connaître que l'ennemi est partagé en deux groupes principaux : l'un sur le Loc-Nam, vers Chu, fort d'environ 4,800 réguliers ; l'autre vers Kep, estimé à environ 3,200. Ces deux groupes paraissent se donner la main par l'intermédiaire d'un fort détachement signalé à Bao-Loc.

En conséquence, le général se décide :

1º A pousser le lieutenant-colonel Donnier dans la vallée du Loc-Nam avec Chu comme objectif ;

2º A le faire appuyer par le commandant de

Mibielle, qui a l'ordre de se trouver, le 6 au, soir à Hoa-Phu, de manière à pouvoir le rejoindre en quelques heures, si c'est nécessaire ;

3° A chasser l'ennemi de Bao-Loc, pour le rejeter d'un côté sur le colonel Donnier, de l'autre sur Kep.

Cette attaque de Bao-Loc, a en outre, pour but de permettre ultérieurement une attaque sur Kep.

Il serait en effet imprudent d'aborder cette dernière position avant de s'être assuré que Bao-Loc est libre, un corps ennemi placé en ces points pouvant devenir dangereux.

Le 6 octobre, à 4 heures du soir, la colonne de Négrier se met en route. L'ordre de mouvement pour cette journée est le suivant :

» *Ordre de mouvement pour la journée du 6 octobre.*

» Les troupes resteront pendant cette journée dans leurs cantonnements de Phu-Lang-Gian. D'après les ordres envoyés dans les corps ce matin, on percevra aujourd'hui une nouvelle journée de vivres de réserve, de manière à être aligné jusqu'au 10 inclus. On mangera la soupe à 4 heures.

» Les premières fractions de l'avant-garde se mettront en route, ce soir, à 5 heures, d'après le dispositif qui va être indiqué.

» La colonne se portera à la pagode Thomman ; elle cantonnera dans les villages qui touchent la

route royale de Lang-Son. L'avant-garde cantonnera dans le village de Phu-Xuyen, à 1,500 mètres
environ en avant de la pagode, à droite de la
route.

» L'ennemi est très rapproché de Kep et probablement en avant. Le cantonnement sera couvert
par des avants-postes soutenus par les piquets.
Ces piquets ne rentreront que quand les cantonnements seront établis et que les troupes connaî-
tront leurs emplacements de combat, en cas
d'alerte.

» Le général se tient à la sortie nord de Phu-
Lang-Thuong.

» Pour se rendre à ce point initial, en partant
de Phu-Lang-Gian, il faut prendre le chemin qui
longe le front nord-est de Phu-Lang-Gian ».

Passage au point initial.

Tête d'avant-garde.

Peloton de cavalerie.	5 h. »»
Compagnie de tirailleurs tonkinois (1) .	5 h. 03
Un peloton d'infanterie (143e qui fournit les deux compagnies d'avant-garde) .	5 h. 06
Détachement du génie et mulets d'outils.	5 h. 07

---

(1) On se rappelle que les tirailleurs tonkinois avaient été
oubliés par le lieutenant-colonel X., à Hanoï. Ils ne purent
rejoindre à temps la colonne et le dispositif de marche fut
modifié en conséquence.

Gros de l'avant-garde.

143e. Un peloton d'infanterie . . . . 5 h. 12
Une batterie d'artillerie (12e batterie). . 5 h. 14
143e. Une compagnie d'infanterie. . . 5 h. 15
Détachement d'ambulance . . . . . 5 h. 15
600 mètres d'intervalle.

Gros de la colonne.

Bataillon du 23e. . . . . 5 h. 25
3e batterie d'artillerie de marine. (Derrière cette batterie marchera le train de la 12e) . . . . 5 h. 29
111e d'infanterie (3 compagnies) . . . 5 h. 31
Détachement léger d'ambulance. . . 5 h. 33
Train du quartier général. . . . . 5 h. 35
A la même heure et dans l'ordre suivant, le train de la colonne : cavalerie, tonkinois, 143e, génie, artillerie, 23e, 111e.
250 à 300 mètres d'intervalle.

Arrière-garde.

Une compagnie d'infanterie (111e). . . 5 h. 40
Deux cavaliers . . . . 5 h. »»

La colonne arrive, la nuit, à la pagode Thomman où elle bivouaque. Le 7 octobre, au matin, le convoi, sous la garde des deux compagnies du 143e et de la batterie Roussel (de l'artillerie de marine), s'arrête à la pagode pendant que le reste de la troupe se porte en reconnaissance sur Bao-Loc, où elle se heurte à un fort détachement chinois.

Un coup de canon qui tombe en plein au milieu des Célestes suffit pour les mettre en fuite.

On les voit disparaître vers le nord-ouest par un sentier de montagne, probablement du côté de Kep.

A quatre heures du soir, un cavalier du détachement Mibielle, fait connaître que ce dernier est arrivé à destination : il est en relation avec le colonel Donnier, qu'il compte rejoindre le 8 ou le 9.

La jonction des colonnes est faite, le pays est vidé par l'ennemi entre Kep et Chu.

Afin de permettre au commandant de Mibielle d'assurer ses communications entre les troupes qui opèrent sur sa droite et sur sa gauche, le général lui laisse le demi peloton des cavaliers du sous-lieutenant Dumez et ne conserve pour lui qu'un brigadier et trois chasseurs d'Afrique.

Il est urgent de renforcer les deux compagnies du 143e préposées, sur la route mandarine, à la garde du convoi et laissées un peu en l'air.

Deux compagnies et la batterie d'artillerie partent immédiatement pour la pagode Thomman, où elles arrivent à neuf heures du soir.

Le 8 au matin, le reste de la reconnaissance se concentre à la pagode. Nos communications sont assurées, on peut marcher sur le Kep avec confiance, sans avoir à se préoccuper de Bao-Loc.

Le 111e, précédé de deux cavaliers qüi explorent le terrain, marche en tête, les compagnies dans leur ordre normal.

Rien n'était bien précis sur la position ou la force de l'ennemi. On n'avait en outre que de vagues renseignements sur l'emplacement de Kep et sur sa valeur tactique.

Toutefois on sentait l'approche de l'ennemi.

Arrivée à Lang-Ma, pendant que les cavaliers continuent leur exploration du terrain, la première compagnie du 111e (capitaine Planté), se détache de la colonne pour aller reconnaître ce village qui s'aperçoit sur notre gauche. La 2e compagnie (capitaine Venturini) devient compagnie de tête ; elle poursuit sa marche pendant un kilomètre et arrive ainsi au coude de la route d'où l'on aperçoit brusquement le Kep. Aussitôt une décharge part du village ; le cheval d'un des cavaliers est abattu.

La compagnie Venturini se porte rapidement en avant pendant que la compagnie Planté, qui n'a rien trouvé à Lang-Ma, accourt au bruit de la fusillade. Une légère confusion se produit dans les rangs des compagnies qui brûlent de se porter en avant.

Les Chinois ont été bien surpris ; mais, de notre côté, la surprise a été égale et un combat des plus vifs s'engage immédiatement et à distance rapprochée.

Grâce à leur élan, les troupes de tête de la colonne ont pu pénétrer du premier coup dans la cour du Kep, qui est à nous avec une bonne partie du matériel, des approvisionnements, des chevaux et des mulets. Mais nous sommes sous un feu des plus meurtriers ; on se fusille presque à bout portant ; les Chinois tiennent bon et il est impossible de pénétrer dans le cœur de la place.

Le général ne perd pas de temps : il rassemble aussitôt le gros de ses troupes à droite et à gauche, à l'abri des mamelons qui masquent le Kep ; puis, avec cette sûreté de coup d'œil qui ne l'abandonne jamais, il se porte avec son artillerie sur la hauteur qui domine le village, à gauche de la route. Pendant ce temps, les deux compagnies déjà engagées ont réussi à le déborder au nord.

Le général envoie alors deux compagnies du 23e (capitaines Gignous et Gaillon) prendre le Kep à revers par l'est : il veut ainsi couper toute retraite aux Chinois.

Ce mouvement s'exécute comme il est commandé et avec une grande hardiesse, malgré les difficultés du chemin, les broussailles et les hautes herbes dans lesquelles les soldats disparaissaient en entier, malgré les balles qui pleuvent de tous côtés.

Dès le début de l'action, la lutte autour du Kep est fortement engagée. Les Chinois, cernés, se

battent en désespérés, sachant bien qu'ils n'ont
d'autre issue que la mort. Protégés par leurs retranchements, ils nous font subir de sérieuses
pertes pour notre faible effectif.

De leur côté, nos soldats, qui pour la première
fois se trouvent face à face avec l'ennemi, mon-
trent qu'ils n'ont rien perdu des qualités d'audace,
de courage et de mépris de la mort qui sont
l'apanage du caractère français.

Il est difficile d'analyser une lutte rapprochée
presque à la baïonnette. C'est une série de faits
particuliers qui se déroulent dans un cadre restreint
où chacun a trop à faire de sa personne pour juger
de ce qui se passe à dix pas de lui.

L'action générale disparaît en partie pour faire
place à l'action individuelle.

Le chef ne peut guère intervenir qu'à de rares
intervalles et son intervention ne peut être qu'une
lueur dans le méli-mélo de la lutte.

Laissons aux prises défenseurs et assaillants du
Kep et examinons le combat qui se livre dans les
environs.

Là, le cadre s'élargit ; le général peut disposer
de son artillerie et de cinq compagnies d'infanterie.

Il peut prendre l'affaire complètement en mains
et lui imprimer une direction sienne.

Les Chinois occupent, autour du Kep, une ligne
en forme de croissant, ayant sa convexité tournée
vers le nord-ouest, la droite à la Cham, la gauche

à Kanh qu'ils débordent encore vers le sud couronnant la hauteur à laquelle est adossé ce village.

Une forte colonne d'attaque, dissimulée dans la Cham, s'avance en ordre serré ayant pour objectif le mamelon occupé par notre artillerie en train de canonner le Kep.

Elle est défilée de notre vue grâce à la pente ouest de ce mamelon. Elle arrive ainsi à 60 mètres de nos batteries. Mais le général a prévu ce mouvement, et, lorsque les chapeaux pointus des réguliers font leur apparition, la 4ᵉ compagnie du 111ᵉ (capitaine Verdin) et la compagnie Barbier, du 143ᵉ, appelées en toute hâte, les reçoivent de leurs feux de salves pendant que la batterie de Saxé, qui a fait demi-tour, les crible d'obus.

L'élan des Chinois est tel que leurs éclaireurs arrivent sur nos pièces. Les artilleurs sont obligés de jouer du mousqueton.

Néanmoins, l'attaque est repoussée. Les Chinois redescendent le talus, dépassent la Cham et se replient sur la ligne des hauteurs en arrière, près de Lang-Léao.

Presque en même temps, avait lieu une autre démonstration sur notre droite. Les Chinois essayent de prendre par derrière les compagnies Gignous et Gaillon qui cernent le Kep.

La batterie de Saxé (section de droite) lui fait face et la compagnie Barbier, qui n'est plus aux prises avec l'attaque de gauche, dirige ses feux sur ces nouveaux assaillants ; ceux-ci, au bout de vingt minutes, disparaissent à leur tour.

Le général de Négrier n'est pas d'humeur à rester patiemment sur la défensive. S'il est vif dans la parade, il aime encore mieux porter à son tour quelques coups.

Il a trois compagnies intactes : Mailhat, du 111e ; Pécoul, du 23e ; Dautelle, du 143e.

Sans se préoccuper du Kep, qui lutte toujours, il lance les deux compagnies Mailhat et Pécoul.

Cette troupe, énergiquement conduite, dépasse le Kep et, sans tirer un seul coup de fusil, se porte sur la redoute de la pagode à l'est de la route de Lang-Son, à hauteur de Lang-Léao. Cette pagode est enlevée du premier coup, les défenseurs sont tués sur place.

Puis les compagnies Mailhat et Pécoul se jettent sur le fort du nord et s'en emparent de vive force ; un autre fortin, situé de l'autre côté du défilé, tombe en notre pouvoir sans coup férir.

Les Célestes sont coupés de la route de Lang-Son. Ils s'enfuient du côté de Song-Thuong, laissant leurs camarades du Kep livrés à leur malheureux sort.

Il est une heure, la chaleur est accablante ; la plaine est balayée de tous les Chinois qui inquiétaient les assaillants du village. Tous nos efforts sont alors concentrés sur ce point.

Après un premier bombardement qui met le

village en feu, un deuxième assaut est tenté, mais inutilement.

Le général a la jambe traversée par une balle. Il reste à son poste de combat ; puis il fait descendre une pièce de 4 de montagne à 5o mètres du mur d'enceinte pour faire brèche.

Les réguliers tentent une sortie par l'ouverture ainsi pratiquée ; mais notre fusillade les tue sur place.

Un troisième assaut est encore repoussé.

L'artillerie reprend son feu rapide ; puis, à deux heures dix minutes, à la sonnerie de la charge, la compagnie Barbier, formée en colonne d'assaut, se porte contre la face nord du réduit. Les autres troupes qui entourent le village suivent le mouvement à la baïonnette.

Kep tombe entre nos mains.

La garnison se fait tuer sur place. On compte jusqu'à 640 cadavres chinois, parmi lesquels un certain nombre de mandarins.

Si, à ce chiffre, on ajoute celui des tués au-dehors de Kep, ceux qui ont été enlevés par leurs camarades, ceux qui sont morts des suites de leurs blessnres, on peut évaluer à 13oo environ les pertes subies par les réguliers.

Notre colonne atteignait à peine le chiffre de 1400 ; nous avions donc tué un nombre d'ennemis presque égal à notre effectif.

De notre côté, nous avions 33 tués, dont 3 officiers et 49 blessés, dont 7 officiers. En tout 82 hommes hors de combat.

Les officiers tués sont : 1º Planté, capitaine au 111ᵉ, mort d'une balle au front reçue à bout portant ;

2º Triboulez, lieutenant au 23ᵉ, mort trois jours après des suites de sa blessure (une balle lui avait fracassé la mâchoire) ;

3º Chapuis, lieutenant-colonel, commandant le bataillon du 111ᵉ, mort sur le champ de bataille des suites d'une insolation, après s'être battu toute la journée.

Les officiers blessés sont :

1º Le général de Négrier.

2º Le lieutenant Berge, officier d'ordonnance du général.

3º Sazonoff, lieutenant au 111ᵉ.

3º Dulys, sous-lieutenant (amputé du bras gauche).

Planté, Sazonoff et Dulys appartenaient à la même compagnie, la première, qui s'est trouvée ainsi sans officier dès le début de la lutte. Ce fut le lieutenant Sue, officier-payeur au 111ᵉ, toujours prêt à lâcher ses fonctions de comptable pour aller au feu, qui en prit le commandement.

5º Venturini, capitaine au 111ᵉ.

6º Kerdrain, capitaine au 23ᵉ

7º Maissiat, lieutenant au 23ᵉ.

Le 111ᵉ fut le bataillon le plus éprouvé, il supporta à lui seul près des deux tiers des pertes : 14 tués et 37 blessés.

Tous les approvisionnements de l'ennemi, ses chevaux, ses mulets, ses bagages, parmi lesquels nous retrouvâmes un certain nombre d'objets ayant appartenu aux officiers de la colonne Dugenne, tombèrent entre nos mains, ainsi qu'une grande quantité de munitions et de fusils de toutes formes, de tous calibres, et principalement des fusils Mauser et Winchester à répétition.

Le lieutenant-colonel X..., pendant toute la durée de la lutte, n'avait pu que faire acte de présence.

Affaissé par la fatigue, la chaleur, à bout de force et d'énergie, il s'était complètement désintéressé du drame qui s'accomplissait autour de lui. On dut se passer de ses services.

Peu après, il rentra en France, où il fut admis à faire valoir ses droits à la retraite.

Pendant ce temps, la colonne du colonel Donnier remontait le Loc-Nam sur les canonnières la *Hache*, la *Massue*, l'*Eclair* et la *Carabine*.

Elle comprenait trois compagnies de la légion étrangère (capitaines Bolgert, Beynet et Yzombart), deux compagnies du 143ᵉ (capitaines Frayssinaud et Cuvellier), une compagnie de tirailleurs tonkinois (sous-lieutenant Bataille), une section d'artillerie de montagne (lieutenant Largouet).

Le 6 octobre, elle atteignait Lam, à six kilomètres en aval de Chu, y débarquait sous le feu des Chinois qui furent repoussés après d'assez sérieuses pertes. Là, les tirailleurs tonkinois, surpris par une brusque attaque de l'ennemi, fléchirent un moment ; mais promptement ramenés par la légion étrangère et le 143e, ils donnèrent avec un grand entrain et engagèrent un combat à la baïonnette, qui détermina la retraite des réguliers.

Pendant ce temps, la colonne de Mibielle prenait le contact avec la colonne de Négrier, puis se dirigeait d'Hoa-Phu sur Lam par voie de terre.

Le 9, elle faisait sa jonction avec la colonne Donnier, qui se trouvait ainsi renforcée d'un peloton de tirailleurs tonkinois (sous-lieutenant Robard) du 3e bataillon du 3e tirailleurs algériens (commandant de Mibielle), de deux sections de 80 de montagne (capitaine Jourdy), et du demi-peloton de chasseurs d'Afrique (sous-lieutenant Dumez), en tout 1400 hommes environ.

Le 10, le colonel Donnier se trouvait à 1000 mètres en avant de Lam, face aux positions chinoises.

Chu est un village situé dans un bas-fond, à 400 mètres de la rivière du Loc-Nam. Il est protégé par un camp retranché, dont le principal ouvrage est un fort circulaire à grand relief, armé d'une sérieuse artillerie ; il sert d'appui à une longue ligne de tranchées casematées, en partie, ayant la forme d'un saillant et dont les feux pouvaient battre la plaine ainsi que le cours du Loc-Nam.

Au nord, à l'est et à l'ouest, une vaste plaine, dont la largeur est d'environ quatre à cinq kilomètres.

De l'autre côté de cette plaine, cinq forts sur des hauteurs couvrent la route de Lang-Son.

De Lam à Chu, le Loc-Nam est fortement encaissé, le tirant d'eau est très faible ; aussi, les canonnières ne nous furent-elles d'aucun secours.

Le 10, le colonel Donnier se décide à attaquer les positions ennemies.

Pendant que le commandant de Mibielle pousse une reconnaissance dans la direction des forts de la route de Lang-Son, le colonel fait attaquer de front les hauteurs, qui se trouvent en avant du fort principal.

Les Chinois se défendent courageusement ; mais, après une vive fusillade, nos soldats s'élancent à la baïonnette et enlèvent brillamment les positions ennemies.

Il était trop tard pour continuer la lutte et essayer de s'emparer du fort, où l'ennemi débusqué des hauteurs s'était réfugié.

L'attaque fut remise au lendemain, et la nuit fut occupée à fortifier les positions conquises et à mettre en batterie les canons pris aux Chinois.

Combat de Ha-Ho.

Échelle du $\frac{1}{100.000^e}$ environ

CHAPITRE V

Les combats de Kep et de Chu avaient été une
révélation. Jusqu'alors nos victoires : Bac-Ninh,
Tai-Nguyen, Hong-Hoa ressemblaient plutôt à
des combats de grandes manœuvres exécutées à
4,000 lieues de France, avec la joie d'un succès
effectif, agrémenté par l'imprévu, stimulé par des
silhouettes bons enfants sur lesquelles nous avions
pu exercer nos tirs à longue portée.

Après ces victoires, on pouvait parler des
mouvements opérés, des rizières traversées, de

l'eau jusqu'à mi-jambes et cela pendant des heures entières ; on pouvait, avec un peu d'imagination, discuter sur le nombre des Chinois abattus et sur l'efficacité de notre tir.

On insistait moins sur les feux qu'on avait essuyés ; les balles et les obus avaient bien sifflé à nos oreilles ; nous avions bien eu 8 tués et 38 blessés pour tout le corps expéditionnaire ; mais la lutte n'avait pas été engagée assez à fond pour qu'on puisse en tirer des conclusions bien certaines sur la valeur de nos troupiers.

Après Kep et Chu, les idées changèrent ; les Célestes avaient bien agité leurs drapeaux comme à Bac-Ninh et à Hong-Hoa ; mais on sentait que derrière il y avait autre chose que de la fanfaronnade. La lutte avait été chaude. Les Chinois avaient donné des preuves de résistance ; repoussés parfois, on les avait vus revenir à la charge.

En ce qui concerne le degré de résistance au feu de nos soldats, l'épreuve était faite et bien faite. Kep et Chu nous avaient bien mis 191 hommes hors de combat, mais nous avions cette conviction que nous pouvions aller loin avec pareilles troupes.

Dans un élan de chauvinisme assez excusable, en un certain sens, le général Brière de l'Isle, à la suite de ces deux affaires, écrivait au ministre de la marine : « Avec les soldats que je commande, avec les officiers qui sont à leur tête, on peut aller partout ; ce ne sont ni 100.000 ni 150,000 chinois

qui m'effrayent ; *je n'ai pas besoin de renforts ;* en-
voyez-m'en si vous le voulez, mais avec les troupes
que j'ai nous irons jusqu'aux frontières du Tonkin » (1).

A côté de cette constatation toute justifiée de la
valeur de nos troupes, n'aurait-il pas été sage de
tenir un peu plus compte de nos adversaires qui,
eux aussi, avaient montré beaucoup plus d'énergie
et de résistance que dans les combats précédents ?

Nos pertes avaient été assez sensibles pour nous
faire ouvrir les yeux et nous remettre un peu en mémoire les victoires de Pyrrhus. Pourquoi laisser dormir nos gouvernants dans une pareille confiance ?

Le général de Négrier avait été surpris de l'audace et de la ténacité des Chinois. D'un autre
côté, il ne se dissimulait pas combien nos pertes
étaient fortes, eu égard à notre effectif.

Nos adversaires avaient été fortement impressionnés par la mort de leurs camarades cernés
dans Kep. Il voulut les terroriser et frapper encore
plus leur imagination, en leur faisant voir qu'on
ne résiste pas impunément à la *furia francese* et
en leur ôtant un peu de cette confiance qu'ils
avaient mise dans leurs travaux de fortification.

Il fallait bien leur montrer que ces forts, dont ils
avaient été si prodigues, constituaient pour eux un
véritable danger et pouvaient se transformer en
souricières qui les mettaient à notre merci.

(1) Lettre du général Brière de l'Isle lue à la tribune par
l'amiral Peyron.

C'est cet ordre d'idées, probablement, qui le poussa à donner l'ordre de couper les 640 têtes des cadavres chinois de Kep et d'en faire une pyramide.

Il est juste de dire cependant que cette pyramide, dont les journaux s'émurent fortement à l'époque, ne fut pas complètement édifiée : elle ne reçut qu'un commencement d'exécution.

Il convient également d'ajouter que les Chinois ne se gênaient guère pour décapiter nos soldats qui tombaient entre leurs mains. Combien de fois n'avons-nous pas rencontré les cadavres de ces derniers horriblement mutilés, les têtes sciées, les parties sexuelles coupées et dispersées au vent.

Les victoires de Kep et de Chu augmentaient le territoire conquis ; mais ce n'était pas là un avantage bien appréciable, parce qu'en même temps qu'elles nous donnaient plus de terrain, elles augmentaient notre zone de surveillance et nous obligeaient à une plus grande dispersion de nos forces.

Ce qui était surtout à considérer, c'était la rude leçon donnée aux Chinois. Nous étions vengés de Bac-Lé, notre prestige était relevé et nous tenions notre ennemi en respect.

Aussi, pendant plus de deux mois, la plus grande tranquillité régna-t-elle autour de nous. Nous pûmes ainsi préparer à loisir notre marche sur Lang-Son.

Quatre routes pouvaient conduire nos troupes du delta vers cette place.

L'une, la route mandarine, partant de Kep, remontait la vallée du Song-Thuong ; c'était celle qu'avait suivie le colonel Dugenne.

La deuxième, partie de Chu, se bifurquait avant de traverser les montagnes aux cols de Déo-Quan et de Déo-Van. Ces deux embranchements se réunissaient à Dong-Song pour continuer sur Lang-Son.

La troisième venait également de Chu, gagnait Lang-Son par Noui-Bop, Phu-Tang et Na-Dzuong.

Enfin la quatrième venait de Tien-Yen sur le littoral.

Cette dernière ne pouvait être prise par les troupes françaises, car sa direction par trop excentrique nous aurait trop écartés de notre base d'opérations.

Quant à la route mandarine, elle aurait été d'un parcours extrêmement difficile. Resserrée entre le Song-Thuong et la muraille du Nui-Dong-Naï, elle formait un long défilé sur une grande partie de son étendue. Les Chinois, qui craignaient de nous voir prendre cette direction, y avaient accumulé des défenses sérieuses, qu'il aurait fallu enlever de front au prix des plus grands sacrifices.

La route de Chu, Noui-Bop, Phu-Tang, devait permettre de tourner les lignes chinoises par leur gauche ; mais elle était plus longue de deux étapes que la route de Chu, Dong-Song, par les cols du

Déo-Quan ou du Déo-Van. La pénurie de nos moyens de transport rendait cette circonstance très désavantageuse.

Le général Brière de l'Isle se décida donc pour la deuxième direction que nous avons citée : celle de Chu, Dong-Song, par le col du Déo-Van.

Malgré les difficultés qu'elles auraient à traverser ce dernier col, nos troupes pourraient aborder les positions chinoises de Dong-Song vers leur gauche et rejeter l'ennemi en dehors de sa ligne de retraite.

Après les combats de Kep et de Chu, des garnisons furent laissées dans ces deux localités, mais ce fut surtout à Chu que furent réunis les plus grandes forces et les approvisionnements les plus considérables.

Pendant que se terminaient les préparatifs de la marche sur Lang-Son, nous partagions notre temps entre des reconnaissances et des travaux de terrassement.

Un grand nombre de nos soldats souffraient de la fièvre, que nous cherchions à combattre par de fortes doses de quinquina et de quinine, malgré les interpellations de la Chambre des députés.

Parmi les points sur lesquels se dirigeaient nos reconnaissances presque journalières, le plus assidûment fréquenté était le village de **Ha-Ho**, situé à 7 kilomètres au nord-est de Chu et où se tenait tous les cinq jours un marché annamite d'une certaine importance.

La fréquence de ces reconnaissances, leur régularité surtout du côté de Ha-Ho, tous les jours de marché, presque à la même heure, n'inspiraient à quelques officiers qu'une médiocre confiance. Il leur paraissait évident que les Chinois finiraient par en avoir connaissance et qu'ils pourraient bien en profiter un jour ou l'autre, pour nous jouer quelque mauvais tour.

Le 16 décembre, le colonel Donnier envoya comme d'habitude une reconnaissance du côté de Ha-Ho. Elle se composait de quelques tirailleurs tonkinois et d'une compagnie de la légion (capitaine Gravereau).

En même temps partaient, spécialement chargées d'une mission topographique, une deuxième compagnie de la légion (capitaine Bolgert) et une compgnie du 111ᵉ (capitaine Verdier).

La compagnie Bolgert avait à reconnaître le terrain au nord de Chu et à rechercher le village de Ki-Kong sur le nom duquel il y avait confusion et qui était indiqué par les indigènes comme devant se trouver au pied des hauteurs, à l'ouest de Ha-Ho.

Arrivé à ce point, le capitaine Bolgert devait prendre des renseignements sur les chemins se dirigeant vers le nord à travers la montagne.

Le capitaine Verdier devait passer sur la rive gauche du Loc-Nam, explorer le terrain en remontant le cours de cette rivière et reconnaître un gué

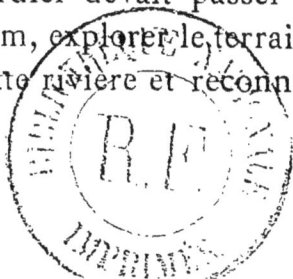

5.

qui, d'après les habitants du pays, devait se trouver à 12 ou 15 kilomètres en amont, près du village de Dong-Cong. Ce gué, qui était recherché depuis quelque temps, n'avait pas encore pu être découvert, le colonel n'ayant envoyé jusqu'alors que de petites patrouilles, qui, vu leur faible effectif, n'avaient pas pu s'aventurer à une distance aussi considérable dans un pays inconnu.

Aucun renseignement sur l'ennemi n'avait été fourni aux capitaines par le colonel Donnier.

Cependant les Chinois s'étaient rapprochés de nous. Ils s'étaient établis depuis peu à Phu-Tang et dans les environs en arrière du col de Déo-Quan, et poussaient des patrouilles vers Maï-Tho, Liem-Son, le col du Déo-Van et Giap-Thuong.

Phu-Tang se trouvant à plus d'une journée de marche de Hao-Ho, le colonel ne supposait évidemment pas que les Chinois pourraient descendre dans la plaine de Chu, et, comme il n'avançait rien dont il ne fut sûr, il crut inutile d'éclairer ses sous-ordres sur la position présumée de l'ennemi.

Au lever du jour, la compagnie du 111e traverse le Loc-Nam à Chu, remonte le cours de cette rivière en reconnaissant successivement les villages de To-Dzuong, Taï-Cam, etc.

Elle avait marché pendant plus de quatre heures et n'avait pas encore pu obtenir de renseignements sérieux sur le gué de Dong-Cong ; elle s'était installée en halte gardée, pour prendre le repas du

matin, lorsque tout à coup elle entendit une vive
fusillade sur sa gauche et un peu en arrière d'elle.
Le premier moment de surprise passé, il ne fut
pas difficile de reconnaître que c'était la légion
qui était aux prises avec les Chinois.

Bien que très en l'air et ne disposant que d'un
effectif d'à peine 150 hommes, le capitaine du 111ᵉ
n'hésite pas à se porter en avant du côté de Dong-
Cong, s'en remettant aux événements du soin de
trouver le gué, qui pourrait lui permettre de passer
sur la rive droite du Loc-Nam et de donner la
main à ses camarades, tout en prenant les Chinois
à revers.

Plusieurs annamites se trouvant à sa portée, il
les encadra au milieu de sa petite avant-garde,
en leur faisant comprendre que leur existence
dépendait de la bonne direction qu'ils donne-
raient à la petite troupe.

Précédons la compagnie du 111ᵉ dans sa marche
et portons-nous sur le lieu du combat.

La compagnie Bolgert, qui est lancée le plus en
avant du côté de Ha-Ho, est venue se heurter, à
3 kilomètres de ce village, contre une forte embuscade chinoise, dissimulée dans les hautes herbes.

Elle est presque cernée de prime abord. Un
combat des plus vifs s'engage aussitôt à la baïonnette. L'attaque est tellement vive que quelques-
uns de nos légionnaires se défendent en se servant
de leur arme comme d'une massue et brisent

plusieurs de leurs crosses sur le crâne de leurs adversaires.

Repoussés une première fois, les Chinois reviennent à la charge en plus grand nombre ; ils s'aperçoivent qu'ils n'ont affaire qu'à une compagnie ; leur audace ne fait que s'accentuer.

Le capitaine Bolgert rompt alors le combat et va s'établir sur la défensive à Giap-Ha.

Gravereau a entendu la fusillade. Il venait en même temps d'être prévenu de la présence des Chinois à Ha-Ho par le li-thuong (maire) de ce village qui, dévoué (?) au colonel Donnier, se rendait auprès de lui pour le renseigner. Malheureusement pour le capitaine Bolgert, ce li-thuong avait passé à côté de sa troupe sans le prévenir.

Le capitaine Gravereau se porte aussitôt au secours de son camarade, dont il n'est séparé que de 4 à 5 kilomètres. Au bout d'une demi-heure de marche forcée, il se heurte, à son tour, à une forte colonne chinoise, qui revient de se ravitailler à Ha-Ho. Il ouvre aussitôt le feu. Les Célestes ripostent vivement tout en se déployant. Ils sont près de 2,000 bien armés et marchent sur la petite troupe qui se tient sur la défensive. Arrivés à bonne portée de fusil, ils sont reçus par des feux de salve bien nourris, qui leur font éprouver des pertes sensibles. Mais la situation des légionnaires est critique. Elle se complique encore par l'arrivée soudaine de nouvelles forces ennemies, qui débouchent des bois au sud de Ha-Ho et menacent de leur couper la retraite.

Il n'y a pas un instant à perdre. Le capitaine Gravereau prend position sur un petit mamelon, fait former sa troupe en carré ; les blessés qui ne peuvent plus marcher sont soutenus par leurs camarades ; puis, aux cris de : *Vive la France ! Vive la légion !* il se porte résolument en avant, baïonnette au canon et au pas gymnastique.

En présence d'une pareille audace, l'ennemi recule et nos légionnaires peuvent s'établir solidement à Hao-Ha, près du Loc-Nam. Le colonel Donnier, avec toutes les forces disponibles de Chu, se porte à son secours. La compagnie Verdier a réussi, après une marche forcée, à traverser la rivière, ayant de l'eau jusqu'au-dessus de la ceinture. Elle débouche au-delà de Ha-Ho, sur le flanc gauche des Chinois et en arrière de leur ligne. La compagnie Bolgert, dégagée, arrive également. Les Chinois, voyant surgir des troupes de tous côtés, regagnent précipitamment leurs cantonnements.

Nous avons eu dans cette affaire 31 blessés dont 9 très grièvement et 16 tués, qui furent presque tous décapités par les Chinois. Plusieurs fusils restèrent entre nos mains. Le capitaine Bolgert en rapporta 7 à Chu : c'étaient des Winchester, dont plusieurs avaient encore des cartouches dans le magasin. Celles-ci portaient la marque « Lorentz-Carlsruhe. »

Les Français se sont officiellement attribué le succès dans le combat de Ha-Ho.

Les Chinois, de leur côté, ont également embouché les trompettes de la victoire pour célébrer leurs hauts faits.

Il n'y a pas à se le dissimuler, pour cette fois, ils étaient plus que nous dans le vrai. Ha-Ho était un échec, mais un échec honorable qu'il serait plus juste de qualifier de surprise.

L'affaire du marché de Ha-Ho porte avec elle ses enseignements.

Quand on n'a pas tenu soi-même la queue de la poêle, il est facile de faire ses critiques et de trouver quelque chose à redire. Mais de ce que la critique est, dans ce cas, fort aisée, s'ensuit-il que nous devions nous borner à un simple exposé aussi consciencieux que possible des événements accomplis ?

La guerre, aussi bien que la manœuvre du temps de paix, ne vit que de fautes. Et l'on peut dire que toutes les résolutions prises sont toujours défectueuses par quelque endroit.

Après une manœuvre, le directeur de l'exercice doit toujours faire sa critique ; un bien gros mot que nous employons à défaut d'autre.

Ce devrait être plutôt une conférence sur le terrain, où chacun, dans un échange toujours courtois d'idées raisonnées, serait admis à exposer les résolutions prises, avec les motifs qui l'ont fait agir, et où le supérieur devrait s'efforcer de convaincre son entourage, en faisant toucher du doigt les fautes commises et en incitant les chefs des partis opposés à aller au-devant de ses observations et à se critiquer pour ainsi dire eux-mêmes.

A la guerre, le vrai critique c'est la balle, dont les arguments sont autrement frappants et ont un tout autre poids que les plus beaux raisonnements du tacticien le plus émérite.

A la manœuvre, il manque les deux principaux facteurs du combat : le feu et le moral. La solution du problème, qui consiste à attribuer la victoire à un parti plutôt qu'à un autre, est des plus délicates et ne peut s'émettre, sauf quelques cas particuliers très rares qu'avec force restrictions. De là, pour la critique, le devoir d'être d'autant plus réservée et bienveillante que l'introduction des deux facteurs en question dans la manœuvre suffirait bien souvent pour changer complètement la face des choses.

La balle dans sa brutalité donne la solution du problème, mais ne l'explique pas.

Dès qu'il y a eu un vrai combat avec morts et blessés, le problème tombe dans le domaine public et chacun a le droit de le discuter, à la condition de posséder les éléments suffisants et de ne pas se laisser égarer par le parti pris. Ce droit devient presque un devoir, quand de cette discussion peuvent jaillir quelques enseignements.

C'est en obéissant à ces considérations que nous

nous permettons de donner notre appréciation sur le combat de Ha-Ho.

En agissant ainsi, nous ne croyons pas manquer au respect que nous avons toujours professé pour le colonel Donnier, au vainqueur de Chu, dont nous révérons la mémoire, et que nous avons toujours considéré comme un chef des plus dignes de l'estime de ses subordonnés.

On pourrait objecter au colonel Donnier la périodicité de ses reconnaissances du côté de Ha-Ho.

Comme le dit très judicieusement notre service en campagne : « On ne doit pas prodiguer les reconnaissances journalières et surtout ne pas les recommencer aux mêmes heures ni par la même route. »

Mais d'un autre côté, dans le cas particulier qui nous occupe, nous nous trouvions en présence d'un marché, qui lui-même se tenait tous les cinq jours. Il était bon de le protéger contre les Chinois, qui devaient avoir intérêt à venir s'y ravitailler. Aussi le colonel avait-il cru pouvoir parer aux éventualités en établissant autour de lui, au moyen d'émissaires tonkinois, un système de renseignements, sur lequel il comptait pour éventer les menées de l'ennemi. La crainte que les tigres inspirent aux Annamites fut en partie cause que ce système de renseignements fit défaut au bon moment.

Le li-thuong de Ha-Ho raconta en effet que les Chinois étaient arrivés de nuit dans le village, qu'il était bien parvenu à éviter leurs patrouilles cherchant à intercepter les communications avec Chu ; mais que la crainte du tigre l'avait empêché de se mettre en route avant le lever du jour.

Les circonstances évidemment nous avaient mal servis ce jour-là.

Qu'il nous soit cependant permis de faire à ce sujet une légère critique.

Le colonel Donnier, ainsi que nous l'avons dit plus haut, n'avait pas fait mention dans ses ordres de la situation de l'ennemi.

On peut répondre à ceci que cet officier ne connaissait pas exactement ses positions.

Le général Von der Goltz nous donne les principes à suivre en pareil cas :

« *Tout ordre doit commencer par un aperçu des positions de l'ennemi.* »

« Il faut qu'on donne cet aperçu avec précaution. On fera bien de mentionner la provenance des nouvelles, surtout si l'on n'est pas sûr soi-même de leur entière exactitude. Si l'ordre débute par un ton péremptoire : « Les nouvelles que l'on a de l'ennemi disent que... etc., » celui qui le reçoit considèrera cela de prime abord comme absolument certain. Il pourra en résulter des erreurs. Si l'on indique sa provenance : « Les informations fournies par des paysans, des espions, les rapports des patrouilles, etc., nous apprennent etc. » Tout chef peut savoir jusqu'à quel point il peut s'y fier. Ou bien il en sera plus circonspect, plus méfiant, ou bien plus *confiant*. »

Le colonel Donnier, n'ayant pas fait mention de l'ennemi, ses trois capitaines avaient des tendances à bien s'acquitter avant tout de la mission topographique qui leur avait été donnée.

Faisant de semblables reconnaissances depuis plus de deux mois, sans rencontrer la moindre trace de Chinois, ils avaient bien pris les précautions d'usage, avant-garde, flanc-garde, arrière-garde, éclaireurs, etc. ; mais cela bien plus par la force de l'habitude que par esprit de défiance.

S'ils avaient été tenus plus en éveil sur la situation de l'ennemi, ils auraient pris de bien plus grandes précautions et le capitaine Bolgert en particulier aurait pu peut-être suppléer ainsi au manque de cavaliers et éviter l'embuscade.

Nous sommes un peuple exubérant, essentiellement communicatif; nous le savons et nous essayons parfois de réagir contre une pareille tendance. Malheureusement il arrive trop souvent que, pour éviter ce défaut, nous tombons dans un autre contraire, qui pourrait être taxé de défiance.

En général, nous hésitons trop à nous mettre en communion d'idées avec nos inférieurs, qui alors deviennent inquiets et se creusent l'esprit pour essayer de pénétrer la situation. N'ayant pas les mêmes informations que le chef, ceux-ci se trouvent souvent à côté de la question, se trompent sur le but poursuivi ou bien encore tombent dans l'indifférence.

Tous les écrivains militaires, qui ont parlé du combat de Ha-Ho, ne l'ont pas présenté sous son véritable jour. Leur erreur provient sans doute de ce qu'ils ont puisé leurs renseignements dans des documents officiels, légèrement arrangés après coup pour les besoins de la cause. Tous ont fait de cette journée une affaire décidée d'avance, voulue par le colonel Donnier.

Il convient de rétablir la vérité dans l'intérêt même de cet officier.

Si, en effet, celui-ci avait eu l'intention d'engager ce jour-là un combat avec les Chinois, il eût commis une grossière faute, en faisant suivre à ses trois compagnies des itinéraires aussi divergents, dans un pays très difficile et en ayant soin de les séparer par un obstacle aussi sérieux que le Loc-Nam, dont il ne connaissait pas le cours.

De pareils mouvements ont quelque chance de réussir dans un pays connu, en présence d'une situation bien définie de l'ennemi et lorsqu'on dispose de très fortes unités, qui peuvent individuellement soutenir un effort assez prolongé pour permettre aux autres d'arriver à la rescousse. Ici ce n'était pas le cas, loin de là.

Une autre erreur a été commise par ces mêmes écrivains, sauf toutefois par le capitaine Carteron.

La compagnie Verdier est représentée comme « étant restée postée sur la rive gauche du Loc-Nam et n'ayant pu trouver ni sentier ni passage pour donner la main à la poignée de braves, que le capitaine Gravereau avait si vaillamment et si intelligemment dirigés. » Autrement dit : « Mon capitaine Verdier, vous n'avez pas ce jour-là fait preuve de grande malice. »

Il est juste, puisque nous nous sommes un peu étendu sur ce sujet, de rectifier également cette erreur. C'est tout le contraire qui s'est passé, ainsi que nous l'avons déjà dit. Le colonel Donnier, très inquiet sur le compte du capitaine du 111e, à cause du mouvement par trop excentrique qu'il lui avait imposé, envoya, aussitôt les premiers coups de fusils tirés, quelques cavaliers à sa recherche pour lui faire rebrousser chemin ; mais le capitaine avait déjà franchi le Loc-Nam et s'était porté vers le lieu du combat. Il ne rentra à Chu que le dernier, à la tombée de la nuit.

Ainsi que cela se pratiquait généralement lorsqu'un fait d'une certaine gravité se passait sur un point du Tonkin, le général de Négrier fut envoyé à Chu. Il se fit rendre compte des événements, et rédigea un ordre du jour, où il fit ressortir le côté brillant du combat, glissa sur l'embuscade dans laquelle nous étions tombés, montra 3000 Chinois affamés se ruant sur le marché de Ha-Ho, et obligés de fuir en déroute.

Cet ordre du jour, qui a été en partie cause de l'erreur commise par les historiens, nous parut un peu fantaisiste ; mais en revanche, il était bien politique.

Si, plus tard, on avait usé du même procédé pour présenter les événements de Lang-Son, combien eut été moins grand l'affolement en France et que de faits regrettables eussent été ainsi évités !

La guerre est faite d'alternatives plus ou moins heureuses ; il est de bonne politique de présenter les accidents sous leur jour le plus favorable, de changer même en victoire les insuccès peu caractérisés, quitte à profiter au-dedans de soi et pour l'avenir des leçons qu'entraînent ces événements.

Le général avait emmené avec lui deux compagnies de tirailleurs algériens ; il fit faire aussitôt plusieurs reconnaissances auxquelles prirent part presque toutes les troupes du camp retranché de Chu.

Notre première excursion fut, du côté de Ha-Ho, Lim-Son, où nous rencontrâmes et fîmes enterrer les cadavres, horriblement mutilés, des pauvres légionnaires tués dans la journée du 16.

L'ennemi ne se montra pas et ces diverses reconnaissances n'eurent d'autre effet que de nous familiariser à nouveau avec le système adopté par le général de Négrier, et dont il est bon de donner un aperçu :

A peine cet officier avait-il touché le sol du Tonkin, qu'il avait compris que notre système de marche ne pouvait pas s'adapter au terrain.

Un ou deux exercices qu'il fit faire à sa brigade suffirent pour faire sentir ses inconvénients multiples. Dès le lendemain, tout fut modifié. Un nouveau système est trouvé et exécuté séance tenante et sans effort. L'idée du général avait pénétré tout le monde, sans qu'il eut été besoin d'une bien longue et bien minutieuse réglementation pour en faire ressortir le mécanisme.

Ainsi que nous l'avons déjà dit, le Tonkin, en fait de voies de communication, n'offre dans le delta que des digues d'arroyos, des talus de rizières et quelques routes de peu d'importance très mal entretenues.

Si parfois, sur certaines de ces routes on pouvait, à la rigueur, se maintenir quatre de front, il était impossible de marcher longtemps ainsi, sans être arrêté par un éboulement, un ruisseau, un obstacle quelconque, que l'on ne pouvait franchir, sinon homme par homme, mulet par mulet, d'où des allongements considérables, une perte de temps précieux, des à-coups presque continus et d'autant plus sensibles qu'on était plus éloigné de la tête de colonne.

Impossible de marcher et de manœuvrer dans de pareilles conditions; il fallait de deux à trois heures pour que la brigade passât de l'ordre de marche à la formation de rassemblement ou à la formation de combat.

Un système plus en harmonie avec le terrain fut aussitôt adopté :   -

La colonne principale, avec une ou deux compagnies comme avant-garde, l'artillerie et en queue les *impedimenta* de la brigade, suivait la route la moins étroite.

A droite et à gauche, les autres compagnies marchaient par le flanc des subdivisions, sur un seul rang, ayant entre elles, autant que possible, un intervalle égal à leur front. Elles utilisaient, pour se porter en avant, les petits talus des rizières.

L'alignement et la direction étaient donnés par la colonne principale, qui réglait sa marche de telle façon, que la subdivision qui la flanquait, pût se maintenir à sa hauteur.

Les intervalles entre les divers éléments de la colonne étaient sensiblement les mêmes, quoique un peu plus faibles que ceux déterminés par le règlement.

Les quelques cavaliers, dont le général pouvait disposer, éclairaient à un ou deux kilomètres en avant et sur les flancs.

Le chemin parcouru avec une pareille formation, était un peu plus long, puisque les subdivisions étaient obligées de serpenter le long des talus des rizières ; mais cette durée de trajet était largement compensée par la suppression presque complète des à-coups.

Les rassemblements et les déploiements se faisaient très rapidement ; enfin la colonne était toujours prête à faire feu, de quelque côté que l'ennemi se présentât.

Elle avait pour elle souplesse, cohésion, simplicité.

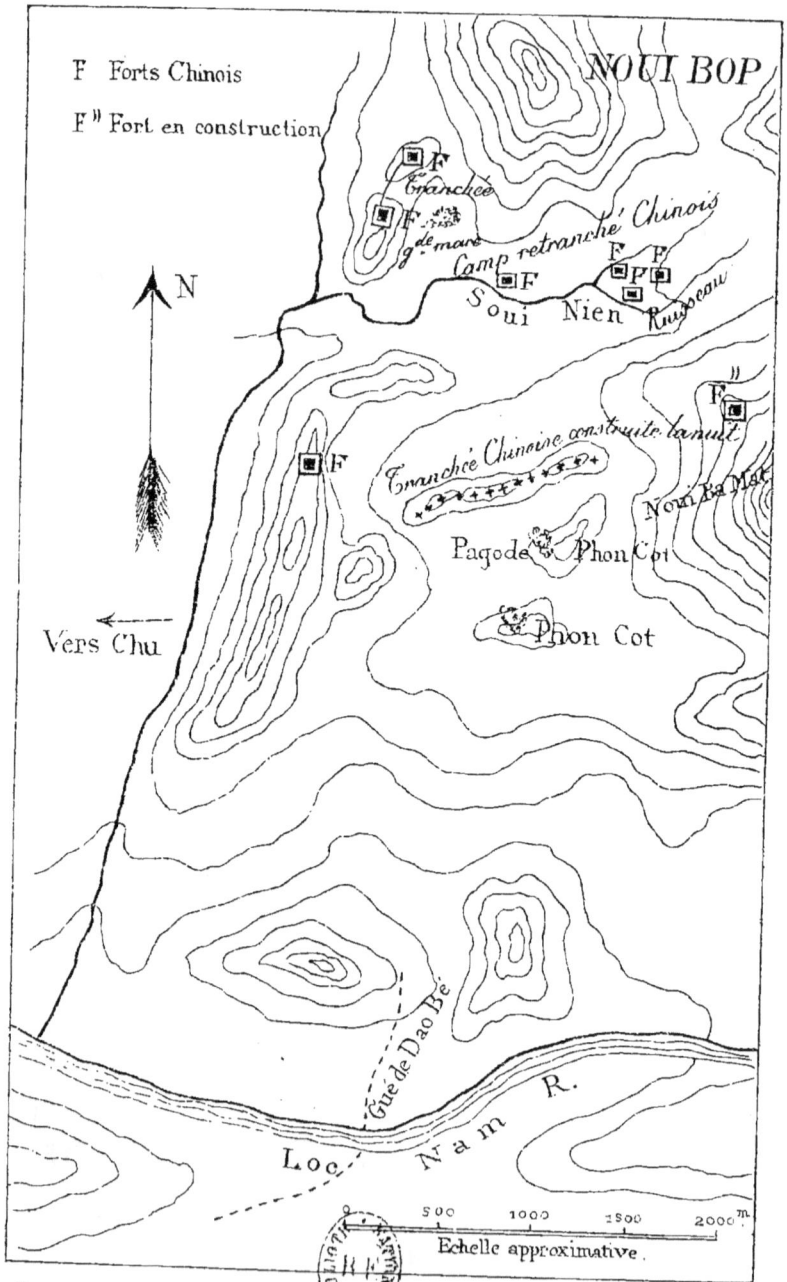

NOUI BOP

F Forts Chinois

F″ Fort en construction

N

Vers Chu

Echelle approximative.

0   500   1000   1500   2000ᵐ

Combat de Noui-Bop.

CHAPITRE VI

Arrivée du lieutenant-colonel Herbinger. — Sa réputation. — Prise originale de commandement. — Une patrouille de cavalerie chinoise. — Marche sur Noui-Bop. — Combat de Noui-Bop, Phon-Cot. — Retour à Chu.

Peu de jours après le combat de Ha-Ho, le lieutenant-colonel Herbinger, tout récemment débarqué de France, arriva à Chu pour y prendre le commandement du régiment de marche, le régiment des « Electeurs » comme on l'avait surnommé, et qui se composait des bataillons du 23e, du 111e et du 143e d'infanterie.

Le nom d'Herbinger évoque tout naturellement celui de Lang-Son et de la retraite qui s'y rattache.

Ainsi que le dit le *Correspondant* du 10 décem-

6

bre 1885, dans un article, sans nom d'auteur, sur lequel nous nous proposons de revenir plus tard pour en discuter le fond : « L'évacuation de Lang-
» Son est un fait militaire, qui ne peut pas se dissi-
» muler comme une intrigue politique ; heureux
» ou malheureux, il appartient au pays qui paie de
» son sang le droit de lire à livre ouvert dans l'his-
» toire de son drapeau. »

Sept années se sont écoulées depuis lors. Les passions politiques ont eu tout le temps de s'apaiser.

Le moment semble donc venu de déchirer le voile et de mettre fin à cette espèce de conspiration du silence, qui s'est faite autour de cette retraite.

L'équivoque peut avoir aussi de bien plus funestes conséquences que la vérité, quelque pénible qu'elle soit à dévoiler.

Nous n'en donnerons que la preuve suivante :

Si nous considérons le lieutenant-colonel Herbinger comme victime d'une situation fausse, créée par le général de Négrier, que dire alors de ce dernier, qui, depuis sept ans, n'a pas su trouver un seul mot pour défendre son lieutenant ? Le silence en pareil cas ne serait plus de la prudence; il dénoterait chez son auteur un manque absolu de courage civique, la peur des responsabilités !

« La femme de César ne doit pas être soupçonnée. » Il ne faut pas que le moindre doute pèse sur la valeur morale d'un de nos chefs militaires les plus en relief, qui détient une notable partie des forces de la France et qui se trouve placé à l'avant-garde de notre armée.

A tous les points de vue, il vaut mieux dire la vérité sans réticence, sans tous ces sous entendus qui peuvent donner lieu aux plus dangereuses équivoques.

C'est la tâche que nous allons entreprendre.

Loin de nous la prétention de nous faire l'historien de la retraite de Lang-Son.

Notre rôle, beaucoup plus modeste, consistera à dire tout simplement ce que nous avons vu et ce que nous tenons pour rigoureusement exact.

Si un régiment est désireux de connaître son nouveau colonel, ce chef qui va détenir au bout de ses passions bonnes ou mauvaises la vie, l'avenir, l'honneur de plus de 2000 hommes de tout âge et de tout grade, il n'en est pas moins vrai, d'autre part, que ce colonel doit éprouver une certaine émotion, en comparaissant pour la première fois devant son nouveau régiment, surtout lorsqu'il arrive tout novice dans un pays comme le Tonkin, au milieu de subordonnés qui tiennent campagne depuis une année entière, qui ont déjà plusieurs victoires à leur actif et qui ont payé de leur sang, de leurs fatigues et de leurs maladies, le droit de lever fièrement la tête.

Le soldat français veut pouvoir aimer son chef ;

il est heureux de lui découvrir des qualités et de lui donner des preuves de son dévouement.

Ce sentiment qui perce déjà en temps de paix, est des plus vivaces en campagne.

Nous étions heureux d'apprendre, par ceux qui avaient entendu parler du lieutenant-colonel Herbinger, que nous allions avoir affaire à un chef brillant, sorti n° 1 de St-Cyr, blessé en 1870, ayant à son actif la campagne du Mexique, et que ses qualités militaires avaient tellement mis en vue, que le général Lewal n'avait pas hésité à lui confier, alors qu'il n'était encore que jeune chef de bataillon, l'enseignement de la tactique d'infanterie à l'Ecole supérieure de Guerre.

Nous devons l'avouer : nous fûmes tous désorientés par sa prise de commandement.

Ce ne fut pas de l'émotion que ressentit le colonel à la vue de ses troupes, ce fut une violente colère, qui dura plus de huit jours et ne prit fin que lorsque nous reçûmes l'ordre d'aller attaquer les positions chinoises de Noui-Bop.

Cette colère fut déchaînée par les défectuosités de notre tenue.

Après tout, cette tenue quoique peu brillante, était supportée par le colonel Donnier et le général de Négrier, qui, ayant autant que bien d'autres l'amour de la cocarde, savaient cependant tenir compte de la situation dans laquelle nous nous trouvions, des fatigues que nous avions endurées, des nuits passées à la belle étoile, des travaux

auxquels nous étions journellement assujettis
et peu faits pour donner du lustre à notre
habillement.

Le lieutenant-colonel Herbinger ne l'entendait
pas de cette oreille. Il nous fit l'effet d'une tempête,
gesticulant, criant après tous les officiers devant
leur troupe, pour un bouton de capote peu relui-
sant, pour un ceinturon mal astiqué, pour une
agrafe disparue.

Et quel vocabulaire, bon Dieu ! « Qu'est-ce qui
m'a f..... des troupiers pareils ? Ils sont faits
comme des voleurs... Mais voyez-moi ces ani-
maux-là ?... Ils suintent la saleté ! Tas de c.....! »
etc. Puis les punitions de s'abattre comme par
enchantement sur tous les officiers.

Dans une seule revue passée au 111e, tous les
commandants de compagnie s'entendent successivement octroyer huit jours d'arrêts, pour défec-
tuosité dans la tenue de leurs hommes ; le commandant est menacé de se voir enlever le commandement de son bataillon.

Deux heures après, tous les arrêts sont levés,
mais les officiers sont avertis d'avoir à se tenir sur
leur garde.

Le 143e eut aussi sa revue le lendemain et également sa distribution d'arrêts.

En ce qui concerne les fusils, ce ne sont pas les
culasses mobiles, l'âme du canon, ces organes
essentiels d'une arme de guerre, qui l'intéres-

sent, ce sont les plaques de couche (1) qu'il voüs
fourre sous le nez, en vous disant d'un air gouail-
leur : « Et ça, est-ce bien entretenu ? »

Nos soldats cependant avaient une espèce de
culte pour leur arme et ils lui manifestaient leur
reconnaissance par un entretien consciencieux,
sachant bien qu'ils en seraient payés de retour.
Nos fusils passaient la nuit à la belle étoile ; on
avait bien pris la précaution d'envelopper les
culasses mobiles de manchons de toile légèrement
graissée, mais on ne poussait pas la sollicitude
jusqu'à mettre des chaussettes aux plaques de
couche, qui se rouillaient alors facilement.

De temps en temps, quelques moments d'ac-
calmie se produisaient, où le colonel se montrait
enjoué, bon enfant, se livrant à des jeux de mots,
à des calembours à perte de vue. Il aimait alors
qu'on lui donnât la réplique et cherchait à faire
disparaître la fâcheuse impression produite par
l'intempérance habituelle de son langage.

Les officiers des autres corps, qui passaient dans
l'orbite de ses évolutions journalières, recevaient
eux aussi de temps en temps le contre-coup de ses
algarades et demandaient anxieux à leurs camarades du régiment des « Electeurs » ce que signifiaient
de pareilles allures. Ceux-ci répondaient presque
invariablement : « C'est notre nouveau colonel, le
colonel Herbinger... On le dit très supérieur... »

(1) On appelle plaque de couche la semelle d'acier vissée
sous la crosse et qui sert à protéger le bois du fusil.

Ancien professeur de tactique à l'Ecole de Guerre... » et l'on se quittait en hochant légèrement la tête et en poussant de part et d'autre des « ah ! » d'étonnement significatif.

C'est ainsi que nous atteignîmes le 1ᵉʳ janvier 1885. Ce jour-là, une compagnie du 111ᵉ est désignée pour aller en grand'garde à l'est de Chu. Le commandant de cette compagnie passait l'inspection de ses hommes, lorsque le lieutenant-colonel Herbinger arrive ; il aperçoit un caporal, faisant fonctions de fourrier, qui revenait de la distribution des vivres avec une guêtre de toile déboutonnée. Le capitaine reçoit 15 jours d'arrêts, qui lui sont notifiés avec un débordement d'épithètes peu flatteuses pour lui et ses hommes.

Le soir, à la tombée de la nuit, le lieutenant-colonel visite la grand'garde, la trouve convenablement placée et le service bien organisé.

Le lendemain, dans l'après-midi, les sentinelles signalent une patrouille de 12 cavaliers chinois se dirigeant sur le camp.

Cette patrouille devait être bien commandée, car elle semblait dirigée tout à fait à l'européenne.

Le capitaine prescrit à tout son monde de se dissimuler et de laisser approcher l'ennemi.

Les cavaliers étaient à 1,300 mètres environ de la grand'garde, de l'autre côté du ruisseau de Kao-Ka. Le lieutenant-colonel arrive, mais tout en se rendant sur la ligne des sentinelles, *sans avoir encore pu juger de la situation,* il avait fait porter une section de la grand'garde sur la droite de la ligne, la débordant de 5oo mètres environ, et l'avait dissimulée de son mieux. Ce mouvement avait eu pour résultat de donner l'éveil à la patrouille, qui n'avançait plus.

Arrivé près du commandant de la grand'garde :

— Mon ami, lui dit le colonel, vous n'avez jamais vu prendre de patrouille de cavalerie ? ·

— Non, mon colonel.

— Eh bien, vous allez voir cela dans un tout petit moment. Suivez-moi ; prenez un soldat intelligent avec vous et dissimulez-vous bien.

Les voilà tous les trois se dirigeant du côté de la section placée en observation.

Les Chinois ne bougeaient pas et continuaient à examiner le terrain en avant d'eux.

Au bout de quelques instants de ce monôme à trois, le colonel, qui commençait à manifester quelque inquiétude sur la réussite de son mouvement, se retourne brusquement :

— Attendez un peu, dit-il, revenons sur nos pas, allons à gauche.

Le monôme va à gauche. Les Chinois sont toujours immobiles.

— Maintenant montrons-nous ; prescrivez à vos hommes d'en faire autant.

Tous ceux auxquels l'ordre parvient se lèvent. Les Chinois peuvent ainsi compter nos sentinelles, nos petits postes, voir enfin l'emplacement de la grand'garde, et comme c'était probablement là tout ce qu'ils cherchaient à savoir, ils disparaissent dans le lointain, oubliant toutefois de remercier le colonel de leur avoir ainsi facilité leur tâche.

Quant au capitaine, il ignore, probablement encore à l'heure qu'il est, comment, dans le cas particulier où il était placé, on peut s'emparer d'une patrouille de cavalerie ennemie.

Le lieutenant-colonel Herbinger, lui, s'en prit au commandant Fortoul, arrivé sur ces entrefaites avec le commandant Faure et qui examinait en curieux les évolutions des cavaliers chinois.

« — Vous voyez bien cet officier, dit-il au capitaine de la grand'garde resté près de lui, il pousse de l'avant, toujours de l'avant ; mais quant aux choses de la guerre, il s'y connaît comme un âne à faire de la broderie. »

Pendant toute la soirée, on put, avec une lorgnette, observer de grosses masses de troupe défilant sans interruption et se dirigeant du nord-est vers le sud-est, du côté de Liem-Son et de Noui-Bop.

Nous allons entrer maintenant dans une série d'événements militaires beaucoup plus sérieux. Le cadre que nous nous sommes imposé ne nous permettant pas de faire un historique complet de la guerre du Tonkin, nous insisterons plus volontiers sur les faits auxquels le lieutenant-colonel Herbinger a été mêlé sans, toutefois, négliger

6.

l'ensemble des opérations (1), afin d'en faire ressortir les enseignements qu'elles comportent.

Nous suivrons plus particulièrement le 111ᵉ dans ses étapes et combats ; car c'est surtout avec lui que le colonel a vécu pendant la marche sur Lang-Son, pendant la retraite et au combat de Dong-Dang.

Ce n'est guère qu'à Bang-Bo que cet officier supérieur n'a pas eu la direction effective de ce bataillon.

D'après les renseignements fournis au général de Négrier, il était évident que les Chinois s'étaient fortement établis à Noui-Bop.

L'expédition sur Lang-Son approchait ; on ne pouvait donc se mettre en campagne avec une pareille menace sur son flanc droit. Il fallait à tout prix la faire disparaître et venger en même temps l'échec de Ha-Ho.

Noui-Bop est une montagne en forme de pain de sucre de 5 à 600 mètres de relief, boisée à son sommet et au pied de laquelle coule le Soui-Nien, affluent du Loc-Nam, ruisseau peu large, mais encaissé. Cette hauteur occupe le nord d'un vaste

---

(1) Ceux de nos lecteurs qui voudraient avoir une idée complète de la guerre du Tonkin pourraient consulter avec fruit l'ouvrage de notre ami le capitaine Carteron, intitulé : *Souvenirs de la Campagne du Tonkin*, et qui a paru dans le *Journal des Sciences militaires*.

Le capitaine Carteron est un de ces jeunes officiers qui savent voir et sentir.

cirque, dont le grand axe a une direction nord-sud, et dont le pourtour est formé par une série de pitons aux arêtes vives, se soudant les uns aux autres, en donnant naissance à un certain nombre de cols en général très resserrés. Ces cols sont les portes naturelles du cirque, qui permettent de descendre dans l'arène au sol légèrement bombé.

C'est au pied même de Noui-Bop que les Chinois ont établi leur camp retranché protégé au sud par le Soui-Nien.

Au point de vue pittoresque, l'emplacement est des plus heureux et produit un effet merveilleux, qui sera rendu encore plus saisissant lorsque, sous la crépitation de la fusillade ou le grondement du canon, s'agiteront, superbes, les étendards chinois aux couleurs éclatantes et bariolées.

L'ennemi, craignant notre arrivée par la route directe de Chu à Noui-Bop, s'était surtout fortifié en vue d'une attaque de ce côté. Deux forts, les plus solides de tous, barraient l'entrée du principal col qui, à l'ouest, donnait accès dans le cirque.

Vouloir attaquer Noui-Bop de ce côté, c'était pour ainsi dire prendre le taureau par les cornes, s'exposer à une vive résistance et à de sérieuses pertes.

Le général de Négrier préféra aborder les positions ennemies par le sud. Il courait bien le risque, en agissant ainsi, d'être obligé de passer le Loc-Nam sous le feu de l'ennemi et de combattre avec une rivière à dos ; mais, par contre, il avait quelque chance de surprendre son adversaire du côté où il s'y attendait le moins, et par lequel il était par suite plus facile de le démoraliser.

Une fois sur la rive droite, il prenait les positions chinoises à revers et évitait leur fortification. Ce plan réussit comme il avait été conçu.

Le 3 janvier, à 6 heures du matin, la brigade quitte le camp de Chu, traverse la rivière à gué à Taï-Lam et prend une position de rendez-vous. Pendant ce temps, deux compagnies de la légion étrangère, qui devaient garder le poste de Chu en notre absence, s'avançaient par le chemin direct de Noui-Bop pour donner le change aux Chinois.

Le brouillard est intense ; le terrain est tellement couvert et difficile que la colonne prend, dès le début de la marche, une fausse direction et va donner du nez sur le Loc-Nam.

Le général confie alors le commandement de l'avant-garde au capitaine Verdier, qui, grâce à sa connaissance du terrain, qu'il avait exploré le jour du combat de Ha-Ho, parvient facilement à la remettre sur la bonne voie. Arrivé au gué de Dong-Cong, la marche est arrêtée ; le général hésite un moment à traverser la rivière à cet endroit ; mais il juge avec raison qu'il sera encore trop à l'ouest des positions ennemies et il poursuit sa route jusqu'à Dao-Bé, où se trouve un autre gué que franchit aussitôt la tête de colonne (1). Les Chinois, avertis de notre arrivée par le sud, rassemblent leurs troupes et se portent à notre rencontre. L'avant-garde, renforcée de deux compagnies du 143e et appuyée par le tir de l'artillerie, repousse leur attaque.

Puis, prenant l'offensive, elle les rejette sur une série d'ouvrages qui paraissent former la ceinture d'un vaste camp retranché, dont on ne soupçonnait guère l'importance.

Grâce à ce mouvement en avant, toutes les autres troupes ont réussi à franchir le Loc-Nam sans être inquiétées ; il ne s'agit plus que de tomber dans le camp des Chinois ; mais la nuit va arriver brusquement comme dans tous ces pays d'Extrême-Orient.

Ne pouvant comme Josué arrêter le soleil, le général se contente d'arrêter le mouvement en avant de la brigade ; et comme il veut se trouver en mesure de recommencer la lutte dès l'aube, il établit une batterie sur une des hauteurs enlevées par le 143e et donne l'ordre au lieutenant-colonel Herbinger d'aller avec le 111e occuper une position centrale, qui lui permettra le lendemain de protéger le déploiement de ses troupes.

(1) Pendant que s'opérait le passage du cours d'eau et que l'avant-garde était aux prises avec les Chinois, on put voir un certain nombre de troupiers sortir de leur sac d'énormes patiences qu'ils avaient fabriquées pendant la nuit avec des bambous et se mettre à astiquer leurs boutons de capote. Les officiers mirent fin à cette plaisanterie.

L'idée du général est qu'une attaque dirigée sur le centre de la ligne ennemie pourrait jeter une grande perturbation dans le camp chinois et peut-être le faire évacuer.

Le capitaine Carteron, dans ses *Souvenirs,* explique que l'obscurité et les difficultés du terrain empêchèrent cette opération de réussir. Il convient d'ajouter à ces difficultés matérielles, indépendantes de la volonté humaine, une grande lenteur imposée par le colonel Herbinger dans le mouvement en avant du 111e. Nous reviendrons sur ce sujet.

Le 111e va occuper Phon-Cot ; la 2e compagnie (capitaine Verdier), désignée comme grand'garde, prend position dans une pagode, d'où elle entend distinctement le bruit des travaux de défense et le son des voix des travailleurs.

Attaquée une première fois, vers 4 heures du matin, elle maintient l'ennemi en respect par ses feux. Une heure plus tard, elle est de nouveau attaquée et cernée. Pendant trois quarts d'heure, elle lutte seule contre les Chinois, qui menacent de l'envelopper complètement ; mais le général lui envoie la compagnie Tailland de l'infanterie de marine, qui dégage son flanc gauche et avec laquelle le capitaine Verdier peut se porter hardiment en avant et s'emparer d'une tranchée-abri construite par l'ennemi et qui domine tout le camp retranché de Noui-Bop.

Les Chinois avaient ouvert les premiers le feu de leur artillerie, qui fut bientôt réduite au silence

par les batteries de Saxée et Jourdy. Il est 10
heures : le bataillon de tirailleurs algériens, tête
d'attaque, s'avance contre les forts de l'est, qui ont
été criblés d'obus. Il les enveloppe par leur gauche
et, continuant sa marche en avant, détermine la
retraite d'une partie des défenseurs.

Les bataillons du 143e et du 111e lient leurs
mouvements à celui du bataillon des tirailleurs et
sont prêts à se jeter sur la position chinoise.

L'assaut est donné. Quatre forts tombent dans
nos mains ; l'un d'eux, enlevé par la compagnie
du capitaine Chirouze, est armé de 6 canons
Krupp de montagne.

Le général dirige alors tous ses efforts contre les
deux ouvrages qui barraient, à l'ouest, l'entrée du
camp et qui, par suite du mouvement tournant de
la colonne, deviennent le réduit de la position. Ils
sont palissadés, garnis de deux rangées de cré-
neaux, construits sur des mamelons et reliés entre
eux par un long parapet coupant la route.

L'artillerie dut y concentrer son feu et le bataillon d'infanterie de marine reçut l'ordre de
l'attaquer.

Restant derrière les parapets et s'abritant dans
les tranchées, les défenseurs ne tirèrent qu'au
moment où l'une des compagnies (capitaine Bour-
guignon) eut pris ses dispositions pour l'assaut.

Des coups heureux de notre artillerie et un
mouvement de cette compagnie fait sur leur ligne
de retraite troublèrent tellement les Chinois,

qu'après une courte défense, beaucoup, évacuant les ouvrages à la hâte, se replièrent vers le nord.

Le lieutenant d'infanterie de marine Verzeau pénétra dans l'un d'eux, en tête de sa troupe et y trouva un certain nombre d'hommes qui furent tués en se défendant.

Le tir de nos batteries, dirigé sur des colonnes s'enfuyant vers le nord, acheva la défaite des Chinois, qui se dispersèrent dans la montagne. Il était environ midi.

Nous étions maîtres du camp retranché de Noui-Bop. Huit forts, sans compter les ouvrages de moindre importance, étaient tombés entre nos mains, ainsi que dix canons Krupp de montagne.

Six cents cadavres ennemis jonchaient le sol.

Nous avions eu à lutter contre des troupes dont l'effectif peut s'évaluer sans exagération à 10,000 hommes.

Nos pertes s'élevaient à 13 tués, 76 blessés dont 3 officiers. Le butin était considérable : 3 à 400 tentes en cotonnade, pouvant abriter en moyenne 12 hommes chacune, des fusées, des torpilles, une quarantaine de chevaux, du riz en grande quantité, des bagages, de riches vêtements de soie, des parasols, des boussoles, de nombreux documents imprimés et manuscrits, des cartes, des règlements chinois, des pavillons de toute espèce et de toutes couleurs, de nombreuses munitions, de nombreux fusils à tir rapide (Remington, Henry-Martini, Winchester, Mauser).

La plupart des tués étaient de beaux hommes bien habillés, ne portant aucune trace des fatigues de la campagne.

L'échec de Ha-Ho était largement réparé. Nous n'avons plus d'inquiétude à avoir sur notre base d'opération pour notre future marche sur Lang-Son.

Les défenses du camp chinois furent détruites, on ne conserva que l'ancien réduit.

Au milieu de ce drame de Noui-Bop, s'est joué, dans le cadre beaucoup plus restreint de Phon-Cot, un vaudeville, dont le principal rôle a été tenu par le colonel Herbinger, et dont nous allons essayer de tracer les différentes péripéties :

On se souvient que, le 3 janvier, le général de Négrier, après le passage du Loc-Nam et le combat de l'avant-garde, donna l'ordre au colonel de se porter sur Phon-Cot avec le bataillon du 111e.

Pour se conformer à cet ordre, ce bataillon fut rassemblé au préalable dans une espèce de clairière, n'offrant du côté de l'ennemi qu'un débouché très étroit, où un seul homme de front pouvait trouver passage. Il était près de 5 heures du soir, et, comme nous l'avons dit, la nuit arrivait à grands pas.

Le rassemblement ne s'effectue pas selon les désirs du colonel, qui perd son temps à rectifier la position des guides, à prendre des alignements

réglementaires et à établir la troupe sur une nouvelle base.

Puis, les officiers sont appelés devant le front du
bataillon et une conférence de plus d'un quart
d'heure leur est faite sur la façon dont on doit se
porter en avant, prendre la formation de combat et
se déployer en présence de l'ennemi.

Une nouvelle théorie avait son apparition en
France, qui ne s'était pas encore acclimatée au
Tonkin.

Il s'agissait, croyons-nous, de lignes de colonnes
de peloton, mises aujourd'hui complètement de
côté.

Nous ignorons si beaucoup d'officiers saisirent
toutes les nuances de la nouvelle méthode ; mais ce
que tous sentaient bien, c'est que la nuit approchait, qu'un temps précieux se perdait et qu'il
était bien difficile d'appliquer la nouvelle théorie
au terrain que nous avions sous les yeux et qui ne
permettait, en fait de mouvement savant, que la
vulgaire file indienne.

La conférence finie : « En avant, marche ! »
commande le colonel, et tout le monde de s'engager à la queue leu-leu dans l'étroit sentier, qui
débouchait sur les positions ennemies.

Peu après, la nuit arrivait épaisse et nous voilà
obligés de nous tenir par le pan de nos capotes
pour ne pas nous perdre au milieu des ténèbres.

Qu'êtes-vous devenus colonnes de peloton,
alignements, guides et intervalles réglementaires !

Nous atteignons ainsi, grâce à un mouvement excentrique par rapport à la direction de Phon-Cot, le sommet d'un piton, sur lequel nous faisons une halte d'environ une heure.

Puis, ordre nous est donné de reprendre la marche et de laisser là nos sacs sous la garde de deux hommes par compagnie.

Nous ne nous expliquons pas la nécessité d'une pareille mesure ; nos hommes largement reposés, n'avaient pas une course assez longue à fournir pour ne pas remettre sac au dos. C'était bien assez déjà, quand la nécessité absolue nous forçait à nous séparer de ce bagage, qui, bien que lourd, rend de grands services à nos troupiers. Pour convaincre le soldat de l'utilité de son sac, il suffit qu'il en soit privé quelque temps dans le cours d'une campagne.

Arrivés à Phon-Cot, nouvel arrêt, nouvelles recommandations sur la formation à prendre, nouveaux reproches adressés successivement à chaque commandant de compagnie, au fur et à mesure qu'il s'efforce d'obéir aux ordres donnés.

Les 1re et 3e compagnies (capitaines Sazonoff et Mailhat), vont occuper le village même de Phon-Cot.

La 4e (capitaine Verdin), prend position sur un petit mamelon, au sud du village.

La 2e (capitaine Verdier), reçoit l'ordre de se porter au nord, à 600 mètres en avant, dans une pagode qui couronne une légère élévation.

De cette dernière position, on entend distinctement les bruits et jusqu'aux voix elles-mêmes des travailleurs chinois.

Afin d'éviter une surprise ou une attaque de vive force, le capitaine Verdier fait placer deux sections en ligne, l'une debout, l'autre couchée, se relevant mutuellement, prêtes à faire feu au moindre signal.

De temps en temps, une patrouille rampante est envoyée en avant pour explorer le terrain ; mais la nuit est tellement noire, que leur rayon d'exploration ne s'étend pas au-delà de 30 à 40 mètres.

Vers quatre heures du matin, un patrouilleur, le soldat Araud, se trouve nez à nez avec un chinois, qu'il étend à ses pieds d'un coup de fusil. L'alarme est donnée, les Célestes ouvrent le feu, poussent des cris de fauves, leurs longues trompettes font entendre des sons lugubres. Ordre est donné à la compagnie de rester coude à coude et de ne tirer que lorsque l'éclair d'un coup de feu ennemi sillonne l'obscurité.

On entend distinctement les commandements des mandarins ; mais aucune balle ne porte ; toutes passent par dessus les têtes de la petite troupe placée au centre d'un demi cercle de feu.

Grâce à la lueur des coups de fusils, le capitaine s'est aperçu que sa position devait être dominée sur sa droite et à une centaine de mètres environ par une hauteur qui pouvait devenir gênante.

Il y envoie une section, sous les ordres de l'adjudant Fargues, qui s'en empare et s'y établit.

Les Chinois n'osent pas venir nous attaquer à la baïonnette au milieu de l'obscurité. Le feu cesse des deux côtés.

L'adjudant fait connaître au capitaine que sa position est excellente, qu'il est établi sur une crête, de laquelle il peut facilement protéger notre flanc droit et surveiller les agissements de l'ennemi.

Le lieutenant-colonel Herbinger arrive peu après, s'informe de ce qui s'est passé, approuve les dispositions prises, sauf toutefois celle qui concerne la section Fargues, qu'il trouve trop en l'air.

Le capitaine a beau lui faire observer que c'est ce point qui lui inspirait le plus de craintes, que son adjudant se trouve très bien sur la crête qu'il occupe ; qu'il peut être facilement secouru. Rien n'y fait, la section reçoit l'ordre de battre en retraite et de rejoindre le gros de la compagnie.

Vers cinq heures du matin, nouvelle attaque brusque des Chinois, dont le nombre augmente au fur et à mesure que le jour se lève.

Leur principal effort se produit justement sur la droite, du côté abandonné par l'adjudant.

Le capitaine Verdier se sent trop faible pour tenter un mouvement offensif. Mais il juge qu'il lui suffirait d'une autre compagnie pour faire reculer les Chinois, qui l'enserrent de plus en plus, et pour s'emparer d'une tranchée-abri, construite pendant la nuit et qui est là à 400 ou 500 mètres de lui.

Le soldat Meffret est envoyé pour demander du renfort au lieutenant-colonel Herbinger. Il revient seul, avec l'ordre de ce dernier de battre en retraite. Les Chinois serrent de si près la compagnie Verdier, que le soldat Meffret, à son retour, est obligé de se frayer un passage à travers la ligne ennemie et d'abattre un mandarin qui lui barrait la route.

L'ordre de battre en retraite est *renouvelé,* la situation devient de plus en plus critique. Un combat corps à corps s'engage. Reculer dans ces conditions est impossible.

En faisant face à l'ennemi, on peut répondre à ses coups ; en lui tournant le dos, on lui offre une proie trop facile, on se livre à lui sans défense.

La petite troupe est déjà décimée. Et dire qu'il suffirait d'une des trois compagnies, que le lieutenant-colonel tient là immobiles, à 600 mètres du lieu du combat, pour changer complètement la face des choses ; mais rien ne bouge du côté de Phon-Cot.

Heureusement que deux secours inespérés arrivent au capitaine Verdier. Le premier lui vient des Chinois eux-mêmes, qui, du fort de l'ouest, ouvrent sur lui le feu de leur artillerie. Bien que la mêlée soit générale, les Célestes n'y regardent pas de si près.

Un de leurs premiers obus tue deux de nos pauvres fantassins, les soldats Point et Cadoret ; mais ses éclats mettent hors de combat un plus grand nombre des leurs. Un deuxième projectile tombe encore plus loin, jette la perturbation dans les rangs ennemis. La droite de la 2e compagnie est ainsi dégagée.

En même temps, une compagnie d'infanterie de marine (capitaine Taillant), arrive sur la gauche de la ligne. Elle a été envoyée par le général de Négrier, qui, bien que beaucoup plus éloigné du théâtre de la lutte que le colonel Herbinger, a reconnu du premier coup d'œil l'opportunité de renforcer la ligne du combat.

Enfin, le colonel lui-même se décide à porter en avant une troupe de renfort : Une section (!) sous les ordres du lieutenant Boutaire, qui vient sur notre droite achever la débandade entamée par les canons chinois.

Le moment est décisif. Le capitaine Verdier prend le commandement de toute la ligne, et aux cris répétés de: « En avant, à la baïonnette! » tout le monde se lance au pas de charge sur la tranchée que ses défenseurs abandonnent précipitamment et qui tombe entre nos mains.

Le colonel arrive, félicite le capitaine. Puis il lui donne l'ordre de se reporter de nouveau en arrière, pour aller protéger une ambulance volante établie à Phon-Cot.

Nouvel ébahissement du capitaine, qui ne veut pas en croire ses oreilles.

— Mais, mon colonel, les blessés n'ont rien à craindre. Voyez, les Chinois fuient de tous côtés, nos lignes avancent ; l'ambulance est bien en

arrière de nos réserves, qui la protègent tout naturellement.

— Vous avez assez donné, depuis le matin, lui
répond le colonel, et puis vous ne devez plus avoir
de munitions.

En même temps arrivait, envoyé toujours par le
général de Négrier, le lieutenant Berge, avec plusieurs caissons de munitions, qui, sous le feu de
l'ennemi, sont distribuées à la 2e compagnie.

Le colonel ne persiste plus dans son idée de
retraite et la compagnie du capitaine Verdier peut
continuer à prendre part à l'opération. Il eut été
presque impossible de faire rétrograder les hommes
échauffés par l'ardeur de la lutte ; mais il est aussi
difficile de les maintenir sur place dans la tranchée.

Tous brûlent de se porter en avant. Le lieutenant Simoni, avec sa section, suivi par l'adjudant
Fargues, commence le mouvement qui est continué
par le capitaine, avec tout ce qui restait de sa compagnie.

Il peut prêter ainsi son appui pour faire tomber
entre nos mains les forts du centre, qui résistaient
encore.

Dans cette marche en avant, le lieutenant Simoni
a l'épaule traversée par un projectile ennemi.

La journée du 5 janvier est occupée à déblayer
le terrain, à enterrer les cadavres, à enlever et
réunir tout le butin, à détruire les forts qui ne

pouvaient nous être d'aucune utilité. Celui de l'ouest seul est conservé, mis en état de défense, armé avec les canons Krupp pris à l'ennemi.

Une demi-section de tonkinois et une compagnie de la légion sont destinées à l'occuper, pendant que le reste de la brigade retournera à Chu.

Dans la même journée, le général chinois Phan fait une démonstration du côté de Chu, en venant planter ses tentes et agiter ses drapeaux sur les pentes du col de Déo-Van.

Cette démonstration fut du reste toute platonique.

Le retour de la colonne s'effectua le lendemain, de 6 à 8 heures du matin et ne fut marqué par aucun incident bien saillant, si ce n'est une nouvelle conférence du colonel Herbinger à son corps d'officiers réunis, comme toujours, devant le front des troupes.

Le sujet roule sur les cols, la façon de les traverser, de s'y établir, de s'en emparer et d'y combattre. La phrase coule bien, le geste est ample, les expressions pittoresques, les mots faisant images abondent; mais la plupart des officiers, ou du moins tous ceux que l'auteur de ce récit a pu questionner sur le moment, sont comme le dindon de la fable du « Singe à la Lanterne magique » :

> Qui voit bien quelque chose ;
> Mais qui ne sait pour quelle cause
> Il ne distingue pas très bien.

7

CHAPITRE VIII

Marche sur Lang-Son. — Tactique du général de Négrier. — Le lieutenant-colonel Herbinger est chargé de s'emparer d'un fort près de Taï-Hoa. C'est la légion qui s'en empare. Combats de Dong-Song, de Déo-Quao, de Pho-Vy. — Combat de Bac-Viay. — Prise de Lang-Son. — Tuyen-Quan. — Dominé.

Dès les premiers jours de février 1885, la colonne qui doit marcher sur Lang-Son est organisée. Placée sous le commandement du général Brière de l'Isle, elle est formée de deux brigades ; la première, sous les ordres du colonel d'infanterie Giovanninelli, comprend :

Un régiment d'infanterie de marine (lieutenant-colonel Chaumont) ;

Un régiment de tirailleurs algériens (lieutenant-colonel Letellier) ;

Un bataillon de tirailleurs tonkinois (commandant Tonnot) ;

Deux batteries portées de 80 de montagne ;

Une batterie traînée de 4 rayée de montagne, sous les ordres du chef d'escadron Levrard.

La deuxième brigade, sous les ordres du général de Négrier, comprend :

Le régiment de marche d'infanterie, bataillons du 23ᵉ, du 111ᵉ et du 143ᵉ (lieutenant-colonel Herbinger) ;

2ᵉ bataillon de la légion étrangère (commandant Diguet) ;

3ᵉ bataillon de la légion étrangère (commandant Schœffer) ;

2ᵉ bataillon d'infanterie légère d'Afrique (commandant Servières) ;

Un bataillon de tirailleurs tonkinois (commandant Jorna de Lacalle) ;

Deux batteries portées de 80 de montagne (12ᵉ d'artillerie) ;

Une batterie traînée de 4 de montagne de l'artillerie de marine (chef d'escadron de Douvres).

A chaque brigade étaient attachés :

Un peloton de 25 chasseurs d'Afrique ;

Une section du génie de 50 hommes, comprenant des soldats tonkinois nouvellement organisés et encadrés par des gradés français.

Ces troupes formaient un total d'environ 7,200 hommes ; 4,000 coolies étaient affectés au service des transports, 2,000 étaient destinés à divers travaux en arrière des brigades mobiles.

Une démonstration est faite sur la route de Kep, pour tromper l'ennemi sur nos intentions et l'attirer sur la route mandarine.

Ce but atteint, la colonne se met en marche, le 3 février, franchit le col du Déo-Van et, après un court engagement d'avant-garde, occupe le village de Cao-Niat et ses environs.

La nuit arrive, les avant-postes sont établis à un kilomètre plus loin et nous nous installons au bivouac. La température est très froide ; nous nous réchauffons à des feux dissimulés le plus possible aux vues de l'ennemi.

Le lendemain, 4 février, un brouillard épais arrête pendant quelque temps notre marche en avant. La première brigade, qui a campé sur les flancs des hauteurs du Déo-Van, achève le passage du défilé.

Le brouillard se dissipe peu à peu. Il est onze heures. Un spectacle imposant s'offre à nos yeux. Tout le terrain en avant est hérissé de mamelons aux pentes raides ; chaque sommet est surmonté d'un fort. De tous côtés s'agitent immenses et bariolés les drapeaux chinois, qui semblent nous défier de venir jusqu'à eux.

C'est à la 2ᵉ brigade d'entamer le combat. Le général de Négrier explore le terrain de sa lorgnette ; puis, après un temps assez long qui lui a permis de bien juger de la situation, il prend ses dispositions pour l'attaque.

Pendant toute la campagne du Tonkin, le général a presque toujours employé la même méthode qu'il n'est peut-être pas sans intérêt d'exposer ici.

On considère ordinairement cet officier comme un sabreur, un audacieux, un beau joueur, se ruant la tête baissée contre tous les obstacles qui lui barrent la route.

Il nous a été donné de nous trouver souvent près de lui au moment de livrer combat. Cet audacieux fait plutôt l'effet d'un indécis. Armé d'une lorgnette, il examine avec un soin scrupuleux le terrain qu'il convoite d'occuper. Il ne craint pas d'écouter son entourage et de provoquer les réflexions de tous ceux qui sont à sa portée ; le moindre sous-lieutenant peut émettre son avis ; il sera reçu avec autant de bienveillance que celui de l'officier le plus élevé en grade.

Puis, un travail énorme se fait dans sa pensée ; il a tout vu, tout pesé, tout entendu et surtout tout écouté.

Sa résolution est alors prise, il semble se réveiller. Il a choisi son point d'attaque, il a supputé l'effort nécessaire pour le faire tomber sous ses coups.

A partir de ce moment, il ne varie plus ; il fait venir le chef de la troupe qu'il charge de s'emparer de la clé de la position.

En peu de mots il lui donne ses ordres clairs, nets et précis :

— Vous voyez bien ce mamelon... cette crête... ce fort ou ce rocher, vous allez vous en emparer. Dès que vous vous mettrez en mouvement, je le ferai canonner par l'artillerie ; lorsque vous aurez atteint tel point, le feu de l'artillerie cessera, vous monterez à l'assaut.

Il ne s'embarrasse pas dans les ordres de détail ; il laisse à chacun la part d'initiative qui lui revient. Il s'assure seulement avec un soin tout particulier que le chef auquel il s'adresse ne se trompe pas sur les points désignés. Sous ce rapport, sa patience est sans bornes. Il ne lâche son subordonné que lorsqu'il est pertinemment sûr d'avoir été complètement compris.

Les troupes d'attaque s'avancent ; il fait rapprocher ses réserves au fur et à mesure que le combat s'engage plus à fond.

Le canon cesse de gronder ; l'infanterie, en contact avec l'ennemi, va être livrée à elle-même ; un moment d'angoisse indescriptible s'empare de tous les cœurs : le moment de l'assaut est arrivé.

C'est qu'ils sont vraiment héroïques, ces braves fantassins, ces « chats de montagne », comme les ont surnommés les Chinois. Ils s'avancent, imperturbables, sous les balles ennemies ; plus la fusillade est vive et plus la résistance est grande, plus impétueux semble leur élan. Encore un effort, le dernier, le suprême, et les voilà sur la brèche. Les pavillons chinois, qui tout à l'heure flottaient, orgueilleux, ironiques, s'inclinent piteusement et disparaissent. La clé de la position est enlevée.

Les pertes sont sensibles, mais eu égard seulement à l'effectif des troupes engagées. Elles s'arrêtent là ; le général a bien jugé du point dont il fallait s'emparer. Dès que ce point est en notre possession, toutes les autres positions ennemies croulent comme un château de cartes. Nous n'avons plus, pour ainsi dire, qu'à les cueillir au passage.

Le 4 février, après examen des lignes ennemies, le général appelle le lieutenant-colonel Herbinger : il le charge de former avec son régiment la colonne d'attaque. Un fort élevé, dominant tous les autres et qui termine, à gauche, la ligne de défense des Chinois, lui est désigné comme objectif. La distance à parcourir est d'environ 3 kilomètres. Il est midi lorsque commence le mouvement en avant.

Nous avons à traverser un terrain des plus tourmentés, avec des couverts souvent impénétrables et qu'il nous faudra tourner.

Les Chinois ne nous inquiètent pas le moins du monde et nous attendent tranquillement derrière leurs retranchements.

Tout semble indiquer qu'il n'y a qu'à gagner le plus rapidement possible du terrain en avant et à ne commencer à se déployer que lorsque nous serons à distance raisonnable de la position. Le terrain est tellement déchiqueté, qu'il sera toujours facile de trouver un point où le déploiement pourra se faire avec sécurité.

Agir ainsi serait tout naturel ; mais cela paraît beaucoup trop simple pour un professeur de tactique de l'Ecole supérieure de Guerre. Il lui faut une belle épure ; des mouvements savants, bien agencés, et cela sans que les alignements soient rompus, sans que les distances et les intervalles se perdent entre les différents échelons. Le terrain est bien difficile, l'épure n'en sera que plus jolie, l'œil n'en sera que plus flatté.

Passons, maintenant, à l'exécution du problème. Les compagnies marchent tantôt en lignes de colonnes de peloton, tantôt en colonnes de compagnie, tantôt par le front, tantôt par le flanc des subdivisions. Ce ne sont que des arrêts continuels pour permettre aux sections, qui ont eu à lutter contre des obstacles trop sérieux, de se remettre en ligne à hauteur des subdivisions qui, plus heureuses, ont un terrain plus commode.

Et à chaque instant pleuvent des observations de toutes sortes : mais, Monsieur, passez donc par ici.....; mais vous allez perdre votre intervalle.....; mais n'allez donc pas si vite.....; mais arrêtez-vous donc..... ; mais ralentissez la marche....., etc., etc.

Il est trois heures, nous n'avons fait que gravir ou descendre les pentes les plus raides et nous n'avons gagné que très peu de terrain en avant, tellement est excentrique notre mouvement.

Dans l'intervalle, quelques coups de fusils ont été tirés par des Chinois perdus, qui nous flanquent à droite. Les distances sont si grandes que nous n'entendons même pas le sifflement de leurs balles.

Trois heures se sont écoulées et le combat n'a fait aucun progrès ; les Chinois nous attendent toujours derrière leurs retranchements. Le général de Négrier est impatient. Il se décide alors à envoyer le 3ᵉ bataillon de la légion étrangère (commandant Schœffer).

Ecoutons le récit d'un officier de ce bataillon dont les notes ont été publiées par l'imprimerie Charles Lavauzelle, notes écrites au jour le jour et auxquelles l'éditeur a tenu à conserver leur cachet de simplicité :

« De grandes difficultés de terrain se présentèrent, les bataillons (23ᵉ, 111ᵉ, 143ᵉ) *n'avançaient pas*. Vers trois heures, notre bataillon (bataillon Schœffer) est envoyé par la gauche pour attaquer également le fort dominant à l'est (le même qui avait été donné comme objectif au colonel Herbinger).

» Après avoir traversé un bois, des rivières, un ruisseau, nous grimpions les pentes d'une croupe attenant au mamelon que couronnait le fort. La marche était excessivement difficile, on marchait

en file indienne sur une pente raide et longue ;
c'est dans cet ordre que l'attaque du fort était faite.
Nous recevions des projectiles des forts que nous
laissions à notre gauche ; celui que nous visions
nous les envoyait de face.

» L'artillerie avait bien réglé son tir, elle
couvrait de projectiles ce fort, qui n'était pas
grand. Enfin, notre tête de colonne arrive, le
drapeau français est hissé ; *dix minutes après
arrivait la tête de colonne du régiment Herbinger.*

» Des feux de salve nourris poursuivent l'ennemi,
qui abandonne les trois ou quatre forts les plus
rapprochés et que nous dominons complètement.

» Le bataillon a perdu à l'assaut de ce fort :
1 tué (adjudant Denus) et 43 blessés. »

Ainsi donc, un seul bataillon de la légion partant trois heures après lui, sans l'emploi d'aucun
mouvement savant, en marchant simplement en
avant, avait réussi à s'emparer, au nez et à la barbe
du colonel Herbinger, d'un fort qui lui avait été
donné comme objectif et pour la prise duquel il
avait trois bataillons à sa disposition.

Prenons maintenant l'ouvrage du capitaine
Carteron. Voici comment cet officier relate la fin
de cet épisode de la journée da 4 février :

« *Dans la première ivresse du succès, on aurait
voulu continuer la marche en avant et se porter à
l'attaque de nouveaux ouvrages couronnant les
mamelons voisins.* Quelques-uns sont assez près

de nous pour qu'on entende le son grave des trompettes chinoises, dont les accents plaintifs se répercutent de tous côtés.

» *Le lieutenant-colonel Herbinger contient cet élan* ; mais comme les fortins, dont nous sommes maîtres, dominent l'ouvrage M, peu éloigné en ligne droite et qui semble commander le chemin, véritable sentier de chèvre qui mène à Dong-Song, il donne l'ordre à une compagnie du bataillon d'Afrique d'aller s'en emparer. Elle y arrive à la chute du jour, reçoit, en l'abordant, quelques coups de feu partis de fourrés voisins ; mais ses défenseurs l'ont évacué et elle peut l'occuper sans lutte ».

Pendant que le lieutenant-colonel cherchait ainsi à contenir l'élan de ses troupes, la compagnie Gravereau, envoyée sur la gauche comme flanc-garde, suivait une direction parallèle.

Arrivée au faîte d'une croupe, elle rencontre un ouvrage important qui lui barrait le chemin.

Voulant se maintenir à hauteur de la colonne de droite, afin de remplir le rôle qui lui était dévolu, le capitaine résolut de s'emparer de ce fort bien qu'il n'eut aucun espoir d'être appuyé par l'artillerie.

Il l'attaque et s'en rend maître.

Encouragé par ce succès, il pousse encore de l'avant, mais il va se buter contre un fortin protégé par de sérieuses défenses accessoires.

Soutenus par deux compagnies de tirailleurs

algériens, qui venaient de le rejoindre, il entraîne
ses hommes avec son énergie habituelle ; mais il
tombe frappé à mort d'une balle qui lui traverse
la tête. L'ouvrage est néanmoins enlevé par sa
troupe, soutenue par la compagnie Camper du
3e tirailleurs algériens. Il est six heures.

Vers huit heures, l'obscurité est complète ; les
Chinois tentent de reprendre le fortin.

Bien qu'harrassés de fatigues, les tirailleurs et
les légionnaires, habilement commandés par le
capitaine Camper, défendent énergiquement leur
conquête. Trois attaques successives amènent les
agresseurs au pied même des parapets, elles sont
toutes les trois repoussées en moins d'une heure.

La compagnie Gravereau avait perdu plus du
tiers de son effectif.

Le 5 février, tout le corps expéditionnaire était
en présence de Hao-Ha, amas de mamelons· fortifiés formant le centre de résistance des positions
ennemies.

Cette journée fut surtout une journée d'artillerie ;
les forts, habilement criblés par nos obus, tombent
presque tous successivement en notre pouvoir,
sans qu'il soit nécessaire d'en venir au combat
rapproché, à la lutte presque corps à corps.

Le combat de Hao-Ha fait surtout honneur à
nos artilleurs et en particulier aux batteries Jourdy
et de Saxé. Seul, un fortin fut énergiquement
défendu par des Chinois réfugiés dans une case-

mate. On vainquit leur résistance par une explosion de dynamite, qui fit écrouler leur abri.

Le 6 février, a lieu l'attaque de la position de Dong-Song. Même tactique. Seulement la résistance est plus énergique que la veille. Pendant que la deuxième brigade s'empare des forts qui dominent Dong-Song à l'est, la première brigade la dépasse et enlève un dernier ouvrage sur la route de Lang-Son.

Le camp retranché abandonné par l'ennemi, tombe entre nos mains.

Une reconnaissance de cavalerie, dirigée par le capitaine Lecomte, se porte sur Chu, en passant par le col du Déo-Quan. Elle ne rencontre que quelques traînards. Tous les forts qui couvraient cette route ont été évacués. Cette voie plus directe pour se rendre de Chu à Dong-Song, est immédiatement réparée et mise en service pour nos communications.

Les journées des 7, 8 et 9 février, sont consacrées au repos. Une reconnaissance s'empare du col de Than-Moï, où a lieu un engagement assez sérieux (1). Les Chinois vont jusqu'à nous atta-

(1) L'auteur a été ce jour là le témoin du fait suivant :
« Une compagnie descendait de grand'garde et rejoignait Dong-Song. Pendant le trajet, un homme quitte les rangs pour satisfaire un besoin, et va dans ce but se poster à une quarantaine de mètres de la colonne, lorsque deux chinois sortent d'un fourré et lui coupent la tête, puis s'éloignent au pas de course, emportant leur hideux trophée. L'un des Chinois put être abattu, quant à l'autre il disparut avec la tête du pauvre troupier.

quer violemment dans nos positions. Ils sont repoussés après un combat à la baïonnette.

Ce coup d'audace des Chinois avait fort probablement pour but de nous empêcher de traverser le col du Déo-Quan et de tomber ensuite sur Than-Moï, dont l'occupation nous aurait permis de couper la route de Bac-Lé et de gêner considérablement la retraite des troupes qui n'avaient pas eu encore le temps d'évacuer les positions fortifiées accumulées entre Than-Moï et Bac-Lé.

Le 10, le commandant Jorna de Lacalle, fut laissé avec une petite garnison dans le camp de Dong-Song, et la division reprit sa marche offensive sur Lang-Son.

La première brigade marchait en tête, suivant une route très encaissée et jalonnée en grande partie par les épaves de la retraite des Chinois.

Des fortins, des ouvrages, des tranchées de tous genres, des campements où se trouvait à l'abandon un matériel considérable ; de légers monticules de terre fraîchement remuée, couvrant à peine les cadavres des Chinois tués dans les journées précédentes, attestaient les travaux considérables auxquels s'étaient livrés nos ennemis, la précipitation qu'ils avaient mise dans leur fuite et les pertes que nous leur avions fait subir.

Le soir, la colonne atteint sans coup férir le village de Dong-Bou, défendu par un fortin entouré de nombreuses palissades formant un vrai labyrinthe. Evacué depuis peu, il brûle encore.

Le 11 février, la colonne reprend sa marche en avant, la deuxième brigade en tête. Le 111ᵉ forme l'avant-garde.

Le pays offre toujours le même aspect. C'est une série de mamelons à pic, séparés les uns des autres par d'étroits ravins, au fond desquels coulent des ruisseaux encaissés, mais généralement peu profonds.

. Les difficultés de la marche sont accrues par un brouillard intense, dont l'humidité détrempe le sol.

Les Chinois ont renoncé, dans cette zone de terrain, à leur système de fortification. Ils se présentent à découvert et occcupent les crêtes des collines où flottent leurs pavillons.

Après la canonnade, nos compagnies s'avancent, faisant reculer de position en position un adversaire qui, avec le plus grand calme, recommence le feu après chaque arrêt.

Ce mouvement rétrograde amène la plus grande partie des forces ennemies jusqu'à des hauteurs situées à 1200 mètres environ au nord de Pho-Vy.

Nous avons bien gagné du terrain en avant; mais nous n'avons conquis aucune position sérieuse. Nos adversaires sont toujours là, aussi peu démoralisés qu'au commencement de la lutte, agitant toujours leurs drapeaux, couronnant tous les mamelons en face de nous. On distingue les mandarins dirigeant l'action avec beaucoup de sang-froid, faisant parfois renforcer les lignes engagées.

Si la victoire peut se mesurer au terrain conquis, nous sommes victorieux. Si la victoire consiste dans la démoralisation de l'adversaire, nous n'avons fait aucun progrès depuis le commencement de la lutte.

La nuit allait venir, il devient nécessaire de frapper un coup décisif.

Le général de Négrier estime qu'il faut éloigner l'ennemi de la plaine de Pho-Vy et assurer, par l'occupation de quelques points forts, les premiers mouvements du lendemain.

Au nord du village, se dresse un piton dont la pente la moins raide nous fait face ; au pied coule un ruisseau, dont les sinuosités sont marquées par une rangée d'arbres touffus. Une plaine de rizières de 4 à 500 mètres est à traverser pour arriver jusqu'au ruisseau.

A l'est et à l'ouest de ce piton, d'autres hauteurs toujours occupées par les Chinois, mais se rattachant d'une façon plus continue au massif montagneux que nous devons traverser pour gagner Lang-Son.

En occupant le piton, nous serons en plein au milieu des lignes ennemies, et si nous pouvons nous y maintenir, les Chinois seront obligés d'évacuer les crêtes environnantes.

Le mouvement est hardi, car il expose les troupes d'attaque à être prises entre des feux de face, de droite et de gauche. L'arête du mamelon est vive, une faible troupe doit suffire à son occupation.

Les 1re et 2e compagnies du 111e (capitaines Sazonoff et Verdier), un peloton de la 4e compagnie (sous-lieutenant Portier), sont chargés, sous les ordres du lieutenant-colonel Herbinger, de cette attaque.

La distance à parcourir est d'environ 1800 mètres, la première compagnie marche en tête.

Elle arrive dans le bas-fond, défilée des vues de l'ennemi par des haies et des rangées d'arbres, et se trouve ainsi à l'entrée de la plaine de rizières qu'elle doit franchir, avant d'atteindre le pied de la position à enlever.

Les rangées d'arbres sont traversées, nous sommes à découvert ; il s'agit de gagner le ruisseau le plus rapidement possible, après avoir battu, si l'on veut, les positions chinoises de quelques feux bien ajustés.

Mais le lieutenant-colonel est avec les deux compagnies. Il tient toujours à ses idées de tactique appliquée, et le voilà harcelant le capitaine Sazonoff au sujet de son déploiement, de ses guides et de ses distances. Depuis quelque temps, les officiers sont faits à sa manière d'être ; les observations du colonel glissent sur notre capitaine sans l'émouvoir autrement, sans l'empêcher de poursuivre le but qui lui était assigné.

Il traverse rapidement la plaine sous une grêle

de balles, suivi immédiatement par la 2ᵉ compagnie et par le peloton du lieutenant Portier.

Son élan est arrêté par le ruisseau de 5 à 6 mètres de largeur, dont il ignore la profondeur.

Mais le capitaine Sazonoff est un intrépide nageur. Tous les militaires de la garnison d'Antibes se rappellent l'avoir vu traverser en tenue, des bottes aux pieds, le port de cette ville.

Il se jette dans le ruisseau, ne tarde pas à trouver un endroit où l'on a de l'eau jusqu'au-dessous des aisselles ; il est suivi du lieutenant Normand ; tout le monde est entraîné et le ruisseau est franchi malgré les difficultés rencontrées dans l'escalade de la rive opposée.

Puis, avec un entrain remarquable, officiers, sous-officiers et soldats, l'un poussant l'autre, gravissent une pente rapide et glissante au pied de laquelle se trouve un talus naturel formant abri.

Là, on se reforme. Les soldats, qui ont passé les premiers le ruisseau, répondent aux feux des Chinois qui occupent le sommet de la hauteur sur laquelle flottent plusieurs de leurs drapeaux.

Sur l'ordre du commandant Faure, les sacs sont déposés, et aux cris de : « En avant ! » toute la petite troupe s'élance sur l'ennemi qui prend la fuite. Grâce à la vitesse de ses longues enjambées, le lieutenant Normand arrive le premier sur la hauteur et peut décharger son revolver sur quelques chinois attardés qui, le voyant seul émerger de la crète, tentent de s'emparer de lui.

Malgré ce succès, la position du demi-bataillon n'est pas réjouissante ; il se trouve complètement à découvert, exposé aux feux des Chinois établis sur les hauteurs opposées et sur celles de droite et de gauche.

En quelques instants le lieutenant Canin et plusieurs hommes sont mis hors de combat ; mais, grâce à l'énergie des officiers, la résistance est bientôt organisée.

La croupe du piton est tellement étroite, qu'elle ne permet qu'à une section de se mettre en ligne face au nord et de faire des feux directs.

Le reste de la troupe est formé sur quatre rangs, deux rangs face à l'est, deux face à l'ouest et presque dos à dos.

Dans cette situation appropriée au terrain, des feux sont envoyés sur toutes les hauteurs environnantes.

Les troupes sont bien dans la main de leurs chefs, les salves s'exécutent comme à l'exercice.

Il est rare qu'un feu déchire la toile, suivant l'expression consacrée.

Les Chinois lâchent prise, se retirent de mamelon en mamelon du côté de Bac-Viay. Le combat ne cesse qu'à la nuit. Les deux compagnies placées en pointe par rapport à la deuxième brigade creusent une tranchée avec leurs outils portatifs, puis couchent sur la position conquise en essayant de se réchauffer à des feux de bivouac dissimulés le plus possible.

Le combat de Pho-Vy, où, seule, fut engagée la deuxième brigade, nous coûta une trentaine d'hommes dont 25 blessés, parmi lesquels 1 officier et 12 hommes appartenant aux 1re et 2e compagnies du 111e.

Le lendemain matin, à la pointe du jour, une patrouille chinoise se porte en avant sur la route de Bac-Viay. Elle est reçue par un feu de salve qui tue plusieurs hommes. Les Chinois filent aussitôt. Quelques instants après, nous les voyons revenir, mais, cette fois, ils ne se laissent pas troubler et, malgré une grêle de balles, ils procédent tranquillement à leur besogne et ne se retirent qu'après avoir enlevé les cadavres de leurs camarades.

La journée du 12 février fut une des plus meurtrières pour nous. Elle nous coûta 8 officiers blessés, 37 hommes tués et 184 blessés. Ce furent les tirailleurs algériens qui eurent le plus à souffrir. La première brigade supporta presque tout le poids de la journée. La deuxième ne put guère que se tenir en réserve, prête à porter secours à la première ; mais elle n'entra pas en ligne à cause du terrain trop resserré pour permettre le déploiement de troupes plus nombreuses.

Les Chinois durent être impressionnés et stupéfaits en même temps de l'audace de nos braves tirailleurs algériens qui, ne connaissant aucun obstacle, se ruèrent tête baissée dans un chemin creux, où ils durent se battre à l'arme blanche contre un ennemi bien supérieur en nombre, mais aussi bien vite démoralisé par tant de vaillance.

La résistance en avant de Lang-Son avait été brisée par le seul effort de la première brigade.

Le 13 février 1885, nous faisons notre entrée dans cette place, après avoir éprouvé seulement un semblant de résistance. La première brigade est en tête ; elle traverse la ville et refoule des détachements qui tiennent encore la rive gauche du Song-Ky-Lua.

Elle établit ses cantonnements depuis ce village jusqu'à la rivière.

La deuxième brigade reste sur la rive gauche dans la ville de Lang-Son et dans la citadelle.

On trouva partout des vivres, des magasins de riz, des effets d'uniformes, des objets de campement, des armes, des munitions, du matériel d'artillerie ancien et moderne, des drapeaux et de nombreux cadavres.

Le sol était boursouflé de petits tertres, indiquant les sépultures des Chinois ; beaucoup de ces tertres, fraîchement remués, indiquaient que nos ennemis avaient dû enterrer à Lang-Son la plupart de leurs soldats tués dans les journées précédentes.

Le lendemain, le général en chef fit paraître l'ordre du jour suivant :

« Officiers, sous-officiers et soldats,

» Vous avez arboré le drapeau national sur

Lang-Son. Une armée chinoise dix fois plus nombreuse que vous, a dû repasser, entièrement en déroute, la frontière, laissant entre vos mains ses étendards, ses armes et ses munitions. Elle a été réduite à vous abandonner ou à disperser dans les montagnes le matériel européen sur lequel elle avait tant compté pour s'opposer à votre marche.

» Gloire à vous tous, qui, successivement, vous êtes mesurés avec elle dans les combats de Thaï-Hoa, de Hao-Ha, de Dong-Song, de Déo-Quao, de Pho-Vy, de Bac-Viay et de Lang-Son, et l'avez chassée, malgré sa vigoureuse résistance, des positions formidables qu'elle occupait.

» Honneur aux officiers chargés des convois de vivres et de munitions. Grâce à leur dévouement, à leur infatigable énergie, vous avez pu vivre, et nos progrès n'ont pas été retardés longtemps. »

Le 15, un convoi arrivait dans la place et y apportait quatre jours de vivres pour toute la division.

L'armée du Quan-Si était vaincue ; mais il n'en était pas de même de celle de du Yun-Nam.

Tuyen-Quan, bloqué depuis longtemps, se défendait héroïquement sous les ordres du commandant Dominé. Il était urgent d'aller à son secours.

Quoique le siège de Tuyen-Quan sorte des données de notre programme, c'est pour nous un devoir de rendre ici hommage à la petite troupe qui, par sa résistance et son énergie à toute épreuve, nous permit de poursuivre notre marche sur Lang-Son sans avoir à nous préoccuper de nos derrières et de notre flanc gauche.

Quand, après avoir lu les froids rapports du Conseil d'enquête sur les tristes capitulations de nos places fortes en 1870, on se reporte au siège de Tuyen-Quan, un sentiment de légitime orgueil vous réconforte et vous fait relever la tête.

C'est qu'il est à enregistrer dans tous nos livres pour la jeunesse ; c'est qu'il est à donner en exemple à toute notre armée ; c'est qu'il est à placarder dans toutes nos places de guerre, le siège de cette pauvre bicoque, où, pendant plus de trois mois, avec simplement six petits canons, 600 hommes, ayant à leur tête un jeune chef de bataillon, suant encore la fièvre, résistèrent victorieusement à plus de 10,000 pavillons noirs et réguliers Chinois, acharnés à leur perte et commandés par un mandarin de valeur, le célèbre Luu-Vinh-Phuoc.

Pour ses 600 défenseurs, la place offrait un pourtour de 1,400 mètres ; à peine de quoi opposer à l'ennemi un soldat par deux mètres courant. Pour contrebattre les travaux de taupe des Chinois nous ne disposions que de 27 pioches, 40 pelles et 4 haches.

Chaque jour, se rétrécissait le cercle des assaillants. Il fallut successivement abandonner les travaux extérieurs de la place ; puis, partager la citadelle en deux par un retranchement intérieur, pour permettre aux troupes réduites de garnir plus efficacement les parapets et d'opposer à l'ennemi une résistance plus compacte.

Trois brèches faites au mur d'enceinte sont immédiatement couronnées par nos vaillants assiégés ; un assaut général, sept attaques de vive force sont successivement et victorieusement repoussés.

Des mines font explosion, faisant sauter en l'air toute une section, dont un bon tiers retombe mort, le reste blessé.

Un tiers de l'effectif, presque tous les officiers sont brûlés par les mines ou frappés par les balles et les obus chinois.

Tous les jours un acte d'héroïsme à enregistrer ; des combats rapprochés, qui durent plus de deux heures, après quoi, pour en finir, nos légionnaires précipitent leur ennemi du haut des remparts.

Et pardessus tous ces cadavres, avec cette perspective d'une mort presque certaine, pas un acte de défaillance ; une bouffée de bonne humeur anime constamment cette petite troupe, qui ne craint pas de se faire de ces épitaphes de naïf héroïsme : « Passant (?), va dire à la France que nous sommes tous morts ici pour son drapeau », ou bien encore d'emboucher un clairon pour faire retentir l'air d'un joyeux rigodon, chaque fois

8

qu'un obus chinois, mieux ajusté que les autres,
vient tomber dans l'enceinte de la place.

L'ennemi étonné de tant d'audace et de ténacité
ne peut s'empêcher de demander : « Mais combien
êtes-vous donc pour vous défendre encore? »

Des offres de capitulation sont faites au moyen
de bambous contenant des lettres et lancés par-
dessus les remparts; le commandant Dominé les
fait rejeter, sans vouloir les lire, dans le ravin d'où
elles étaient parties.

Un annamite vient annoncer la chute de Lang-
Son. Il n'est porteur d'aucun écrit, le commandant
le renvoie sans même vouloir l'interroger. Le jeune
chef de bataillon, par son indomptable énergie,
veille à tout, ranime tout. Munitions, vivres,
secours aux blessés, récompenses, tout est froidement supputé, sagement distribué. Rien n'est laissé
à l'imprévu. La même pensée, la pensée du chef
réconforte tout le monde.

Ce n'est que lorsqu'il est pertinemment sûr que
Lang-Son est pris ; ce n'est que lorsqu'il sait que
le général en chef peut, sans inconvénient pour
l'intérêt général du corps expéditionnaire, se
porter à son secours, qu'il se décide à faire connaître sa situation désespérée.

Le général Brière de l'Isle laisse alors la deuxième brigade à Lang-Son et, avec la première,
se porte rapidement sur Hanoï pour aller de ce
point débloquer la ville assiégée.

Après avoir lu le récit de ce siège, on est en

droit de se demander comment il se fait que le
défenseur de cette place ait pris la résolution de
quitter, sans esprit de retour, la carrière des
armes, qui semblait si bien faite pour lui.

Déjà, dans l'armée, l'étonnement avait été grand
lorsqu'on avait appris que Dominé, après avoir été
nommé colonel à l'âge de 40 ans, quittait son
arme d'origine pour passer dans l'infanterie de
marine.

Une pareille détermination ne cachait-elle pas
déjà un léger germe d'écœurement ?

Aujourd'hui l'écœurement n'est plus à mettre
en doute ; car il ne viendra jamais à l'esprit d'un
militaire sensé, que la maladie seule ait poussé un
tel colonel à se faire rayer des cadres de l'armée.

Si Dominé est véritablement malade, qui peut
nous assurer que sa maladie soit incurable ; et,
le serait-elle, l'armée ne se devait-elle pas à elle-
même de conserver quand même dans ses rangs,
celui, qui, après nos désastres de 1870, avait le
plus contribué à relever le prestige de notre
drapeau ?

Il suffisait de lui accorder un congé de conva-
lescence jusqu'à complète guérison, ou bien encore
jusqu'au jour de la Revanche, car le colonel
Dominé est de cette trempe : qu'il sait refouler la
maladie lorsqu'il y a un danger à courir, une mission patriotique à accomplir.

Que ceux qui auraient encore des doutes sur cet
écœurement veuillent bien établir la différence

entre un colonel du champ de bataille, qui se
sent, qui sait qu'il peut disposer de la vie de
3000 hommes, qui n'a jamais tremblé devant la
mort et un colonel du temps de paix qui n'est
absorbé que par la paperasse, dont l'existence se
passe à remplir des états ou à les vérifier et qui
tremble à la seule idée qu'une pièce mal établie
dans ses bureaux, lui sera retournée le lendemain avec, à la clé, un reproche du général.

Et quand il sort de cette paperasse, ce n'est la
plupart du temps que pour tomber dans la capote
mal ajustée, la giberne mal astiquée ou le rang de
taille défectueux, ou pour rappeler vertement à
l'exécution d'un règlement étroit, qui n'aura pas été
scrupuleusement suivi à la lettre.

CHAPITRE VIII

Un anglais, M. Scott, correspondant du *Stantard,* qui avait assisté de près à tous nos combats pendant notre marche sur Lang-Son, écrivait à son journal :

« Les Français ont dû envoyer ici leurs meilleures troupes. L'audace de leurs soldats est quelque chose d'étonnant ! Chargés comme ils l'étaient de cinq jours de vivres et de 120 cartouches, en gravissant des pentes escarpées, pas un n'a faibli !

Ayant à peu de distance des retranchements ennemis, déposé leurs sacs, ils s'élancent à la charge
avec autant de vigueur que des troupes fraîches. »

M. Scott était bien placé pour juger des choses
militaires. Il avait déjà suivi en qualité de journaliste les troupes anglo-indiennes pendant la
dernière guerre de l'Afghanistan.

De son côté, le capitaine Carteron s'est livré aux
considérations suivantes :

« .... Si tout cela put s'accomplir, c'est que la
résolution des généraux prenait pour appui la
confiance qu'ils mettaient dans les troupes.

» L'infanterie usait d'une sorte de tactique locale
comprise de tous, qui consistait à faire le nécessaire pour atteindre le but malgré les difficultés
du terrain, sans se laisser asservir par des formations régulières, pouvant nuire à la souplesse,
augmenter la fatigue ou exposer inutilement à des
pertes.

» On prenait les dispositions appropriées aux
circonstances et l'on exécutait, au pas libre, les
mouvements les plus naturels, *qu'ils fussent ou non
réguliers.*

» Les objectifs particuliers à chaque troupe
étaient indiqués à tous ceux qui la composaient.
On y marchait sans compter les efforts et en
cherchant, jusqu'au moment de l'assaut, à éviter
le feu de l'ennemi.

» A tous les degrés, les chefs faisaient preuve

d'initiatiee et *d'individualité.* Ils tiraient parti des circonstances d'après leur tempérament, sans demander à leur troupe rien de superflu, mais en considérant sa situation physique et morale. A moins qu'il n'y eût méprise, ils n'inquiétaient jamais leurs subordonnés. C'est ainsi qu'on vit de simples sergents de section, sachant qu'ils n'avaient pas à redouter la critique, faire preuve d'une réelle capacité et d'une énergie persévérante qui, parfois, contribua largement au succès.

» Les hommes se pliaient à toutes les nécessités, comprenant les choses simples qu'ils avaient à faire. Ayant confiance, ils ne ménageaient pas leurs efforts. Ils voulaient le succès pour lui-même et, désireux d'en prendre leur part légitime, n'entrevoyaient que la satisfaction qui en serait la conséquence. Exempt d'entraves, chacun donnait son rendement maximum.

» La concentration de toutes ces forces permit la réalisation des plans très osés du commandement et procura la victoire.

» Les chefs supérieurs ayant donné la direction générale des attaques, les déploiements se faisaient dès qu'on voyait l'objectif ; on évitait ainsi les difficultés ultérieures du terrain ; on pouvait amener l'ennemi à se méprendre sur nos forces et on l'obligeait à diviser son feu. En arrivant à sa portée, les actions particulières des bataillons ou des compagnies s'encadraient facilement dans le combat d'ensemble.

» On adoptait souvent le dispositif en échelons, très compatible avec les hausses de nos armes. Il donnait aux troupes, moins nombreuses que celles de l'ennemi, une assez grande profondeur, ne leur permettant d'être tournées que par des mouvements très larges, fort aventureux pour les Chinois.

» Les groupes voisins savaient se soutenir sans se priver de leur liberté d'évolution. On ne s'arrêtait guère que pour reprendre haleine, de telle sorte que le mouvement général était discontinué le moins possible. Dans les terrains découverts, le tir, habituellement exécuté par salves de section, prenait vite la supériorité sur celui de l'ennemi. Dans les autres terrains, on entretenait des feux de tirailleurs assez lents, qui produisirent souvent de bons effets.

» Le terrain imposa quelquefois un dispositif peu favorable à l'attaque. Cela eut lieu pour l'assaut des premières positions de Dong-Song, le 4 février, et pour celui du col de Bac-Viay, le 11 ; mais l'énergie déployée au moment décisif assura, néanmoins, le succès. Dans ces circonstances particulières, les têtes de colonnes, seules engagées, eurent à lutter réellement. Le reste des troupes fit simplement nombre et produisit un effet moral.

» Les attaques qui occasionnèrent des pertes sensibles, comme celles de Gravereau le 4 février, ont été l'objet d'appréciations opposées. Elles ne furent pas étrangères au succès d'ensemble. On ne saurait disconvenir qu'en obligeant l'ennemi à diviser ses forces, elles n'aient sur d'autres points facilité notre tâche.

» Si l'audace et les qualités multiples de l'infanterie déterminèrent la réussite, l'artillerie l'aida puissamment. Les plans d'attaque semblaient conçus pour son tir.

» Des emplacements, d'où l'on découvrait le mieux l'adversaire, les chefs de brigade lui avaient bientôt donné comme objectifs les points où ils voulaient frapper le coup décisif.

» Par les temps humides, sans même attendre le raffermissement du sol, les batteries portées, bien qu'elles eussent souvent à réparer ou à ouvrir çà et là le chemin devant elles, gagnaient leur emplacement presque aussi vite que les fantassins chargés.

» Les hausses réglées, la dispersion des masses chinoises était prompte. L'artillerie attirait alors sur elle une fusillade dont elle souffrit peu. Si des objectifs nouveaux se présentaient, allonger son tir ou en modifier la direction était l'affaire d'un instant.

» Elle agissait le plus souvent par batteries entières et concentrait son feu sur des objectifs importants et favorables à son action, que lui offrait l'ennemi groupé ou enfermé dans de larges ouvrages.

» Quand les Chinois rétrogradaient, elle se portait, malgré le terrain difficile, sur de nouvelles positions d'où elle avait pu juger d'avance qu'elle pourrait inquiéter ou arrêter l'ennemi en fuite.

» Elle s'efforçait toujours d'aider l'infanterie, dont elle voyait les efforts et le faisait à chaque moment de la lutte.

» En beaucoup de circonstances, elle pouvait seule exécuter la poursuite et compléter le succès.

» Pour choisir ses emplacements ou ses objectifs au milieu des péripéties du combat, ses chefs s'inspiraient simplement de la situation dont ils étaient témoins. Leurs batteries apparaissaient soudain sur un point inattendu, produisaient même, avant le tir réglé, un effet moral considérable.

» Aussi, l'ouverture de la canonnade, après un court silence imposé par les déplacements, était-elle saluée par les acclamations des fantassins. »

L'appréciation du journaliste et les considérations techniques du capitaine Carteron donnaient bien la note de l'esprit qui animait le corps expéditionnaire.

Cet esprit s'était surtout formé pendant la campagne que nous tenions depuis plus d'une année. Il était né de la confiance que les hauts grades avaient accordée à leurs troupes, après les avoir vues à l'œuvre. Par un juste sentiment de réciprocité, la troupe avait aussi placé toute sa confiance dans ses chefs.

Malheureusement, le lieutenant-colonel Herbinger, tout fraîchement débarqué de France, apportant des idées bien arrêtées, ne cadrant nullement avec celles qui faisaient notre principale force, jetait dans cet ensemble une note discordante toute particulière.

Beaucoup trop professeur, pas assez manœuvrier ; trop théoricien, pas assez praticien, un peu trop imbu de la supériorité de ses doctrines, qui lui avaient valu de beaux succès oratoires dans sa chaire de l'Ecole supérieure de Guerre, il considérait avec beaucoup trop de dédain la simplicité toute naturelle de notre manière de faire.

Ayant été remarqué dans le commandement d'un bataillon de chasseurs qu'on citait pour sa belle tenue, sa prestance, la régularité de ses mouvements, il attachait à ces qualités d'extérieur une importance primordiale, qui l'empêchait de voir juste.

Pour lui, le terrain et ses difficultés ne semblaient pas exister. Le but à poursuivre disparaissait au milieu de toutes ses préoccupations de détail, de coup d'œil, de parade, d'épure.

De l'initiative des gradés, de la situation morale de la troupe, il n'en avait cure.

Par ses épithètes malsonnantes, par ses débordements d'injures lancées à tout propos et surtout pour des questions de boutons de guêtres disparus, d'agrafes mal ajustées, de plaques de ceinturons mal astiquées, d'alignements défectueux, de distances mal observées, il surexcitait ses subordonnés et ne les invitait pas à cette confiance qu'ils auraient été si heureux de pouvoir lui accorder.

Malgré tout, cependant, cette intempérie de langage lui aurait été facilement pardonnée, s'il avait su la racheter par des qualités de véritable tacticien.

Malheureusement il n'en était pas ainsi. Heureusement aussi que les soldats, habitués à juger des capacités de leurs chefs par les résultats acquis, ne voyaient pas plus loin. N'envisageant que leurs succès, ils faisaient assez facilement litière des injures qui leur étaient adressées, grâce à quelques paroles réconfortantes de leurs officiers de compagnie. D'un autre côté, ne semblent-elles pas prophétiques ces paroles de l'archiduc Albert ?

« Ce sont les petits esprits qui, en temps de paix, excellent dans les petits détails, s'occupent du matin au soir de minuties, sont inexorables sur l'uniformité absolue de la tenue, les alignements et le maniement d'armes, en intervenant à chaque instant dans les fonctions de leurs subordonnés. Ils acquièrent par là une réputation imméritée, rendent le service un fardeau ; mais ils sont surtout funestes, en empêchant les caractères de se former et en arrêtant l'avancement des officiers capables et fiers.

» Qu'une guerre éclate, et ces petits esprits, épuisés par leurs occupations de détail, sont incapables d'aucun effort ; ils échouent misérablement. C'est là l'éternelle histoire. »

Il faut le reconnaître franchement, le type militaire ainsi décrit par l'archiduc Albert est loin d'être une exception dans notre armée, il y est beaucoup plus répandu qu'on ne le suppose ; il s'épanouit et triomphe en temps de paix, de par la force de notre éducation et de notre réglementation à outrance.

Loin de nous la pensée d'insinuer qu'il faut se désintéresser complètement de tous ces détails d'extérieur et de parade. Il est indispensable qu'un soldat soit propre, ait une attitude toujours fière et manœuvre avec crânerie l'arme qui lui est confiée pour la défense du sol de la patrie. Mais ce n'est là que l'ABCD du métier et c'est cependant là-dessus que dans les trois-quarts de nos régiments se porte presque exclusivement l'attention du chef.

Ce qui ne devrait être qu'un accessoire devient le fond même de notre existence militaire.

La plupart des inspecteurs, habitués à l'ordre, à la régularité, à l'uniformité, aux mouvements automatiques, semblent redouter l'imprévu du terrain varié et des situations non combinées à l'avance. Ils n'abordent cette partie si essentielle de l'instruction qu'avec la plus grande circonspection et l'entourent alors d'une foule de restrictions, qui étreignent l'initiative et faussent en général les idées.

Poursuivons notre récit :

Lang-Son comprend la citadelle et la ville.

La citadelle est rectangulaire ; ses côtés ont de 5oo à 6oo mètres de long. Les parapets, sans fossés, sont larges et s'élèvent à 4^{m}5o au-dessus du sol.

La ville s'étend au nord-est, elle n'offre qu'une longue rue aboutissant au Song-Ki-Kong qui forme un redan assez prononcé, couvrant Lang-Son au nord et à l'est.

De l'autre côté du Song-Ki-Kong, se trouve Ky-Lua, qui, par la physionomie de ses bâtiments, ressemble aux quartiers chinois d'Hanoï.

La route de Chine le traverse. Se prolongeant au nord-ouest, elle atteint, à 400 mètres des dernières maisons, un groupe de cinq ouvrages, dont deux assez importants commandent la plaine.

A un kilomètre plus loin, cette route entre dans dans la montagne.

Notre premier mouvement d'enthousiasme passé, nous jetions autour de nous des regards étonnés.

Lang-Son est évidemment un point stratégique : c'est le débouché de plusieurs vallées importantes qu'il est assez facile de surveiller au moyen de patrouilles de cavalerie.

De là, on pouvait rayonner du côté de Dong-Dang au nord, de That-Ké au nord-ouest, de Pho-Vy au sud et de Cut au sud-ouest.

Au point de vue tactique, il faut l'avouer franchement, Lang-Son, tel que nous l'avions pris, laissait quelque peu à désirer. En avant de nous, du côté de Ky-Lua, nous avions bien une plaine qui s'étendait à 3 ou 4 kilomètres en avant ; mais à l'est et au sud, la vallée se resserrait et ne présentait qu'un enchevêtrement de rochers et de pitons comme tous ceux que nous avions rencontrés dans notre marche. Toutefois quelques-uns de ces pitons offraient des positions sérieuses.

Située sur les frontières de la France, cette place, avec sa configuration, aurait donné lieu à l'établissement par le Génie d'un vaste camp retranché et aurait nécessité, par suite, des troupes considérables pour sa défense.

Sur les confins du Tonkin, avec la Chine comme voisine, avec le peu d'habileté qu'ils avaient su déployer comme artilleurs, il n'était pas nécessaire d'exécuter de bien grands travaux pour s'y trouver en sécurité.

Enfin, la citadelle ainsi que les forts de Ky-Lua pouvaient facilement se retourner contre nos adversaires, s'il leur prenait la fantaisie de venir nous y attaquer.

Une longue et solide résistance était assez simple à organiser. Le Song-Ki-Kong était un obstacle sérieux que les Chinois n'auraient pas pu franchir sous nos feux d'artillerie et même de mousqueterie.

Quoiqu'il en soit, comparée à Tuyen-Quan, Lang-Son était une place de premier ordre.

Après le départ du général Brière de l'Isle, le général de Négrier avait fait reconnaître les forces et la situation de l'ennemi,

Le 17 février, le petit détachement de cavalerie attaché à la 2ᵉ brigade annonçait que les Chinois occupaient sérieusement Dong-Dang, à 13 kilomètres au nord de Lang-Son, ainsi que la région comprise entre ce point et la frontière.

Le général, estimant qu'il serait dangereux de laisser l'ennemi s'établir si près de nous, décida de prendre l'offensive.

Il attendit jusqu'au 21 février que les vivres du sac fussent constitués à six jours, et, le 23, la 2ᵉ brigade se mit en marche sur Dong-Dang.

Le départ eut lieu à 7 heures du matin ; à 9 heures et demie, l'avant-garde se trouvait aux prises avec l'ennemi.

L'action s'engage immédiatement. Les Chinois semblent avoir des velléités de nous déborder sur nos ailes. Leurs attaques timides sont facilement repoussées.

A droite, le capitaine Berard, de la légion, s'empare d'un mamelon commandant la route de Chine. Il a la poitrine traversée pendant la lutte (1).

Les positions des Chinois étaient sérieusement entamées, mais ceux-ci résistaient toujours ; fortement établis sur un plateau calcaire dominant Dong-Dang par une muraille complètement à pic, ils essayèrent un combat d'artillerie et nous en-

_____

(1) Le mamelon prit le nom de cet officier, qui eut le bonheur de survivre à cette grave blessure que tout le monde croyait mortelle,

voyèrent pendant une demi-heure de nombreux obus.

Malgré les difficultés du terrain, nos deux batteries réussirent à prendre position et ne tardèrent pas à réduire au silence l'artillerie ennemie.

Le général de Négrier lance alors sa colonne d'attaque contre le plateau. C'est le lieutenant-colonel Herbinger qui doit la commander ; il a avec lui le bataillon Faure, du 111e, et la compagnie Brunet, de la légion étrangère.

Le but à atteindre est bien défini : s'emparer du plateau calcaire. Le 111e se porte d'abord sur le village de Dong-Dang, qui est en flammes, le traverse au pas de course, se jette à la baïonnette sur un groupe de chinois attardés qui se font tuer sur place. Puis les mouvements deviennent décousus ; la direction du combat semble échapper au lieutenant-colonel.

Deux compagnies, en effet (les 2e et 4e), ont été jetées à droite, à l'est de Dong-Dang. Elles ont en face d'elles la muraille à pic de 5o mètres de haut, qu'on ne peut escalader, et reçoivent des coups de fusil sans pouvoir riposter ni avancer. Cette position n'est pas tenable.

Les deux autres compagnies (1re et 3e) sont jetées à gauche, où se trouve une brèche qui peut permettre d'aborder par leur droite les positions des Chinois établis sur le plateau.

Les deux compagnies de droite (2e et 4e) sont ensuite rappelées et portées sur la gauche, pour

appuyer le mouvement des 1re et 3e. On sent que
rien n'est bien déterminé dans l'esprit de celui qui
commande. Les ordres et contre-ordres se croisent ;
une légère confusion se produit, mais l'aspect du
terrain impose le mouvement logique à exécuter.
Peu à peu le calme se rétablit. Il suffit simplement
de contrebattre les feux de l'ennemi, en s'embus-
quant derrière des rochers qui émergent au nord
de Dong-Dang, pendant que d'autres troupes, se
prolongeant à gauche, prendront les Chinois à
revers.

C'est la 3e compagnie (lieutenant de Colomb)
qui se charge de ce mouvement à gauche. Elle se
précipite dans une tranchée immédiatement enlevée ; elle reprend ensuite son élan et s'empare
d'une deuxième ligne de rochers. L'ennemi fuit
étonné de son audace.

A 3 heures, les Chinois, séparés en deux fractions, abandonnent le champ de bataille ; la première par le chemin de That-Ké, la seconde en
suivant la route de Chine.

Nous avons essayé de nous expliquer les causes
de la confusion qui s'est produite un instant dans
le 111e pendant le combat de Dong-Dang.

Il est évident que, dans l'émotion d'un combat
rapproché, sur un terrain inconnu et très accidenté,
la confusion peut naître tout naturellement, même
avec les troupes les plus aguerries. Aussi ne
serons-nous pas le moins du monde affirmatif
dans nos appréciations, laissant à chacun le soin

de conclure sur cet incident, auquel, du reste, nous ne saurions attacher la moindre importance en lui-même, le mouvement de confusion n'ayant été que de très courte durée, sensible seulement aux acteurs de cette attaque et n'ayant nui en rien à l'élan des troupes qui, comme toujours, avait été admirable.

Nous citerons tout simplement le fait suivant :

Lorsque la 2e compagnie du 111e, commandée par le capitaine Verdier, placée dans une fausse position, sous le feu des Chinois postés sur le rocher calcaire de Dong-Dang, reçut l'ordre de se porter à gauche, le commandant de cette compagnie exécuta son mouvement par échelons, présentant forcément son flanc droit aux balles ennemies.

Afin de diminuer ses chances de perte, cet officier ordonna que ce mouvement se ferait le plus rapidement possible.

Ce fut la section du sous-lieutenant Normand qui partit la première ; puis vint la 2e, avec le capitaine, qui avait donné ordre à son dernier peloton de le suivre de près et dès qu'il serait en position.

Lorsque le capitaine eut rejoint son lieutenant, il vit toute sa section, baïonnette au canon, entourant une pagode et faisant l'escrime à la baïonnette dans le vide, pendant que les Chinois lui tiraient dans le dos.

— Que faites-vous donc, Normand, avec vos baïonnettes ? s'écrie-t-il ; retournez-vous et envoyez-moi des feux de ce côté-là.

Normand faisait des gestes désespérés auxquels son commandant de compagnie ne comprenait rien, si ce n'est qu'il devait se passer quelque chose d'anormal.

— Mais, mon capitaine, voyez donc, dit-il enfin ?

Et du doigt il désignait le colonel Herbinger, qui avait pris le commandement de sa section et lui faisait exécuter l'escrime à la baïonnette contre un ennemi supposé.

Rapprochons maintenant cet incident de la confusion dont nous venons de parler et laissons à chacun le droit de conclure.

Le combat fini, le colonel reçut l'ordre de se porter en avant, en suivant à l'ouest un itinéraire parallèle à la route mandarine et de s'arrêter à hauteur de Cua-Aï (porte de Chine).

Pendant ce temps, la légion devait également se mettre en mouvement, en prenant une même direction à l'est. Le soir, à la tombée de la nuit, celle-ci atteignait Cua-Aï et y campait.

Le 111ᵉ s'arrêtait plus tard à sa hauteur et s'établissait en halte gardée.

Le lendemain matin, 24 février, le général de Négrier envoie l'ordre suivant au colonel Herbinger :

« J'occupe la porte de Chine, venez m'y rejoindre avec le 111ᵉ. Vous pouvez prendre un chemin direct, qui vous abrègera la distance. Si vous ne connaissez pas ce chemin, revenez tout simplement à Dong-Dang et suivez ensuite la route mandarine, qui est très bonne. »

Le colonel ne voulut pas rebrousser chemin, afin de rejoindre plus vite le général, dont nous n'étions pas éloignés de plus de 800 mètres à vol d'oiseau.

Nous nous engageons dans un sentier tortueux qui s'est offert à nous ; il est des plus difficiles ; nous sommes obligés parfois de nous faire la courte échelle pour pouvoir gagner du terrain en avant.

Au bout de deux heures environ de ce manège, nous débouchons dans une vallée, dont nous ne soupçonnions pas l'existence ; une route relativement assez belle en suivait le fond et se dirigeait vers le nord. Nous la prenons et marchons ainsi près d'une heure. Quant à la porte de Chine, elle semblait complètement évanouie, et cependant de notre point de départ nous l'avions vue très distinctement dans un bas-fond.

Enfin, en jetant un coup d'œil autour de nous, nous ne tardons pas à reconnaître, sur notre gauche, des groupes nombreux qui cheminaient parallèlement à nous sur la crête de la vallée dont nous occupions le thalweg.

Des Chinois, à quelque distance de nous (100 à

150 mètres), poussaient des cris auxquels nous ne comprenions naturellement rien.

Mais, où diable nous sommes-nous fourrés ? Et les lorgnettes de se braquer aussitôt et de distinguer clairement sur notre gauche une colonne de réguliers chinois en marche avec tous leurs bagages, leurs chevaux et leur attirail de guerre.

Ils semblaient, eux aussi, nous regarder avec curiosité et se demander ce que nous faisions là, pauvre bataillon d'à peine 400 hommes, sans artillerie! Sur la crête opposée, à droite, on pouvait apercevoir également d'autres groupes, mais en plus petit nombre.

Aussitôt tout le monde, officiers et soldats, de se dire : « Nous nous sommes trompés de chemin. Nous sommes en Chine ! Nous sommes en plein au milieu des Chinois ! »

Nous semblions, en effet, escortés par nos ennemis, comme un voleur entre deux gendarmes.

Quelques officiers se hasardent à aller trouver le colonel, à lui faire part de leurs craintes et à lui faire entendre que l'on a fait fausse route.

Ces observations, faites cependant assez timidement, ont le don de l'exaspérer ; il entre en fureur. On a beau lui proposer une lorgnette, qui lui permettra de distinguer les vêtements, les casques pointus et les armes des Chinois, il ne veut rien entendre : « Ce sont des buffles », dit-il ; et, comme on essaie d'insister : « Taisez-vous, reprit-il ; que tous les officiers rejoignent leur place. Je ne veux rien entendre, je ne veux pas voir une seule tête regarder en l'air, ou sinon gare !... »

Peu après, l'adjudant de bataillon Paoli arrivait essoufflé de Cua-Aï, pour nous faire rebrousser chemin et nous avertir que nous nous étions trompés de route.

L'adjudant ne nous apprenait rien de nouveau ; mais le tout était d'aborder le colonel. Le capitaine Sazanoff s'avance, malgré les ordres formels que nous venions de recevoir de rester en place, et va de nouveau trouver le commandant de la colonne qui s'apprêtait à prendre de rechef la mouche, lorsque nous apercevons devant nous une ville retranchée avec d'immenses placards rouges collés sur les murs.

A moins d'aller bénévolement demander l'hospitalité à nos bons amis les Chinois, il n'y avait pas moyen de se porter plus en avant.

Le colonel nous a avoué, quelques heures plus tard, avoir à ce moment-là fortement serré les f....s.

Heureusement qu'il ne s'émouvait pas beaucoup de ses propres inconséquences.

Il fit arrêter, former les faisceaux et mettre sac à terre, comme si nous étions arrivés au moment de la halte horaire. Cinq minutes après, nous remettions sac au dos, nous rompions les faisceaux et nous rebroussions chemin.

Les Chinois, ébahis, durent croire à une ruse de guerre, car ils n'ouvrirent pas le feu sur nous, du moins à ce moment. Ils l'avaient belle, cependant !

Arrivés au débouché du chemin qui nous avait conduits en Chine, il semblait naturel, afin de perdre le moins de temps possible, d'y engager immédiatement l'avant-garde et de la faire filer au plus tôt, pour que le gros du bataillon pût s'y engager à son tour.

Pas du tout. Sur l'ordre du colonel, la pointe d'avant-garde s'arrête juste à l'entrée du chemin et attend que toute la troupe ait pris une position de rendez-vous. Ce n'est que lorsque le dernier homme de la colonne a complètement serré sur ses camarades placés en avant de lui, que nous reprenons notre marche rétrograde.

Les buffles ont dû finir par comprendre que ce mouvement, qu'ils avaient pris pour un piège, ne devait être qu'une fausse manœuvre. Nous les voyons s'agiter, charger leurs armes, et nous envoyer quelques décharges, qui nous blessent grièvement un pauvre coolie au genou. Heureusement que nous pûmes nous engager, sans autre encombre, dans le petit sentier, où nous fûmes rapidement défilés des coups de l'ennemi qui ne nous inquiéta pas autrement.

Deux heures après nous étions à Cua-Aï. Le général de Négrier fut mis au courant de notre

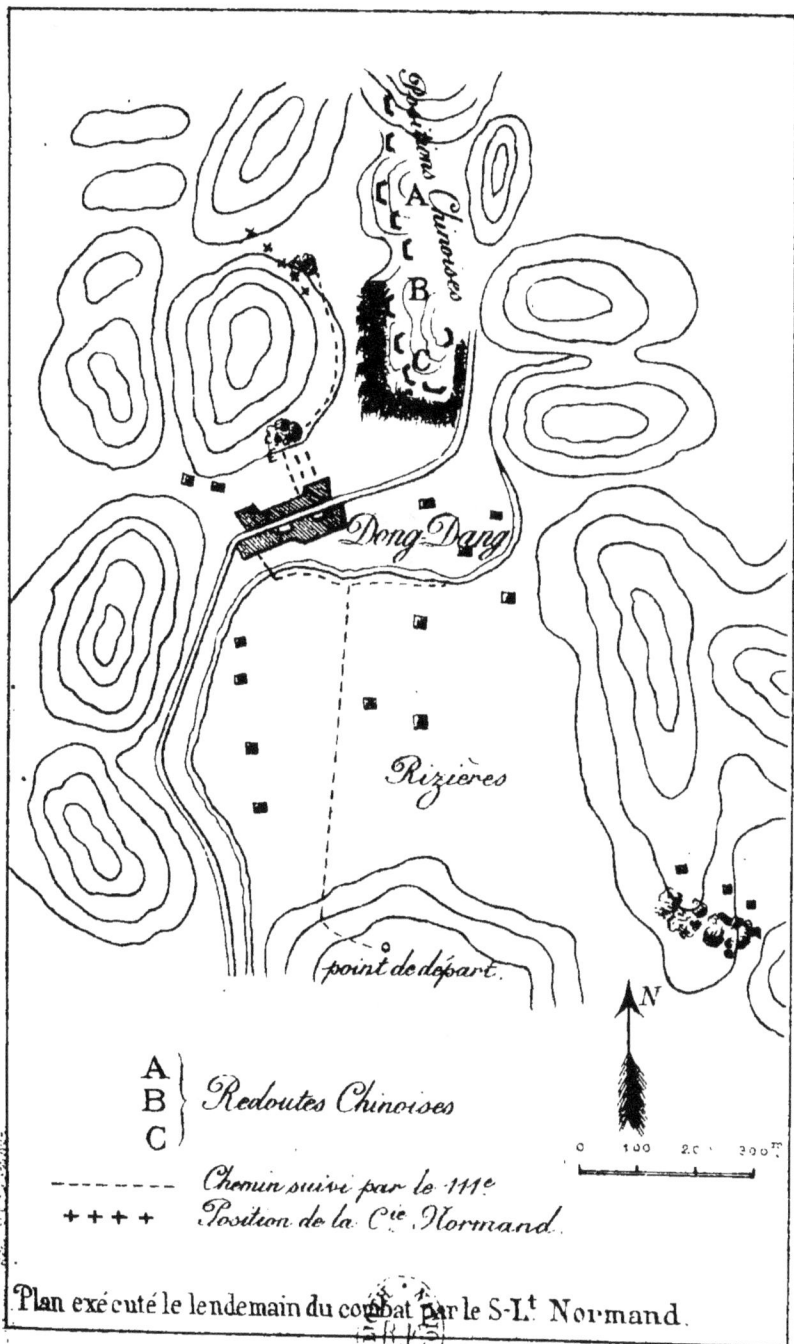

Positions Chinoises

A

B

C

Dong-Dang

Rizières

point de départ

N

A
B   Redoutes Chinoises
C

- - - - -   Chemin suivi par le 111ᵉ
+ + + +   Position de la Cⁱᵉ Normand.

0   100   2O   3OOᵐ

Plan exécuté le lendemain du combat par le S-Lᵗ Normand.

VI

JOUVET

Combat de Dong-Dang.

équipée, dont tout le monde se mit à rire, sauf cependant le pauvre coolie.

C'est ainsi que le 111e fut la première troupe du corps expéditionnaire qui ait foulé le sol chinois pendant cette campagne ; cela devait lui porter malheur, ainsi que nous le verrons plus tard. Nous avions pénétré dans la vallée de Bang-Bo, où, un mois après, jour pour jour, nous devions perdre en moins d'une demi-heure plus du quart de notre effectif.

Le 25, l'ennemi ne se montra pas.

Le général voulut frapper l'esprit des populations : il décida de faire sauter la porte de Chine. Elle fut bourrée de tonnelets de poudre, de caisses de munitions, d'artifices de tous genres. Des fourneaux de mine furent établis dans les pagodes et les bâtiments voisins ; une traînée de poudre fut organisée, l'on y mit le feu : une détonation formidable retentit aussitôt. La porte du Quang-Si était détruite.

Des écriteaux portant en chinois les inscriptions suivantes, furent plantés sur le territoire ennemi :

« Le respect des traités protège plus sûrement un pays que les portes aux frontières. La porte du Quang-Si n'existe plus. »

Nos ennemis répondirent à cette inscription par cette autre, qui devait, elle aussi, se réaliser bientôt :

« Nous reconstruirons notre porte avec des têtes de Français. »

On est en droit de se demander quel but utilitaire a poursuivi le général, lorsqu'il a fait sauter cette porte de Chine.

Il n'a pas cherché assurément à frapper leur imagination, en faisant constater aux Chinois les effets produits par la poudre. Ce sont eux, dit-on, qui l'ont inventée ; ils devaient en connaître les effets destructifs.

Peut-être, dans un sentiment d'orgueil légitime mais assurément peu politique, a-t-il voulu marquer par cet acte de haute fantaisie que lui, Négrier, simple chef de brigade, avait le premier atteint les confins du Céleste Empire et n'avait pas hésité à envoyer un coup de pied dans les reins du colosse chinois ?

Quoiqu'il en soit, nos adversaires furent autant humiliés par cet acte accompli chez eux que par toutes les défaites que nous leur avions infligées sur le sol tonkinois.

L'humiliation engendre l'exaspération. L'exaspération insuffle dans le cœur des peuples un désir de vengeance, qui décuple leurs forces.

Le soir de ce jour, qui vit sauter la porte de Chine, toute la brigade était groupée à Dong-Dang. Le lendemain, le 3e bataillon de la légion étrangère fit, dans la direction de That-Khé, une reconnaissance d'une dizaine de kilomètres, sans rencontrer de Chinois. Le 2e bataillon (commandant Diguet), fut désigné pour occuper Dong-Dang, avec une section de Tonkinois et deux pièces de 80 m.m. de montagne. Le reste de la brigade retourna à Lang-Son.

Dong-Dang, situé à 13 kilomètres de Ky-Lua, offrait, au point de vue militaire, une réelle importance. Beaucoup plus resserré que Lang-Son, au débouché des vallées de That-Khé et de Bang-Bo, il se prêtait à un système de surveillance assez facile.

En cas d'attaque de vive force, il pouvait être facilement secouru par les troupes en arrière.

Enfin, nous touchions aux confins de la Chine et, pour tout esprit sensé, il semblait que là devait s'arrêter notre marche en avant.

CHAPITRE IX

Travaux de route pour le ravitaillement de Lang-Son. —
Vivres. — Revue du colonel Herbinger. — Réclamations,
Paroles du commandant Faure. — Le 23ᵉ et le 111ᵉ sont
envoyés à Dong-Dang. — Attaque de nuit des Chinois. —
Démonstrations des Chinois en avant de Dong-Dang. —
Impassibilité du colonel Herbinger. — Le général de
Négrier arrive.

Dong-Dang nous donnait de la sécurité en
avant ; il importait maintenant d'assurer nos derrières et de faciliter nos moyens de communications avec notre base d'opération.

Il avait été décidé que Lang-Son et Chu seraient
reliés par une route passant par Cut, Than-Moï,
Dong-Song et le col du Déo-Quao.

On se mit aussitôt à l'ouvrage aux deux extrémités de cette ligne et au passage de la montagne, c'est-à-dire à mi-chemin, entre Than-Moï et Dong-Song.

Les travaux en avant de Chu et ceux entre Dong-Song et Than-Moï, furent entrepris par les coolies. Chaque bataillon fut employé à tour de rôle au tronçon de route entre Lang-Son et Cut.

Tout le monde sentait l'importance de ces travaux et chacun s'y employa avec le plus d'ardeur possible.

On s'est beaucoup ému de la situation de Lang-Son, au point de vue des approvisionnements.

La preuve que les troupes y mouraient de faim, se sont écriés tous ceux qui, poussés par la passion politique, avaient intérêt à déplacer toutes les responsabilités, c'est que, dès les premiers jours, la brigade de Négrier était réduite à y vivre d'expédients. La preuve, c'est que pendant plus de 46 jours, la troupe et les officiers n'eurent pas un seul morceau de pain à se mettre sous la dent ; la preuve, c'est que, un jour sur trois, puis un jour sur deux, les soldats, pendant la dernière quinzaine de février et pendant tout le mois de mars, furent obligés de vivre de rations substituées.

Ces rations substituées ne nous permettaient évidemment pas de nous livrer à des repas pantagruéliques, mais elles nous procuraient une nourriture suffisante pour soutenir nos forces.

Elles se composaient de 800 grammes de riz, 280 grammes de viande fraîche de bœuf, 12 centilitres de tafia, du sel, du café, du sucre, du thé et du biscuit. Le plus dur était l'absence de pain et de vin.

En revanche, les compagnies pouvaient de temps en temps améliorer leur ordinaire en achetant directement aux annamites des poules, des porcs, des bœufs, des œufs, du poisson et quelques légumes.

On criait bien un peu après toutes ces substitutions de rations; mais on se rattrapait en se livrant à ce sujet à quelques plaisanteries plus ou moins fines et surtout faciles sur le service de l'intendance.

Ce qui est certain, c'est que nous savions toujours compenser par une forte dose de bonne humeur le peu de variété de nos repas, et que jamais le moral de la troupe ne fut atteint par cet état de choses.

Le soldat français sait supporter les plus grandes misères quand il en saisit la portée; il ne devient intraitable que lorsqu'on ne peut pas lui faire comprendre le pourquoi des privations qu'on lui fait subir. Comme le disait très bien Richelieu : « C'est un instrument des plus délicats que l'armée française. C'est la première ou la dernière des armées, suivant qu'elle est bien ou mal commandée. » C'est par suite un instrument délicat à manier et qui peut même devenir dangereux entre des mains inhabiles.

Nos soldats comprenaient très bien que ces rations substituées n'étaient qu'un mauvais moment à passer, et ils en prenaient facilement leur parti.

On nous faisait manger notre pain noir le premier, afin de pouvoir constituer de sérieux approvisionnements le plus rapidement possible.

Aussi, grâce aux sages dispositions prises, Lang-Son renfermait le 28 mars plus de soixante mille rations complètes. Les travaux de route facilitaient chaque jour les moyens d'alimentation de la place. Notre situation s'améliorait à vue d'œil, non seulement au point de vue nutritif, mais encore au point de vue militaire.

Le terrain nous devenait de plus en plus familier, grâce aux reconnaissances entreprises. Les allées et venues de nos convois de vivres le faisaient plus nôtre. La ligne de retraite devenait plus sûre, les distances entre Chu, le Kep et Lang-Son; se rapprochaient pour ainsi dire de plus en plus; chaque jour nous nous sentions moins en l'air.

Justement fiers de nos succès, nous attendions avec calme que nos diplomates agissent pour nous procurer une paix que nous avions si bien méritée.

Pendant que tout le monde se livrait aux travaux de la route de Cut, aux aménagements intérieurs des cantonnements, le colonel Herbinger n'avait comme toujours qu'une préoccupation :

la tenue, les appels en armes, les mille petits détails du règlement sur le service intérieur.

Il arrivait à l'improviste, pendant que la troupe était sous les armes, et malheur à l'officier dont un subordonné n'avait pas fait reluire tout le fourniment.

Le 111ᵉ avait été employé, comme tous les autres bataillons, aux travaux d'aménagement de la route de Cut.

Cette corvée, qui avait duré plusieurs jours, n'avait pas été favorisée par le temps, il n'avait fait que pleuvoir ; mais, malgré la pluie, tout le monde avait travaillé sans relâche, sachant bien que chaque coup de pioche équivalait à un morceau de pain.

Peu de jours après notre retour à Lang-Son, nous avions repris notre service intérieur ; une revue de casernement devait être passée, après l'appel, par le colonel Herbinger.

A une heure, nous étions sous les armes, chaque commandant de compagnie inspectait sa petite troupe, lorsque surgit le colonel.

Il semblait furieux et se livrait à des gestes désordonnés, qui nous faisaient prévoir un orage.

Arrivé devant la 2ᵉ compagnie, la tempête éclate ; un grand débordement d'injures, au milieu desquelles le capitaine Verdier entend très distinctement ces paroles. Elles sont textuelles :

« Qu'est-ce qui m'a f.... des troupiers pareils ?
ces hommes sont aussi dégoûtants dans leur tenue
qu'au feu ! »

Le capitaine ne peut plus se contenir ; il sort des
rangs, avertit son chef de bataillon, le commandant Faure, qu'il ne peut plus supporter de
pareilles incohérences de langage, qu'il se sent
atteint dans sa dignité de commandant de compagnie et qu'il va trouver le général de Négrier, pour
le rendre juge de la situation qui lui est faite.

Le chef de bataillon semble comprendre une
pareille démarche. Le capitaine va emprunter un
sabre (1) pour soumettre sa réclamation.

Un quart d'heure après, il gravit les quelques
marches qui devaient le conduire à l'appartement
particulier du général, lorsqu'il s'entend appeler
par son nom.

C'était le colonel Herbinger, qui venait du côté
opposé, en compagnie du commandant Faure, et
qui avait été mis au courant par ce dernier de la
démarche qui allait être faite contre lui.

— Dites donc, Verdier, vous allez donc réclamer
contre votre colonel ?

— Mon colonel, je ne puis supporter les paroles

(1) Le capitaine Verdier avait perdu au combat de Noui-Bop
le fourreau de son sabre ; n'ayant plus qu'une lame, il avait
remplacé son épée par un lourd gourdin, qui l'avait suivi dans
tous ses combats. Le général n'ayant jamais quitté son sabre
de toute la campagne, il voulait se mettre en tenue réglementaire pour soumettre sa réclamation dans toutes les formes.

que vous avez prononcées devant le front de ma compagnie ; je ne vais pas réclamer, mais en faire juge le général.

— Croyez-vous donc que ces paroles s'adressaient à vous ? Pas le moins du monde. Je vous ai vu à l'œuvre : trois fois vous avez traversé le terreplein où a été blessé Portier ; vous avez été on ne peut plus... etc....

— Mon colonel, je n'ai jamais eu l'idée que vos paroles pussent s'adresser à moi ; car, dans ce cas, je ne serais pas allé trouver le général. Vous vous êtes adressé à ma compagnie, je n'ai pas été moins vivement touché.

— Ah ! mon ami, voyons ? Mais je n'ai pas visé votre compagnie plus particulièrement qu'une autre ; c'est à tout le bataillon que je m'adressais.

Tableau !

Le capitaine Verdier s'incline devant le commandant Faure :

— Puisqu'il en est ainsi, mon commandant, permettez-moi de vous passer la main. Si tout le bataillon est en jeu, je n'ai plus qu'à vous remettre la partie.

Le commandant Faure, obéissant sans doute à un sentiment de discipline fort respectable, ne donna de toute la journée aucune suite aux paroles prononcées par son supérieur.

Les officiers de compagnie du 111ᵉ furent vite au courant de l'incident.

Leur indignation jusqu'alors contenue était arrivée à son comble. Il fallait à tout prix mettre un terme à ce débordement d'injures ou bien alors faire complètement abstraction de sa dignité et toujours courber l'échine pour laisser passer l'orage.

Car, il n'y avait pas à se le dissimuler, malgré tous les soins qu'on avait apportés à la tenue et tous ceux qu'on pourrait encore y apporter par la suite, le colonel devait trouver toujours quelque chose à redire, *inde iræ.*

Les commandants de compagnie résolurent de se rendre tous auprès du commandant Faure et de le prier (puisque le colonel avait déclaré lui-même que ses paroles s'adressaient à tout le bataillon) de se faire auprès du général de Négrier l'interprète de leurs plaintes.

Les officiers présents étaient :

Pour la 1re compagnie, le lieutenant Canin, qui remplaçait le capitaine Sazonoff, cloué au lit par une maladie fort douloureuse ;

Pour la 2e compagnie, le capitaine Verdier ;

Pour la 3e compagnie, le capitaine Mailhat ;

Pour la 4e compagnie, le capitaine Bœsch, nouvellement promu, et qui avait succédé au capitaine Verdin, rentré en France à la suite d'une blessure.

En sa qualité de plus ancien, le capitaine Verdier prit le premier la parole, puis le capitaine Mailhat, qui fit ressortir que les injures presque journalières du colonel commençaient à faire murmurer les hommes... A chaque instant on pouvait être appelé à se battre de nouveau... S'il n'était pas mis un terme à cet état de choses, les capitaines ne pouvaient plus assumer la moindre responsabilité.

Le commandant Faure comprit le bien fondé de la démarche de ses officiers ; il chercha à les réconforter par de bonnes paroles, leur disant de faire abstraction du colonel ; qu'il était là, lui, pour les apprécier et les estimer ; qu'ils n'avaient qu'à relever de leur conscience, et il ajouta ces paroles que nous citons presque textuellement : « Patientez encore, mes amis, cet homme n'en a pas pour longtemps. »

Huit jours après, arrivait la retraite de Lang-Son !

Quant à ce pauvre bataillon du 111e, traité si souvent de sale, de voleur, d'aussi dégoûtant au feu que dans sa tenue, voici ses états de services :

Son effectif au départ était de 16 officiers, dont plusieurs furent remplacés dans le cours de la campagne. Il ne se présenta presque jamais au feu avec plus de 12 officiers. Ses pertes sur le champ de bataille furent les suivantes, pour tout le temps de la guerre :

Etat-major. — Commandant Chapuis, mort au combat du Kep des suites d'une insolation, après s'être battu toute la journée de la façon la plus intrépide. Il fut considéré à juste titre, et malgré les subtilités des intendants, comme mort au champ d'honneur ;

Médecin-major Raynaud, chevalier de la Légion d'honneur, tué à Bang-Bo et décapité par les Chinois. C'était un vaillant, un homme de devoir, toujours sur la ligne des tirailleurs, où il donnait ses secours aux blessés avec un dévouement qui fit l'admiration de tous.

1re *Compagnie.* — Capitaine Planté, tué au Kep d'une balle à la tête reçue à bout portant ;

Capitaine Sazanoff, blessé comme lieutenant au Kep d'une balle qui lui traversa le cou ;

Lieutenant Dulys, blessé au Kep et amputé du bras gauche à la suite de sa blessure ;

Lieutenant Canin, blessé à Pho-Vy. Il sortit peu après de l'ambulance et continua la marche sur Lang-Son malgré sa blessure ;

Lieutenant Canin (déjà nommé), tué à Bang-Bo, où il fut décapité par les Chinois. Le lieutenant Canin s'était distingué partout où il avait été engagé.

2e *Compagnie.* — Capitaine Venturini, blessé au Kep d'une balle qui lui traversa la main gauche. Rentré en France, il fut remplacé dans le commandement de sa compagnie par le capitaine Verdier ;

Lieutenant Simoni, blessé à Noui-Bop d'une balle qui lui traversa l'épaule ;

Lieutenant Normand, tué à Bang-Bo par une

balle qui lui traversa le cou et enterré sur le champ de bataille.

3e Compagnie. — Capitaine Mailhat, tué et décapité à Bang-Bo ;

Lieutenant de Colomb, blessé à Bang-Bo et amputé de la jambe gauche. De Colomb était le fils du général commandant en chef le XVe corps d'armée. S'il bénéficia de la haute situation de son père pour aller au Tonkin, il eut le mérite de ne pas abuser de cette protection pour se faire attacher à un état-major. Il tint à honneur de se présenter toujours au feu à la tête de sa petite troupe, dont il avait su se faire aimer et apprécier. Les soldats qui l'entouraient lorsqu'il tomba blessé lui sauvèrent l'existence en l'arrachant des mains des Chinois.

4e Compagnie. — Capitaine Verdin, blessé à Noui-Bop d'une balle à la joue. Rentré en France, il fut remplacé par le capitaine Boesch ;

Lieutenant Portier, blessé mortellement à Dong-Dang ;

Sous-lieutenant de réserve Guyard, blessé à la jambe dans un combat livré aux pirates à Traï-Son.

Au total sept officiers tués et huit blessés, ce qui constitue un assez joli pour cent pour un bataillon.

Quant au martyrologe de la troupe, il est aussi douloureux et glorieux à la fois : trois cent six sous-officiers, caporaux et soldats du 111ᵉ reposent dans cette terre lointaine.

Quant à la 2ᵉ compagnie, plus particulièrement visée par le colonel, elle était partie d'Antibes avec un effectif de 199 hommes de troupe. Elle eut 26 tués, 42 blessés dont quelques-uns à deux reprises différentes, et 25 morts de maladie.

Voici comment s'exprimait sur son compte le sous-lieutenant Normand, dans une lettre écrite à sa famille, publiée après sa mort dans un recueil intitulé *Lettres du Tonkin,* et qui forme un ouvrage honoré des souscriptions des ministères de la guerre et de l'instruction publique. Si l'appréciation de cet officier peut être entachée d'un peu de chauvinisme, on est obligé de reconnaître qu'elle n'a pas été dictée pour les besoins de la cause :

« .....Mon capitaine, le capitaine Verdier, est tout jeune et va être décoré pour sa conduite au dernier combat. Il est de Nîmes, prend tout en plaisantant, ou du moins en a l'air, et tient sa compagnie mieux que personne. Au dernier combat, cerné par les Chinois à 800 mètres au moins en avant des lignes, il reçoit l'ordre « du colonel Herbinger (1) » de battre en retraite. Il lui fait répondre qu'il se trouve très bien là et que, si on

(1) Une erreur de copie a fait mettre dans le texte des lettres publiées le nom du général de Négrier au lieu de celui d'Herbinger. Nous avons rectifié cette erreur.

veut le soutenir, il va marcher en avant, ce qu'il a fait d'ailleurs. Il considère cela comme une chose toute naturelle. Vous comprenez sans peine combien je suis heureux de faire mes premières armes sous ses ordres. Je suis donc dans la compagnie *la plus cotée* du bataillon *le plus coté* du régiment de France.... Comme impression, le Tonkin m'a profondément étonné : c'est un pays riche, cultivé, verdoyant.

» La température est très basse en ce moment et nous avons vraiment froid. »

Quoique exagéré, l'enthousiasme du subordonné n'est-il pas préférable pour la conduite des hommes au feu, que l'appréciation du supérieur en grade ?

Pour clore cet incident, citons Montluc, qui nous semble avoir trouvé la note pour la circonstance :

« Capitaines et vous seigneurs, qui menez les hommes à la mort, car la guerre n'est autre chose ; quand vous verrez faire quelque brave acte à un des vôtres, louez-le en public, contez-le aux autres qui ne s'y sont pas trouvés. S'il a le cœur en bon lieu, il estime plus cela que tout le bien du monde et, à la première rencontre, il tâchera encore de mieux faire. Que si vous faites comme plusieurs font, qui ne daignent pas faire cas du plus haut fait d'armes qu'il soit, et qui passent tout par mépris, vous trouverez qu'il faudra que vous les récompensiez par effet, puisque vous ne le voulez faire de parole. J'ai toujours traité ainsi les capitaines qui ont été sous moi, voire les plus simples soldats. Aussi je les eusse fait donner de tête contre une muraille, et les eusse arrêtés au plus dangereux lieu qui se fût su présenté, comme je fis là. »

La guerre est une affaire de maniement d'hommes, il semblerait par suite que les manieurs devraient s'appliquer surtout à bien connaître les gens qu'ils ont à manier.

Comment se fait-il qu'aussi bien en temps de paix qu'en temps de guerre, ce soient justement les *maniés* qui connaissent bien mieux et beaucoup plus vite leurs *manieurs !*

On ne pouvait pas nier cependant qu'au moment où nous sommes arrivés de notre histoire, un travail ne se faisait pas dans l'esprit du général de Négrier, au sujet de son second, le lieutenant-colonel Herbinger.

On sentait qu'il se demandait ce que pouvait bien être ce professeur de tactique appliquée, qui lui avait été envoyé de France, comme un officier dont on devait faire le plus grand cas. Ses rapports avec lui devenaient de plus en plus tendus. Malheureusement, les circonstances et peut-être aussi d'autres considérations sur lesquelles nous nous proposons de revenir et qui tiennent en grande partie de notre éducation militaire, ne lui permirent pas de creuser son sujet et le colonel dut rester pour lui à l'état d'énigme, que des événements dramatiques se chargèrent de lui expliquer, alors qu'il était malheureusement trop tard.

Le 17 mars, toute la brigade se porta en pointe sur Dong-Dang et poussa jusqu'à la porte de Chine. Le soir, elle cantonna dans cette dernière localité.

Le 18, elle rentrait à Lang-Son, laissant le lieutenant-colonel Herbinger avec les bataillons des 23e et 111e, 4 pièces d'artillerie et 10 chasseurs d'Afrique. Nous relevions ainsi avec des forces doubles des siennes le bataillon de la légion commandé par le chef de bataillon Diguet.

Cet officier, en nous passant la consigne, nous raconta qu'il avait parfaitement dormi tout le temps qu'il avait occupé ce poste avancé. Sachant bien que les Chinois étaient nombreux, il avait organisé un système très actif de surveillance, mais sans trop surcharger sa troupe.

Le commandant Diguet était un homme calme, plein de sang-froid, ne s'émouvant pas à propos de rien et jugeant sainement les situations. Aimant sa tranquillité et son bien-être, il avait su s'arranger en conséquence.

Tout autre était le colonel Herbinger : c'était un agité. Sa troupe s'en ressentit.

Dans la nuit du 21 au 22 mars, les Chinois essayèrent de nous surprendre dans Dong-Dang par une marche de nuit.

Un caporal du 23e d'infanterie, placé en petit poste près d'un sentier, les vit brûler plusieurs allumettes pour traverser un ruisseau. Il les observa quelque temps, puis donna l'éveil en se repliant, par un chemin détourné, sur la grand' garde dont dépendait son petit poste à la cosaque.

Toutes les troupes sont aussitôt sur pied. La grand'garde du capitaine Boesch, placée en avant de Dong-Dang, fait pleuvoir une grêle de balles sur le point où les Chinois ont été aperçus. La nuit est noire, on ne peut guère distinguer que la lueur sinistre des coups de feu.

Quelques éclaireurs ennemis audacieux ont dû pousser plus loin et s'établir entre nos avant-postes et notre réserve qui avait pris aussitôt les armes.

Nos troupes étaient tellement bien disciplinées que le capitaine Verdier, réveillé au milieu de la nuit avec son sous-lieutenant Normand, trouva en arrivant au lieu de rassemblement de sa compagnie tous ses hommes debout, sacs au dos, sur deux rangs, l'arme au pied, dans la rue principale de Dong-Dang, qui commençait à être enfilée par les balles ennemies dont les sifflements se faisaient entendre de temps en temps par dessus les têtes.

L'appel avait été fait par les soins du plus ancien sergent. Un seul homme n'était pas présent : c'était un cuisinier d'escouade, qui était en train d'arranger sur son sac ses ustensiles de campement.

Les hommes étaient là, calmes, silencieux, attentifs aux ordres donnés.

Ils furent déployés en tirailleurs au nord de
Dong-Dang ; mais l'ennemi, qui ne jugea pas à
propos de pousser plus loin son équipée, se retira
avant le jour sans qu'on ait pu juger de sa force.

Le matin, un peu avant l'aube, le sous-lieutenant
Normand envoya à son capitaine son ordonnance
lui demander l'autorisation de quitter les rangs
pour aller chercher ses bottes.

Ce brave Normand, surpris au milieu de la nuit,
n'avait eu que le temps de sauter sur ses pantoufles
avec lesquelles il pataugeait dans la boue depuis
le commencement de l'alerte.

Toutes les autres compagnies montrèrent autant
de calme et auraient à citer d'autres faits analogues.

La grand'garde du capitaine Boesch fut relevée
aussitôt après par la compagnie du capitaine Verdier. Elle était établie sur un piton très élevé, aux
pentes raides et du sommet duquel on apercevait
toutes les crêtes des hauteurs, jusqu'à la porte de
Cua-Aï et même au-delà.

Cette dernière compagnie était à peine installée
qu'elle vit arriver des confins du Céleste Empire
des troupes ennemies en assez grande force ; on
les distinguait très facilement grâce à leurs pavillons, avec lesquels elles avaient soin de jalonner
toutes les crêtes au fur et à mesure qu'elles se
rapprochaient de nous.

Les Chinois vinrent ainsi se poster à 1,400
mètres de la grand'garde. Ils s'étaient déployés

sur une longueur de 2 à 3 kilomètres. On apercevait également bien à 500 mètres en arrière leurs
réserves débouchant d'un col, qui devait être assez
difficile à franchir à en juger par la lenteur de
leur écoulement.

Une vallée très profonde séparait nos troupes
des lignes chinoises ; en outre nous les dominions.
Ils pouvaient être de quatre à cinq mille.

Quand ils eurent bien disposé leur première
ligne et pendant que les réserves continuaient
leur mouvement d'écoulement, un mandarin chinois, accompagné d'un soldat, descendit dans le
fond de la vallée et, là, se mit tout seul à faire le
coup de feu, en prenant comme cible les troupes
de la grand'garde.

Il pouvait bien être à 500 mètres de nous. Bien
qu'il visât avec beaucoup de calme, aucune de ses
balles ne portait.

Le capitaine Verdier, ne voulant pas engager le
combat en vertu des ordres qu'il avait reçus, se
contenta d'envoyer au mandarin deux coups de
feu qui le mirent lestement en fuite.

Pendant ce temps, quelque chose d'anormal se
passait au milieu des premières lignes chinoises.

C'étaient nos ennemis qui installaient au milieu
de leurs rangs un instrument de forme assez
bizarre avec lequel ils se mirent à nous envoyer
quelques obus.

Il est fort probable que leurs études sur le tir
de cet appareil n'avaient pas été parachevées : leur

premier projectile tombe à 3oo mètres en avant
de nous ; le deuxième va à 600 mètres en arrière,
près de Dong-Dang ; le troisième leur éclate entre
les mains, à leur grand ébahissement.

Ce petit exercice de tir ainsi brusquement ter-
miné, ils plièrent bagages et prirent leurs dispositions pour regagner leurs cantonnements par le
chemin qu'ils avaient pris pour arriver.

Placée dans une position exceptionnellement
favorable, la grand'garde avait très bien pu juger
des mouvements des Chinois et de la distance qui
nous en séparait ; celle-ci était de 1,400 mètres
pour les premières lignes et de 2 kilomètres
environ pour les réserves ; avec le peu de monde
dont nous disposions, il n'y avait peut-être pas
lieu d'engager le combat.

Mais lorsque le capitaine Verdier eut pu constater que les Chinois n'avaient pas l'intention de
se porter plus en avant, qu'il fut bien évident pour
lui qu'ils n'avaient voulu faire qu'une simple démonstration, il envoya demander de l'artillerie au
colonel Herbinger, qui pouvait très bien disposer
de 4 pièces de 80ᵐᵐ de montagne.

Jamais occasion ne s'était offerte si belle. Les
Chinois étaient là, à bonne distance de tir d'artillerie, sur un terrain très découvert en pente douce,
faisant ressortir toutes leurs formations ; ils étaient
en ordre serré, se pressant vers le col, qui ne pouvait guère donner passage à plus d'un seul homme
à la fois.

Tous nous tournaient le dos ; à la façon dont ils se pressaient, on voyait qu'ils avaient hâte de quitter cet emplacement, qui les exposait par trop à nos coups. Ils mirent plus de deux heures à disparaître.

Que de pertes on aurait pu leur faire subir avec nos obus perfectionnés ! Quelle perturbation n'aurait-on pas jetée dans leurs rangs !

Ils venaient de nous donner un si bel échantillon de leur savoir en matière d'artillerie ! N'était-ce pas le moment de leur montrer notre écrasante supériorité ?

Nous tournant ainsi le dos, avec la terreur que leur inspiraient nos canons, ils n'auraient pas même tenté de nous riposter. Leur grande préoccupation eut été d'échapper à nos coups le plus promptement possible.

Le colonel Herbinger ne voulut pas même déranger une section d'artillerie qui, cependant, était là toute prête et pouvait venir se mettre en batterie en moins d'une demi-heure. Il ne crut pas même devoir se porter de sa personne sur l'emplacement de la grand'garde, lui, qui, cependant, était si actif lorsqu'il s'agissait d'aller à la découverte d'un bouton mal astiqué !

Par contre, en rentrant dans leurs cantonnements, les Chinois durent se frotter vigoureusement les mains et se dire, non sans quelque semblant de raison : « Les voilà donc ces terribles Français, qui sont venus nous insulter jusque chez

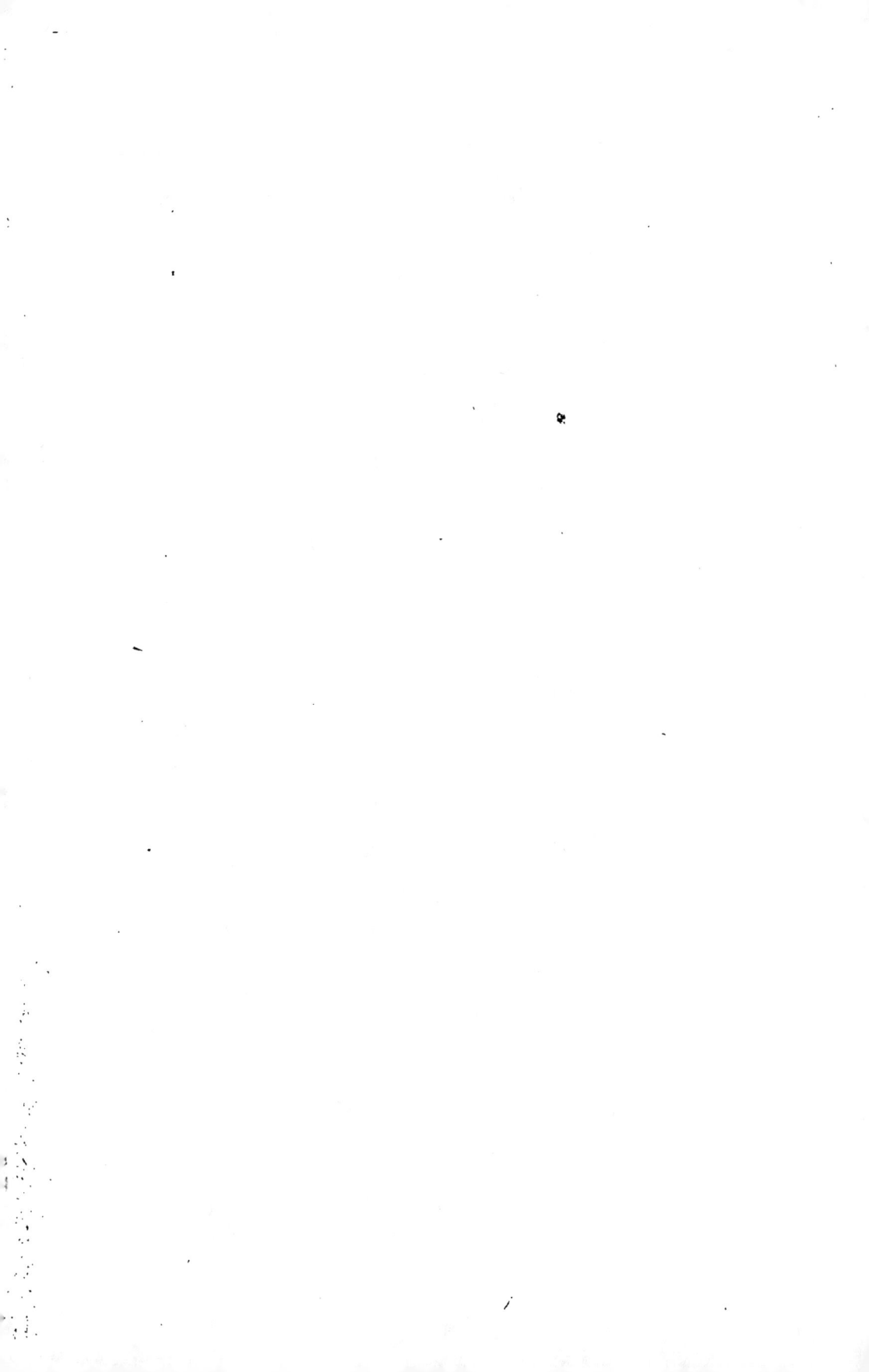

Campements Chinois

Bang Bo

Route suivie par le Tête

Route suivie par le Tête et la

Route brisée

Vers les campements de Lam Cua Chi

N

Chemin suivi par le 111ᵉ le lendemain du combat de Dong-Dang

Cua Chi

Echelle approximative $\frac{1}{40.000}$

VII

JOUVET.

Combat de Bang-Bo.

nous, nous faire sauter notre porte ; nous allons à eux, nous leur envoyons nos obus et ils n'osent pas même riposter ; ils commencent donc à avoir peur de nous ou à se sentir bien faibles. » De là à reprendre soi-même du courage, il n'y a qu'un pas.

Le général de Négrier avait été prévenu de l'attaque nocturne des Chinois ; il se mit aussitôt en marche avec sa brigade, laissant à Lang-Son le nombre d'hommes nécessaire pour veiller à sa sécurité.

Il arriva à Dong-Dang à six heures du soir. Le lendemain matin, il y laissa deux compagnies en réserve, rassembla les autres troupes disponibles sous la protection de la compagnie de grand' garde et se porta à l'attaque des positions chinoises de Bang-Bo. Il avait avec lui 925 fusils et six pièces d'artillerie !

CHAPITRE X

Combat de Bang-Bo. — Pourquoi le combat de Bang-Bo a-t-il été livré ? — Plan du général. — Journée du 23 mars. — Journée du 24 mars. — Le colonel Herbinger ne réussit pas à s'emparer d'un fort. — Reconnaissance du 111e. — Le 111e échoue dans son attaque. — Retraite.

Bang-Bo est le plus beau fait d'armes du Tonkin après le siège de Tuyen-Quan.

Bang-Bo est une défaite ; par euphémisme, le général de Négrier l'a appelé une rupture de combat.

On a dit que les Chinois étaient plus de 10,000. C'est presque sûr. On est allé jusqu'au chiffre de 50,000, ce qui nous paraît exagéré. On a dit qu'ils étaient commandés par un nouveau général chinois, ayant, dans son état-major, plusieurs officiers européens. Peu nous importent ces fixations de chiffres, peu nous importe la composition de l'état-major chinois.

Ce qui est sûr, c'est que notre ennemi était hors de proportion, c'est qu'il était chez lui, sur son sol natal que les Français venaient fouler aux pieds.

Ce qu'on peut affirmer, c'est qu'ils étaient solidement retranchés chez eux ; c'est que pendant tout le combat du 24 mars, ils montrèrent un acharnement dont ils ne nous avaient pas donné d'exemple jusqu'alors.

Le simple enchaînement des faits suffit pour expliquer l'attaque du camp retranché de Bang-Bo, mais non pour la justifier.

Il n'est pas nécessaire de faire intervenir ici une dépêche de M. Jules Ferry, alors que tout s'explique si naturellement.

Que cette dépêche ait existé ou non, peu nous chaut.

Pourquoi, du reste, l'invoquer ?

Le général de Négrier, lui-même, nous donne le motif de sa résolution :

« J'ai voulu, dit-il, me donner de l'air. » Par-là, il assume toute la responsabilité de l'acte qu'il a entrepris. »

On dit, avec juste raison, que les grand'gardes sont les yeux et les oreilles de l'armée.

A la tête des troupes de Dong-Dang, qui constitue la grand'garde de Lang-Son, on a placé un chef qui ne veut rien voir, qui ne veut rien entendre.

Dès qu'il prend possession de son poste, là où, la veille, dormait en paix le commandant Diguet avec un seul bataillon, toutes les troupes du colonel sont en l'air.

Par l'agitation de sa seule personne, il tient ses compagnies autant en éveil que toute l'armée chinoise, qui se trouve à Bang-Bo.

Les hommes ne dorment plus ; mais à qui la faute ? N'est-ce pas à celui qui justement devrait leur inspirer le plus de confiance ?

Sur un piton, qui nécessiterait à peine un poste d'observation de 10 hommes, il place toute une compagnie, qui, sans abri, passe ses nuits en plein air.

Les Chinois font une reconnaissance de nuit, tentent contre Dong-Dang une surprise qui échoue ; on n'a vu que leurs coups de fusil, on ignore leur force ; après beaucoup de bruit, ils se retirent sans avoir réussi à nous blesser un seul homme, et voilà que tout est en révolution.

Puis, les Chinois se livrent en plein jour à une démonstration toute de parade ; on a une belle occasion de les dégoûter de venir nous narguer ainsi, à deux pas de nos grand'gardes, et l'on reste impassible !

Le général arrive aussitôt, à la suite des rapports

qui lui ont été faits et où les événements ont été exagérés.

Ses yeux ne sont pas encore dessillés sur son lieutenant. Telle qu'elle lui est présentée, la situation lui paraît grave. Que faire ? Il ne voit que deux solutions : ou bien abandonner Dong-Dang, puisqu'on ne peut pas y vivre en paix, ce qui forcément amènera les Chinois sur Lang-Son, ou bien se donner de l'air, suivant son expression.

Il ne voit pas la meilleure solution, qui en même temps était la plus simple : chercher à connaître à fond le chef des troupes de Dong-Dang.

Il lui aurait suffi alors de renvoyer du Tonkin cet officier supérieur, comme cela avait été déjà fait pour le lieutenant-colonel X..., et de l'inviter à prendre sa retraite ou à aller poursuivre, à l'Ecole supérieure de Guerre, le cours de ses conférences sur la tactique appliquée.

Mais nous étions par trop pris dans l'engrenage; la porte de Chine avait sauté, on avait perdu l'occasion de dégoûter les Chinois de venir parader devant nous, il fallait continuer la série de ses inconséquences. Le général n'attendit même pas les renforts débarqués depuis quelque temps à Haï-Phong et qui lui étaient annoncés.

Bang-Bo est un village chinois situé au pied du versant est d'une petite vallée fort resserrée, ayant une direction nord-sud et dans laquelle nos ennemis s'étaient solidement fortifiés.

Un parapet de 3 m. 50 de hauteur barrait complètement cette vallée et était flanqué des deux côtés par de nombreux forts placés en avant et en arrière. Une porte très étroite, percée au milieu de ce retranchement, était le seul passage qui avait été ménagé par les Chinois.

Dans le fond du vallon, quelques îlots de rochers se présentaient çà et là semblables à ceux de la baie d'Along.

On pouvait pénétrer dans le vallon, soit en suivant à l'ouest le chemin de chèvres, par lequel le 111e s'était égaré le 24 février, soit en suivant la route mandarine, qui passe par Dong-Dang et Cua-Aï, et qui arrive à ce point en serpentant dans le fond d'un ravin, au pied d'une muraille rocheuse presque à pic.

Pour faire crouler les positions chinoises, le plan du général était très simple :

S'emparer successivement des forts dominant à l'est la vallée de Bang-Bo et arriver ainsi à prendre à revers le retranchement central, qui était considéré comme le nœud de la position.

La prise à revers de ce retranchement, devait forcément jeter la perturbation dans tout le camp retranché ennemi ; et une troupe de faible effectif, lancée dans le fond de la vallée, pouvait alors suffire à bousculer tout le système de défense de nos adversaires.

Le premier jour (23 mars), le général *envoie le 143e avec le lieutenant-colonel Herbinger* s'empa-

rer du premier fort qu'il avait choisi comme
objectif. Ce fort fut pris par la légion.

A l'appui de notre assertion, prenons l'ouvrage
du capitaine Carteron et la note sur *la campagne
du 3e bataillon de la légion étrangère,* dont nous
avons déjà parlé.

Le capitaine Carteron s'exprime ainsi à ce
sujet :

« A une certaine distance des forts, le 143e de
ligne et les Tonkinois de l'avant-garde réussirent à
enlever quelques petites défenses. Très fatigués,
ils s'arrêtèrent pour donner à l'artillerie, qui atteignait la position P, le temps d'ouvrir le feu.
L'ouvrage A devint l'objectif de nos pièces.

» De nombreux projectiles n'ayant pu le faire
abandonner, *le 2e bataillon de la légion l'attaqua.
Pendant que les compagnies du 143e attiraient
l'attention de l'ennemi* et que l'artillerie canonnait
l'intérieur de cet ouvrage, le bataillon, masqué par
les abris du terrain, s'approcha des parapets.
L'abordant dès que les pièces ne tirèrent plus, il
vit fuir ses défenseurs au moment où ses compagnies allaient y pénétrer.

» La canonnade, promptement ouverte sur le
fort B, le rendit bientôt intenable. Ceux qui l'occupaient prirent la fuite et se retirèrent vers le nord,
en se protégeant par de continuels feux rapides.
Le bataillon de la légion y entra de suite et fut
bientôt suivi du général et de l'artillerie. »

Dans la note sur la campagne du 3e bataillon de la légion étrangère, nous lisons :

« Le but poursuivi dans cette journée était la prise des deux forts observés le 17. Ils étaient bien défendus, et l'opiniâtreté des défenseurs du premier fort, dominé par le second, a été vraiment grande, car notre artillerie l'avait pour objectif et le couvrait de projectiles. Les pentes étaient raides et toutes les directions n'étaient pas bonnes. Aussi les bataillons du 111e (1) et 143e *envoyés les premiers avec les Tonkinois, durent-ils s'arrêter* et *ce fut le 2e bataillon de la légion qui eut l'honneur de l'enlever dans une attaque directe.* Le deuxième fort ne tint guère......... »

Si nous avons cité ces deux extraits relatifs au combat de Bang-Bo, c'est que nous n'étions pas ce jour-là assez mêlé à l'action dirigée par le colonel Herbinger pour pouvoir apprécier en toute connaissance de cause les difficultés que le 143e eut à vaincre dans son attaque. Nous étions en arrière de l'artillerie et un peu sur sa gauche. Placés sur une hauteur, nous avons été seulement à même de juger de l'ensemble de la manœuvre et nous n'avons pas pu nous rendre compte par nous-mêmes des différents incidents de l'assaut.

Mais ce que nous avons pu voir bien distinc-

---

(1) Le 111e a été cité par erreur. Ce bataillon était resté en réserve ; il n'y avait que le 143e et les tirailleurs tonkinois, sous les ordres du colonel Herbinger.

tement de notre poste d'observation, c'est que le
143ᵉ et les tirailleurs tonkinois commencèrent
l'attaque du fort et que le 2ᵉ bataillon de la légion,
envoyé plus tard à la rescousse, s'en empara.

Après la prise de ce fort, de nombreuses colonnes chinoises, qui semblaient arriver au bruit
du combat des environs du passage de Xen-Cua-
Aï, se montrèrent à l'est.

Elles avaient dessiné en arrière du lieu de l'engagement et près de la frontière un mouvement
offensif, qui fut repoussé par le 3ᵉ bataillon de la
légion, laissé comme appui de ce côté.

Apparaissant sur notre flanc droit, elles essuyè-
rent le feu de notre artillerie ; n'osant pas s'engager
dans un vallon qui formait une longue coupure
entre elles et nous, elles s'éloignèrent vers le soir
sans avoir prononcé d'attaque.

Pendant ce temps le 111ᵉ, sous les ordres du
commandant Faure, reçut l'ordre de se porter en
avant sur la route de Chine, vers Bang-Bo, pour
y chercher une position d'artillerie permettant de
canonner la vallée.

Le 111ᵉ s'engage dans le défilé, rencontre des
éclaireurs chinois près de son débouché dans la
vallée et les force, après un feu assez vif, à céder
le terrain.

Le commandant Faure s'établit à ce point et
envoie la 4ᵉ compagnie (capitaine Boesch) occuper
à l'extrémité des rochers un emplacement qui lui
permet de balayer la vallée de ses feux.

Vers une heure, le lieutenant Sue est dépêché auprès du général pour lui exposer la situation du 111e et lui faire connaître l'impossibilité de trouver à l'ouest une position pour l'artillerie. Cet officier ne put rejoindre le bataillon qu'à 5 heures du soir. Puis le 111e reprend sa marche, pénètre dans la vallée de Bang-Bo et gravit péniblement la hauteur aux pentes escarpées que couronnait le fort tombé en notre pouvoir et où le général de Négrier avait établi son quartier-général. Ce ne fut que vers les 9 heures du soir que la petite troupe arriva à destination.

La journée était terminée et, somme toute, nous avait été favorable ; ce qui n'empêchait pas le général d'être soucieux et plus inquiet que d'habitude.

Il fut étonné de voir arriver ainsi à la nuit le 111e. Son intention avait été de le laisser au débouché de la vallée de Bang-Bo ; les difficultés du chemin avaient empêché la transmission de ses ordres.

Le 111e dut regagner sa première position, considérée avec juste raison comme une des plus importantes à garder.

Les soldats étaient harassés de fatigue ; ils marchaient depuis 11 heures et demie. Quelques simples et bonnes paroles du général les réconfortèrent : « Allons, mes enfants, encore un peu de courage, il le faut ! » Et les hommes de relever aussitôt la tête : « S'il le faut, mon général, nous

marcherons bien tout de même. » Un petit coup
d'épaule pour remonter Azor (1) et les voilà re-
partis de leur pied le plus léger. Le général leur
avait fait saisir qu'ils avaient une mission importante à remplir ; ils en étaient fiers et semblaient
oublier leur fatigue.

Arrivé au point assigné, on bivouaqua sur les
emplacements qu'on avait quittés plusieurs heures
auparavant, et à part quelques sentinelles relevées
de temps à autre et qui veillaient avec d'autant
plus de vigilance que leurs camarades étaient plus
éreintés, tout le monde s'endormit du plus profond
sommeil à deux pas d'un ennemi, qui ne se gênait
guère pour venir vous cueillir la tête.

Notre système, en ce qui concerne la marche de
Lang-Son, a consisté jusqu'ici à ne nous appesantir
que sur les faits que nous avons pu contrôler *de
visu* et auxquels nous avons été mêlés.

A Bang-Bo, nous n'avons pu suivre, dans la
journée du 24 mars, que les évolutions du 111e de
ligne. L'action s'est déroulée sur un champ de
bataille beaucoup trop vaste pour que nous ayions
pu juger de ce qui s'est passé dans les autres
bataillons. Les incidents de ce combat ont été du
reste si multiples qu'ils semblent échapper à
l'analyse.

Ainsi que le dit très bien Victor Hugo, à propos
de Waterloo : « Une certaine quantité de tempête
se mêle toujours à une bataille.

(1) Surnom donné par le troupier à son havresac.

» Chaque historien trace un peu le linéament qui lui plaît dans ces pêle-mêle. Quelle que soit la combinaison des généraux, le choc des masses armées a d'incalculables reflux ; dans l'action, les deux plans des deux chefs entrent l'un dans l'autre. Tel point du champ de bataille dévore plus de combattants que tel autre, comme ces sols plus ou moins spongieux qui boivent plus ou moins vite l'eau qu'on y jette. Qu'est-ce qu'une mêlée ? Une oscillation. L'immobilité d'un plan mathématique exprime une minute et non une journée. Ajoutons qu'il y a toujours un certain instant où la bataille dégénère en combat, se particularise et s'éparpille en d'innombrables faits de détails qui, pour emprunter l'expression de Napoléon lui-même, « ap-» partiennent plutôt à la biographie des régiments » qu'à l'histoire de l'armée. » L'historien, en ce cas, a le droit évident de résumer ; il ne peut que saisir les contours principaux de la lutte, et il n'est donné à aucun narrateur, si consciencieux qu'il soit, de fixer absolument la forme de ce nuage horrible qu'on appelle une bataille. »

Ce que notre grand poète a exprimé d'une façon si magistrale à propos de Waterloo, peut s'appliquer sur un cadre beaucoup plus restreint, au combat de Bang-Bo. Remplacez les corps d'armée par de simples bataillons, les bataillons par de simples escouades, remplacez le mot bataille par combat, le mot combat par lutte corps à corps ; ajoutez à l'horreur naturelle du champ de bataille les têtes coupées, jetées en l'air et retombant à terre avec un bruit sourd comme celui d'un boulet, les cris de fauves des Chinois à la vue de ce sang, dans lequel ils semblent plonger les mains avec la volupté de la vengeance assouvie, et dites-moi quel est le peintre qui pourra se charger de fixer un pareil tableau !

Le combat de Bang-Bo (24 mars) peut tenir dans dix lignes, si l'on veut se contenter d'un résumé faisant ressortir le plan du général et la façon dont il a échoué.

Il s'agissait, nous l'avons dit, de prendre à revers le parapet de manière à permettre à une faible troupe lancée dans la vallée de pénétrer en plein camp chinois et de le bouleverser.

Le lieutenant-colonel Herbinger fut chargé de l'attaque à revers de ce parapet et échoua.

Le 111ᵉ était chargé de bouleverser le camp. L'attaque du lieutenant-colonel n'ayant pas réussi, ce fut le 111ᵉ qui fut bouleversé par les Chinois. La partie était perdue. *Le combat fut rompu !*

Il faudrait un génie ayant tout vu à la fois pour représenter tous les détails, toutes les péripéties de cette lutte.

Nous nous contenterons d'essayer de retracer tout simplement ce que nous avons vu dans notre notre petite sphère, circonscrite dans l'action du 111ᵉ, et nous emprunterons au capitaine Carteron le récit des faits accomplis par les autres bataillons, car, de tous ceux qui ont parlé du combat de

Bang-Bo, c'est lui qui nous semble avoir fourni sur cette journée le compte-rendu le plus mathématiquement exact.

« **Dès** le matin (24 mars), le général envoya au lieutenant-colonel Herbinger, alors au fortin C, l'ordre d'attaquer le mamelon E pour s'emparer de l'ouvrage qui le dominait. En cas de succès, nos troupes devaient descendre les pentes de ce mamelon, agir par leur feu contre les forts D et H et prendre à revers les défenseurs du parapet barrant la vallée.

» Un brouillard très dense enveloppait presque entièrement le pays.

» Avant de commencer les mouvements nécessités pour l'exécution de ces ordres, le lieutenant-colonel fit chercher sur la droite, par les tirailleurs tonkinois, un chemin qui permet d'aborder le mamelon E. N'y voyant rien à quelques pas autour d'eux, les Tonkinois ne purent en découvrir. Voulant essayer de trouver lui-même ce chemin, le lieutenant-colonel se dirigea vers le nord-est avec deux compagnies du 143ᵉ. Une demi-heure après, il revint à son point de départ, disant que le brouillard, qui ne laissait pas distinguer les positions ennemies, empêchait de suivre une direction certaine. Il fit recommencer aux Tonkinois leur exploration, il envoya prévenir le général des difficultés qu'il rencontrait.

» Vers 10 heures et demie, le brouillard s'étant

dissipé, les ouvrages ennemis apparurent. A l'exception du fortin E, ils étaient couverts de drapeaux. Du fortin C, on remarquait les Chinois nombreux sur les pentes inférieures du grand mamelon, mais on n'en voyait pas sur les parties hautes.

» Le lieutenant-colonel reprit sa marche vers la gauche ennemie et, s'avançant par un terrain couvert, aboutit à un ravin R, large, profond et très escarpé.

» Le jugeant infranchissable, il tenta de le faire contourner. N'y ayant pas réussi, il envoya, vers onze heures, avertir le général du nouveau retard qu'il éprouvait.

» Voyant nos troupes se porter sur leur gauche, les Chinois devinèrent sans doute quel était leur objectif. Ils commencèrent aussitôt à remonter les pentes du mamelon E, qu'ils ne gravirent qu'avec peine, et mirent assez longtemps pour atteindre le fortin placé au sommet.

» A ce moment, le général toujours au fortin B, d'où l'on découvrait l'ensemble des défenses ennemies, n'avait pas reçu avis des obstacles que le brouillard avait opposés à la marche de notre aile droite. Il vit des troupes cheminer sur les flancs du mamelon, qu'il avait, depuis environ quatre heures, prescrit d'attaquer.

» Mais il n'aperçut de ce côté aucun indice de combat et n'entendit pas la fusillade. Du lieu où il se trouvait, on ne pouvait distinguer quelles étaient ces troupes. Devant le silence qui régnait de ce côté, il estima que le fortin E avait été sans doute, évacué pendant la nuit, à la suite de nos succès de la veille, comme cela avait eu lieu dans des circonstances analogues pour plusieurs ouvrages chinois du camp retranché de Dong-Song. Il lui parut certain que le lieutenant-colonel Herbinger, masqué aux vues de l'ennemi par le brouillard, avait réussi dans son mouvement et que les troupes s'acheminant vers le sommet étaient les siennes.

» Pour faciliter leur tâche et obliger l'ennemi à diviser ses forces, il importait de faire canonner et attaquer de front les ouvrages que ces troupes devaient prendre à revers.

» On était presque au milieu du jour, et la lutte ardue que l'aspect du camp ennemi faisait prévoir, n'était pas commencée.

» Le général fit tirer l'artillerie sur le fortin H et le grand parapet L, puis, gardant en réserve deux compagnies de la légion étrangère, il envoya dans la vallée le bataillon du 111e, pour exécuter l'attaque de ces ouvrages. »

Au point du jour, bien avant d'envoyer le 111e à l'attaque du parapet, la 2e compagnie (capitaine Verdier), était partie en reconnaissance de ce côté en suivant la route de Chine. Elle s'avança ainsi jusqu'à 600 mètres environ du retranchement.

La vallée fourmillait d'ennemis que le capitaine

distinguait très facilement en avant et sur son flanc gauche. Ils étaient attentifs à notre mouvement, mais ne tiraient pas, bien qu'à bonne portée de nos troupes. Le capitaine Verdier profita de ce moment de répit pour s'avancer encore plus près, il vit que le parapet était toujours fortement occupé.

Il se reporta alors tranquillement de 150 à 200 mètres en arrière, et alla se poster dans les anfractuosités d'un rocher très escarpé, semblable à ceux de la baie d'Along, formant au milieu de la vallée une citadelle naturelle et d'où il pouvait surveiller en partie ce qui se passait derrière le retranchement. Pendant ce temps, le général faisait canonner les positions ennemies.

De son poste d'observation, le capitaine pouvait très bien juger des coups et voir que nos obus prenaient le retranchement d'écharpe sous un angle très aigu, mais en son milieu seulement.

Il envoya prévenir le général de la position qu'il occupait et l'informer qu'il s'était approché à 500 mètres environ du parapet, que les Chinois l'occupaient toujours en force, qu'ils n'avaient fait que se retirer à droite et à gauche pour éviter les obus qui ne les prenaient que d'écharpe.

Le général, croyant que le lieutenant-colonel s'était emparé du fort qui lui avait été désigné comme objectif et pensant que la prise à revers du retranchement ne tarderait pas à changer la face des choses, ne crut pas devoir s'arrêter à ce renseignement.

Il envoya au commandant Faure l'ordre de rejoindre avec tout son bataillon la compagnie Verdier et de marcher en avant.

Voyant que le parapet était fortement occupé, impossible à gravir et qu'il n'était nullement pris à revers, ainsi que le croyait le général, le commandant Faure hésite à lancer la troupe qu'il a sous la main et dont l'effectif total s'élève à peine à 240 fusils.

Les 1re et 3e compagnies se rassemblent au pied du rocher occupé par la 2e compagnie, qui quitte sa position.

Mais le général est impatient, il donne des ordres formels ; c'est le lieutenant Degot, son officier d'ordonnance, qui les apporte : Il faut se porter le plus vite possible sur le retranchement et l'enlever sans même laisser sur le rocher de la 2e compagnie, une section, qui, en cas d'insuccès, aurait pu permettre de soutenir les troupes engagées.

Le général croit tellement à la prise à revers du retranchement par la colonne Herbinger, que son officier d'ordonnance fait savoir qu'il aurait ajouté en donnant son ordre : « Que le 111e se hâte de s'emparer de la position chinoise, ou je la fais enlever par quatre cavaliers. »

Le bataillon prend aussitôt les dispositions suivantes :

La 1re compagnie (lieutenant Canin), placée à la droite de la ligne, a pour objectif le fortin de droite ;

La 2e compagnie (capitaine Verdier) doit agir contre le centre de la ligne en profitant des accidents de terrain ;

La 3e compagnie (capitaine Mailhat) doit suivre à courte distance la 2e compagnie et se tenir prête à se jeter à droite si les circonstances l'exigent ;

La 4e compagnie (capitaine Boesch), *qui n'est pas encore arrivée,* restera en réserve.

Les Chinois assistaient, impassibles, à tous nos préparatifs de combat, pouvaient distinguer tous nos mouvements et auraient même pu nous envoyer des feux pendant tout ce temps.

Le signal de l'attaque est donné. Dès le début de l'action, nous avions contre nous les défenseurs du parapet et les colonnes chinoises embusquées sur le versant ouest de la vallée de Bang-Bo.

Nous étions donc exposés à des feux de face, de flanc et d'arrière, les lignes ennemies à notre gauche nous débordant sur une grande longueur.

Que faire en pareille situation ? Le capitaine Verdier, qui décide du mouvement en avant, ne voit qu'un moyen : ne pas se préoccuper de son flanc gauche et se porter résolument au parapet. A peine en marche, il est accueilli de trois côtés à la fois par des feux violents. Il est aussitôt appuyé par la 3e compagnie qui se porte à sa droite.

La 1re compagnie, qui s'était mise en marche en

même temps que la 2ᵉ, s'était arrêtée, par ordre, pour protéger le mouvement en avant des deux autres compagnies.

Pendant ce temps, des milliers de chinois descendent de toutes les hauteurs de gauche et menacent de prendre le 111ᵉ à dos par le fond de la vallée ; l'intensité du feu va en augmentant.

Les 2ᵉ et 3ᵉ compagnies marchaient toujours, ne voyant que le parapet à enlever. Le sol était tout crevassé, tailladé ; à chaque pas on avait une fosse sous les pieds. Les soldats, bien que harassés de fatigue, étaient pleins d'énergie. Le capitaine Mailhat va trouver son camarade Verdier, plus ancien que lui et qui commandait toute la chaîne, pour lui demander de faire quitter les sacs aux hommes afin de les alléger et de leur donner la force nécessaire pour un dernier élan (1).

Le capitaine Verdier reconnaît l'avantage d'une pareille mesure. Les officiers sont tellement habitués au succès, même en présence des plus grandes invraisemblances, que le commandant de la chaîne ajoute : « Nous pouvons bien laisser là nos sacs, puisque nous n'avons que le retranchement à prendre. Nous viendrons les chercher ensuite ; ce qui ne nous demandera pas beaucoup de temps. » Malgré la grêle de balles, malgré les blessés, malgré les agonisants qui râlent, les sacs

---

(1) Beaucoup d'historiens ont prétendu que le 111ᵉ avait quitté ses sacs pour pouvoir plus facilement échapper aux Chinois. C'est là une erreur que nous tenons à rectifier.

sont déposés à terre avec ordre et sans la moindre confusion. Puis, ainsi allégés, les hommes prennent leur marche.

Pendant ce temps, les Chinois continuent leur mouvement enveloppant et sonnent la charge ; les défenseurs du parapet font une sortie ; de toutes les crevasses du terrain, sous nos pas, sortent des ennemis armés de coupe-coupe. La mêlée devient horrible. Ils sont plus de 10, plus de 20 contre un ; ils bondissent autour de nous. Tout soldat, tout officier entouré est saisi, tiraillé de tous côtés, puis décapité ; dans l'assouvissement de leur rage, ils jettent en l'air, avec des cris de fauves, ces pauvres têtes horriblement grimaçantes.

Autour de chaque cadavre une curée. Il faut avancer toujours. A quelques pas du parapet, se trouve un fortin dominant un peu la route, mais dont les talus ne sont indiqués que par de faibles exhaussements du terrain ; c'est une légère boursouflure en cet endroit de la vallée.

Le capitaine Verdier donne ordre de s'y précipiter ; on peut y respirer une minute. Nos ennemis sont encore plus nombreux ; mais le théâtre de la lutte devenant plus circonscrit, la compagnie rassemblée et reprise en mains réussit à mieux combiner ses efforts. A un moment donné, les Chinois près de la porte du parapet semblent vouloir s'y précipiter pour se retirer de la lutte.

Le capitaine voit le mouvement et crie au lieutenant Normand : « Allons encore en avant,

essayons de le franchir avec eux. » Mais Normand
se retourne, il a le cou béant traversé par une
balle. Mailhat vient d'être décapité ; décapité
aussi le docteur Raynaud ; décapité aussi le lieutenant Canin. Le soldat Meffret s'élance sur un
mandarin suivi d'un superbe étendard ; il l'étend
à ses pieds, s'empare du drapeau et l'agite en
poussant des cris de joie. Mais son succès est de
peu de durée. Il est entouré, saisi de tous côtés :
sa tête saute en l'air (1).

(1) Les Chinois avaient mis nos têtes à prix, ainsi qu'il
résulte de la proclamation suivante affichée à Canton, le 20
août 1884 :

« Les 4 mandarins les plus élevés en grade de Canton,
agissant d'un commun accord, offrent des récompenses à
toute personne qui réussira à capturer et à détruire les bâtiments français ou à capturer et à tuer des Français.

» Les Français ont violé les lois internationales, brisé le
traité de Tien-Tsin et attaqué les soldats chinois au *fort de
la Déesse du Pardon* (Bac-Lé).

» Au lieu de reconnaître leurs fautes et d'en montrer du
repentir, ils demandent à la Chine une lourde indemnité et
vont lui faire la guerre.

» En tout ceci, les puissances étrangères le reconnaissent
bien, les fautes sont entièrement du côté des Français. Le
peuple de ce pays a, jusqu'à présent, été remarquable par sa
bravoure et sa loyauté. Pour ces raisons nous devons considérer les Français comme nos ennemis, et, nous unissant
dans une même pensée, aider le gouvernement dans ses
moyens de défense.

» Des récompenses seront accordées, suivant le mérite,
comme suit :

» Pour tuer un commandant en chef, 10,000 taels et le rang
d'officier (la plume de martin-pêcheur) ;

» Pour tuer un officier à 7 galons (probablement général
de division), 3,000 taels et le rang d'officier (plume de martin-
pêcheur) ;

» Pour tuer un officier à 5 galons, 1,000 taels et le rang
d'officier (plume de paon) ;

Ce n'a été qu'une lueur, ce mouvement des Chinois qui franchissaient la porte du parapet. Il est impossible de résister plus longtemps au flot qui nous déborde de tous côtés. Nous avions touché barre au retranchement ; impossible de s'en emparer ; on n'escalade pas un mur de plus de 3 mètres de hauteur.

Il faut céder le terrain. De tous les officiers de compagnie qui ont pris part à l'attaque, il ne reste debout que le capitaine Verdier pour les 1re, 2e et 3e compagnies et que le capitaine Boesch pour la compagnie de réserve.

» Pour tuer un officier à 3 galons (aucun grade de la marine ne comportant 4 galons, les mandarins de Canton n'avaient pas cru devoir tarifer les têtes des chefs de bataillon), 500 taels et le rang d'officier (plume de paon) ;

» Pour chaque soldat ou marin tué, 100 taels.

» On devra prendre le plus grand soin de distinguer les ennemis des autres étrangers.

» Pour la capture d'un cuirassé de 1re classe, 100,000 taels.

—	— de 2e classe,	80,000 —
—	d'une canonnière de 1re classe,	40,000 —
—	— de 2e classe,	20,000 —

» Pour la capture des autres bateaux........   100 . —

» Si le vaisseau capturé est détruit, on paiera la moitié en sus ; s'il est capturé, il appartiendra en toute propriété à ceux qui l'auront pris.

» Pour la capture des canons de l'ennemi, on paiera pour les plus gros 3,000 taels et le rang d'officier ; pour les petits, les récompenses seront proportionnées au calibre.

» A toute personne ayant trouvé un plan au moyen duquel les Français auront été défaits, on donnera une récompense de 30,000 taels.

» Les récompenses seront payées par le trésorier de la province.

» Fait le 10e jour de la 17e lune de la 10e année de Kwang-Si.

Le lieutenant de Colomb a été blessé au pied gauche ; il doit la vie au dévouement qu'il avait su inspirer à ses soldats.

Sur les 327 hommes engagés, nous avions eu 4 officiers tués, 1 blessé, 84 hommes tués, blessés ou disparus, plus du quart de notre effectif.

Le commandant Faure, le capitaine adjudant-major Maccarez (1), le capitaine Boesch, le capitaine Verdier et le lieutenant Sue (2) restent seuls pour le commandement du bataillon. La lutte n'a pas duré plus d'une demi-heure.

Le signal de la retraite fut donné : elle s'effectua par les pentes raides et boisées situées sur notre droite. Les blessés furent la plupart sauvés au prix de mille efforts et purent enfin rallier une ambulance après des souffrances inouïes.

Les Chinois, acharnés au pillage des sacs, fiers de leurs succès, se livrèrent sous nos yeux à des sarabandes insensées, continuant leurs jeux des têtes, qu'ils se disputaient entre eux. A part quelques coups de fusils lancés de temps en temps, ils ne songèrent pas à nous poursuivre sérieusement.

L'attaque du colonel Herbinger ayant échoué,

(1) Le capitaine Maccarez est mort fou comme chef de bataillon.

(2) Le capitaine Sazonoff, qui commandait la 1re compagnie, n'assistait pas au combat de Bang-Bo ; il avait dû être laissé à Lang-Son, où il souffrait d'une maladie cruelle qui le clouait au lit.

11

le 111e complètement hors d'état de continuer la lutte, il n'y avait plus qu'à rompre le combat.

Là, le général de Négrier, comme homme de guerre, fit preuve des qualités les plus remarquables.

Les pertes de la brigade étaient très sérieuses ; il fallait songer à sauver nos nombreux blessés et à tenir tête aux Chinois qui, vainqueurs, devenaient de plus en plus audacieux.

La retraite s'opéra par échelons. Le général donnait ses ordres avec un calme parfait, n'abandonnant une position qu'après s'être bien assuré que les blessés étaient en sûreté et que l'échelon porté en arrière pouvait permettre à celui plus en avant de battre en retraite sous la protection de ses feux.

Les débouchés par lesquels l'ennemi pouvait tenter un mouvement pour nous couper la retraite furent défendus par de simples compagnies qui, comprenant que leur mission était sacrée, suppléèrent au nombre par une ténacité indomptable.

Le général fait face à tout, voit tout, prévoit tout. Placé à l'arrière-garde, il ferme la marche, électrise les troupes par son courage et tient constamment tête à l'ennemi.

Le bataillon de la légion, mis en réserve, arrête heureusement la poursuite et nous rentrons en pleine obscurité à Dong-Dang sur le territoire français.

Les Chinois ne passèrent pas la frontière.

Les pertes de la brigade s'élevaient à 7 officiers tués, 6 blessés; 72 sous-officiers et soldats tués, 190 blessés ; au total 275 hommes hors de combat pour un effectif de 925 !

CHAPITRE XI

Considérations sur le combat de Bang-Bo — Pourquoi avons-
nous si souvent battu les Chinois ? — Le lieutenant-colonel
Herbinger n'a pas de chance. — La brigade n'est pas démoralisée. — Oraison funèbre du capitaine Cotter. — Combat
de Ky-Lua. — Le général de Négrier est blessé. — Le commandement passe au lieutenant-colonel Herbinger.

Le plus grand grief qu'on puisse articuler contre
le général de Négrier au sujet de Bang-Bo, c'est
de ne pas avoir assez connu l'officier de sa brigade
qui, par le grade, venait immédiatement après lui.

Peut-être alors son humeur batailleuse, man-
quant d'aliment, ne l'aurait pas excité à aller
attaquer les Chinois chez eux ? Peut-être aurait-il,
au moins, attendu l'arrivée des renforts qui lui

étaient annoncés d'Hanoï et qui étaient en marche sur Lang-Son ?

Nous pouvions nous estimer assez heureux; nous avions assez cueilli de lauriers jusqu'alors pour nous en tenir là ; et nous rappelant ce vulgaire proverbe de la cruche, qui finit par se casser à force d'aller à l'eau, nous aurions bien pu voir qu'il était de haute sagesse que chacun restât derrière sa frontière.

Evidemment notre attaque avait été des plus hardies, étant donné notre faible effectif ; mais l'audace nous avait jusqu'ici si pleinement réussi ! Nous étions si peu habitués à compter le nombre de nos ennemis !

Du reste, il faut comprendre la façon originale dont nous nous battions là-bas, pour s'expliquer nos succès sur un ennemi bien retranché, bien supérieur en nombre, bien armé comme fusils et ayant autant, si ce n'est plus que nous, le mépris de la mort.

Nous avons essayé de faire saisir la façon d'opérer du général de Négrier. Complétons nos explications :

Avec leurs retranchements, qu'ils édifiaient de tous côtés, sans trop se préoccuper de les faire flanquer les uns par les autres, les Chinois isolaient, singularisaient pour ainsi dire tous leurs efforts. Ils ne savaient pas assez bien combiner leurs mouvements en rase campagne et en dehors de leurs forts, pour empêcher notre action contre l'un quelconque d'entre eux, et il suffisait souvent d'en prendre un, dans de bonnes conditions, pour faire crouler tout leur système de défense.

De notre côté, il y avait un peu de don quichottisme dans notre manière de faire : les forts étaient des individualités contre lesquelles nous nous battions ; seulement notre don quichottisme était intelligent et pratique et nous avions remplacé la lance par le canon.

Aussi, ce qui pour nous dans le combat entrait surtout en ligne de compte, c'était non pas tant l'effectif de nos ennemis que le nombre des forts, la façon dont ils étaient défendus, disposés les uns par rapport aux autres, leur degré d'accessibilité et la facilité que nous avions de les canonner.

Sous ce rapport, les positions de Bang-Bo, quoique fortes, ne semblaient guère plus inaccessibles ou plus étendues que celles de Dong-Song, attaquées avec succès en février.

Il est vrai qu'à Dong-Song le hasard avait fait que le lieutenant-colonel Herbinger n'avait été chargé de l'attaque d'aucun fort et que, le 24 mars, c'était lui qui avait eu à s'emparer de celui qui devait jouer le rôle principal. Si dans un combat le hasard est un facteur qui joue un grand rôle, il faut avouer que le colonel Herbinger n'était pas beaucoup favorisé sous ce rapport.

Récapitulons :

A Nouï-Bop, c'est en refusant d'obéir à ses ordres formels que le capitaine Verdier s'empare d'une tranchée.

A Thaï-Hoa, il reçoit l'ordre avec trois bataillons de s'emparer du fort principal, et c'est un simple bataillon de la légion qui le fait tomber en notre pouvoir.

A Pho-Vy, c'est le capitaine Sazonoff qui s'empare d'un piton dominant ce village, en se débarrassant brusquement de l'action de son chef.

Le 23 mars, c'est encore la légion qui prend un fort que le général avait assigné comme but aux troupes du colonel Herbinger.

Enfin, le 24 mars, l'échec de Bang-Bo est amené parce que cet officier supérieur ne peut réussir à prendre un fort inoccupé, dans lequel les Chinois arrivent à s'installer avant lui et après avoir été témoins des efforts que nous faisions pour l'atteindre.

Nous nous gardons bien de nous livrer, sur ce sujet, au moindre commentaire; mais on ne peut pas nous empêcher de consigner ces faits, qui appartiennent à l'histoire de cette campagne.

On a dit que la brigade du général de Négrier était complètement démoralisée après Bang-Bo.

Pour discuter, il faut d'abord bien s'entendre sur la valeur des mots.

Si une troupe est démoralisée, parce qu'elle sent vivement un revers qu'elle vient d'éprouver, parce qu'elle est profondément affectée des pertes qu'elle a subies, dans ce cas notre brigade était fortement atteinte ; nous avions eu à enregistrer jusqu'ici tant de succès ininterrompus !

Mais si, pour être démoralisés, il faut que les courages soient abattus, s'il faut que les troupes soient prises de crainte à la pensée que l'ennemi peut faire une nouvelle apparition ; s'il faut, en un mot, avoir des tendances à regarder derrière soi plutôt que devant, dans ce cas nous ne craignons pas de le dire hautement, cette accusation de démoralisation était loin d'être fondée. Le combat de Ky-Lua en sera la meilleure preuve.

Citons encore, suivant notre habitude, un autre fait d'un ordre plus intime, moins tangible assurément, mais qui peut bien être mis en avant pour faire ressortir la note de l'état d'esprit dans lequel se trouvaient les troupiers et leur général, au lendemain même du combat de Bang-Bo.

Le 24 mars au soir, le 111e, qui avait été le plus éprouvé dans la journée, fut cantonné dans le village de Dong-Dang ; la 2e compagnie dans la grande pagode qu'occupait déjà le général. Le lendemain, dès l'aube, celui-ci quitte son cantonnement et réveille en passant le capitaine Verdier, qui se lève aussitôt et l'acccompagne.

La conversation s'engage entre les deux officiers

et, étant donnés l'heure, les événements de la veille, elle ne tarde pas à prendre un caractère intime.

· Le général demande un clairon ; aussitôt le capitaine de se mettre en quête d'un instrumen-tiste, qu'il fut assez difficile de trouver, les deux premières compagnies auxquelles s'adresse le capitaine ayant eu leur clairon blessé ou tué. Enfin, on arrive à découvrir un brave troupier, qui est conduit au général avec son instrument.

Ordre lui est donné de sonner le refrain de la brigade, puis le réveil, et de le faire suivre de celui de la soupe, en se tournant du côté de l'ennemi.

Aussitôt, dans une traînée de gaieté, tous les clairons des compagnies de grand'garde, des petits postes, etc., font retentir l'air de leurs joyeux accents :

Ah ! qu'il fait donc bon, (1)
Qu'il fait donc bon
Cueillir la fraise......

La soupe se fait ensuite et des feux s'allument de toutes parts. Les Chinois victorieux la veille, étaient pourtant là, à deux pas de nous et pouvaient parfaitement nous voir et nous entendre.

Dans le courant de sa conversation avec le général, le capitaine fit venir sur le tapis le combat de la veille :

(1) Refrain de la brigade de Négrier.

— « Mon général, vous avez pu voir le 111ᵉ dans le fond de la vallée, vous avez bien dû vous rendre compte qu'il nous a été impossible de prendre le parapet.

— C'est évident..... Mais que voulez-vous, j'ai cru qu'Herbinger s'était emparé du fort. Croyez-vous, sans cela, que j'aurais été assez bête pour vous envoyer dans une pareille fournaise ?

— C'est un malheur, reprit le capitaine, mais il faut espérer que nous aurons bientôt notre revanche.

— Vous pouvez y compter. »

Avant de quitter Dong-Dang, citons encore un fait d'une autre nature. C'est l'auteur de ce récit qui en a été le témoin auriculaire.

C'était le soir même de Bang-Bo, les officiers prenaient leur repas dans des cagnas fumeuses, à la lueur de quelques bougies rouges, prises aux Chinois dans les combats précédents.

L'auteur se trouvait en face du colonel Herbinger, en compagnie de quelques autres officiers.

La conversation roulait nécessairement sur le combat qui venait de se livrer. De temps en temps, on apprenait la nouvelle de la mort ou de la blessure d'un camarade, lorsqu'on vint annoncer que le brave capitaine Cotter avait été mortellement blessé, puis décapité par les Chinois.

— C'est bien fait pour lui, s'est alors écrié le

colonel Herbinger. Ça lui apprendra à vouloir me donner des leçons !

Quelle oraison funèbre pour cet officier de cœur, que toute la brigade a pleuré !

Quant à la leçon à laquelle faisait allusion le colonel Herbinger, elle est consignée dans les « *Souvenirs de la campagne du Tonkin* » dans les lignes suivantes :

« Deux des compagnies du 143e, établies près du mamelon D, obéissant à la sonnerie de retraite, la compagnie du capitaine Gaillon se trouva isolée (ces trois compagnies étaient sous les ordres du colonel).

« Les Chinois s'avancèrent aussitôt pour la cerner. Le capitaine Cotter, du 2e bataillon de la légion, dont la troupe avait été laissée sur place, pour couvrir le mouvement rétrograde, se porta au secours de cette compagnie qui, du sommet du mamelon, s'efforçait de retarder la marche des Chinois, par l'intensité de son feu. « Tenez bon ! cria-t-il au capitaine Gaillon ; tenez toujours, nous allons les faire reculer. » Il n'était plus qu'à quelques mètres du 143e, lorsqu'il tomba, frappé de plusieurs projectiles. Le lieutenant Ronget prit le commandement à sa place. Les deux compagnies réunissant leurs efforts, arrêtèrent quelque temps la marche de l'ennemi et, plus à l'aise, commencèrent leur retraite, qui fut protégée par les feux d'une compagnie de la légion, établie au fortin C.

Le lieutenant de Féraudy, commandant les troupes de cet ouvrage, seul appui de notre droite, ne l'abandonna que lorsque les deux compagnies ralliées furent en position derrière lui. »

Le colonel Herbinger avait traité d'idiot ce mouvement, qui avait eu pour résultat de dégager une compagnie vouée à la mort.

Il avait reçu là une leçon qu'il ne pardonnait pas à un malheureux décapité, victime de sa bravoure et de son dévouement.

Ceux qui ont essayé de soulever le voile qui couvre la retraite de Lang-Son et qui ont été mus plutôt par un sentiment politique que par le désir de faire le jour sur cette malheureuse page de notre histoire, ont fait commencer à Bang-Bo notre mouvement de recul. Jusqu'à un certain point, ils avaient raison ; mais s'ils avaient été sincères et logiques jusqu'au bout, ils auraient fait arrêter notre retraite à Ky-Lua.

Oui, notre retraite a commencé à Bang-Bo ; mais elle s'est terminée sur les bords du Song-Ki-Kong.

De Ky-Lua à Chu, c'est une tout autre histoire. Par le fait, il y a eu deux retraites bien distinctes : l'une a commencé par un échec, a été toute faite de gloire et d'énergie, ne nous a fait perdre que 14 kilomètres de terrain et s'est clôturée par une victoire en avant de Lang-Son.

L'autre a commencé par cette même victoire,

s'est opérée sans aucune poursuite de l'ennemi, la nuit, sans bruit, nous a fait perdre 100 kilomètres de terrain et ne s'est arrêtée qu'à Chu et au Kep, à la suite d'un succès diplomatique inespéré, dont toute la gloire doit revenir à un gouvernement tombé sous le coup de l'affolement de l'opinion publique.

Après le revers de Bang-Bo, il fallait s'attendre à de nouvelles luttes. On s'y prépara.

La brigade avait reçu des renforts destinés au 2ᵉ bataillon d'Afrique, aux 23ᵉ, 111ᵉ et 143ᵉ. Ils sont immédiatement incorporés; l'effectif des troupes de Lang-Son (rationnaires sans compter les coolies), est de 4,490.

De plus, un escadron de spahis et une batterie de 80ᵐᵐ, sont en route pour rejoindre Lang-Son.

Partis de Pho-Can, le 28 mars, ils peuvent arriver le 3o, à destination.

On a pour 20 jours de vivres et plus de munitions pour les fusils et les canons qu'il s'en était consommé avec les deux brigades, dans les combats des 4, 5, 6, 11 et 12 février. (Nous ne comprenons pas dans ces chiffres, les vivres et les munitions qui seront consommés dans la journée du 28). Tous les mercantis qui sont arrivés depuis peu, sont très largement approvisionnés; un certain nombre de convois marchent sur Lang-Son et pourront y amener, du 28 au 31 mars, 3o8,136 cartouches d'infanterie.

Les journées des 25 et 26 mars, se passèrent sans que l'ennemi eut fait la moindre apparition.

Le 27 au soir, les Chinois sont signalés à 5 kilomètres de Ky-Lua, les troupes prennent les armes mais inutilement, la soirée et la nuit sont calmes.

Le lendemain, 28 mars, deux fortes colonnes venant de Dong-Dang et de Xen-Cua-Aï, débouchent simultanément au nord de Ky-Lua, le général fait replier lentement ses avant-postes de manière à attirer l'ennemi sur les glacis des redoutes, que les 3e et 4e compagnies du 3e bataillon étranger démasquent subitement en appuyant à gauche.

Les Chinois, trompés par notre mouvement, se portent vivement en avant, croyant déjà tenir leur proie. Aussitôt les deux compagnies ouvrent le feu, ainsi que la batterie de Saxé et les redoutes de Ky-Lua ; l'ennemi surpris, écrasé par toute cette mitraille, fuit en désordre.

Les Chinois cherchent à déborder nos ailes. Des groupes nombreux se glissent dans les marais à l'ouest de Ky-Lua, vers la rivière. Une section de la batterie Ropert et une compagnie du 23e les arrêtent aisément de la rive gauche du Song-Ki-Kong.

Au centre et sur notre droite, les Chinois accentuent leur mouvement. Le bataillon du 143e, celui du premier régiment étranger, les Tonkinois, une section de la batterie Ropert, sous les ordres du

colonel Herbinger, exécutent une contre-attaque
et repoussent l'ennemi en débordant sa gauche et
en lui faisant craindre pour ses communications.
Pendant ce temps, une deuxième attaque sur notre
gauche a été repoussée.

Les Chinois, menacés dans leurs communications par la contre-attaque du colonel Herbinger,
se replient sur toute la ligne, en nous abandonnant
quelques pavillons qu'ils n'eurent pas le temps
d'enlever dans la précipitation qu'ils mirent à se
retirer.

Pendant tout ce temps, le bataillon du 111ᵉ,
placé en réserve au sud de Lang-Son, n'eut pas à
tirer un seul coup de fusil ni à exécuter le moindre
mouvement.

La journée était à nous. Il était 4 heures. Mais
le général de Négrier venait de recevoir une grave
blessure et était obligé de remettre le commandement au lieutenant-colonel Herbinger.

On a fortement discuté pour savoir si, le 28
mars, la défaite des Chinois a été plus ou moins
grande. Une appréciation à ce sujet était peut-être
assez difficile à faire avec exactitude sur le moment
même ; mais ce qu'il y avait de certain, ce qui ne
pouvait pas être mis en doute, c'est que :

1º Les Chinois étaient venus nous attaquer dans
nos positions et avaient été repoussés ;

2º Ils avaient opéré leur retraite avant la fin du

jour, dans la crainte d'être coupés de leurs communications ;

3º Leurs pertes avaient été des plus sérieuses, surtout en avant des forts de Ky-Lua. Là, en effet, ils s'étaient pressés en colonnes serrées, nous avaient attaqués franchement derrière nos retranchements et avaient été reçus, presqu'à bout portant, par des feux rapides et nourris et par la mitraille de 4 pièces de canon qui avaient fait de nombreux vides dans leurs rangs. Ils avaient dû rebrousser chemin, en passant par dessus les cadavres de leurs tués ;

4º Pour décider de la victoire, qui jamais ne fut indécise, le général n'avait pas eu besoin de recourir à ses réserves, qui étaient restées toute la journée à la même place ;

5º Nos pertes n'avaient pas été sérieuses : nous n'avions eu qu'une cinquantaine d'hommes hors de combat, parmi lesquels 21 légèrement blessés ;

6º Nos troupes ne paraissaient pas démoralisées, comme quelques-uns ont bien voulu le faire entendre gratuitement. Elles avaient montré le même élan que dans les journées de marche sur Lang-Son. Elles auraient peut-être eu, en outre, plus de calme et de sang-froid.

Voici exactement comment s'exprimait, au sujet du combat de Ky-Lua, un journal venu de Canton à cette époque. Il indique une situation qu'il n'était pas difficile de pronostiquer d'après les données que nous venons d'énumérer :

« Nous venons de passer ici par de vives émotions, qu'aggravait la rareté des nouvelles précises. On fut effrayé surtout le jour où l'on sut que le général de Négrier était entré en Chine. Les combats des 23 et 24 mars (Bang-Bo) nous avaient coûté 600 à 700 hommes. Celui du 28 (Ky-Lua) nous en coûta 1200 à 1300. *Cette dernière défaite* frappait beaucoup même les plus hardis, car depuis Son-Tay nous n'avions pas eu autant de morts. Cela faisait 2,000 tués et 10,000 blessés en trois jours de combat. Il y eut panique.

» *On s'attendait* à voir les Français poursuivre leurs avantages et marcher sur Nau-Ning. Les gens, qui savaient tous les hommes valides employés à charrier les blessés, répandaient l'alarme, que justifiait du reste l'abandon insolite de nos morts sur le champ de bataille. Le 1er avril seulement, quand on connut que Lang-Son avait été *vraiment* abandonné, *on respira.* »

La journée de Ky-Lua avait coûté aux Chinois 1,300 tués et 6,000 blessés !

La nouvelle de la blessure du général de Négrier eut un douloureux retentissement dans tous les cœurs. Tout le monde sentait la perte que faisait la brigade ; mais ceux qui connaissaient le colonel Herbinger étaient atterrés.

Qu'allait-il se passer avec un pareil chef? Cette

pauvre brigade méritait-elle une semblable des-
tinée, après toutes ses souffrances, toutes ses
fatigues, après tout le dévouement, toute l'abnégation dont elle avait fait preuve ?

Et nous, qui avions vécu dans son intimité, qui
connaissions l'homme depuis Noui-Bop, nous
cherchions à nous faire illusion. Peut-être, pen-
sions-nous, aura-t-il le sentiment de la situation ?
Peut-être nous sommes-nous horriblement trompés sur son compte ? Peut-être est-il bien réellement cet homme supérieur auquel le général Lewal
n'avait pas hésité à confier l'enseignement de la
tactique d'infanterie à l'Ecole supérieure de
Guerre ?

C'est ainsi que se raccrochent parfois à de vaines
lueurs d'espoir ceux qui entourent le chevet d'un
malade à l'agonie.

Le général de Négrier est blessé, étendu sur un
brancard ; il comprend la gravité de la situation,
se l'exagère même, n'ayant pas assisté à la fuite
des Chinois. Dans les fluctuations de ses appréciations sur le lieutenant-colonel, il reprend confiance en lui et dicte au lieutenant Dégot la note
suivante :

« 28 mars, 5 h. 15 du soir.

» D'après mon avis, il y aurait lieu de faire
tenir les routes de Pho-Vi et de Than-Moï aux
passages importants par des échelons, faire écouler
tout ce qui peut être gênant et, dans cette situa-

tion, *observer ce que fait l'ennemi,* en ne laissant à Ky-Lua qu'une arrière-garde, tandis que toutes les troupes se tiendront sur les hauteurs de la rive gauche, de telle sorte que si, comme je le crois, l'ennemi n'a plus aucune envie d'attaquer, il devienne inutile d'évacuer. Le lieutenant-colonel Herbinger, qui a vu la situation, est meilleur juge (!) ; aussi je ne donne cet avis que comme ma manière de voir. »

Cette note a été lue à 6 heures et demie environ au colonel Herbinger.

CHAPITRE XII

Le lieutenant-colonel Herbinger succède au général de Négrier. — Chinois et Français battent en retraite. — Évacuation de Lang-Son. — Rapport du colonel Borgnis-Desbordes. — Question d'ivresse.

Nous touchons au moment le plus palpitant du drame de Lang-Son. Le lecteur a en mains toutes les données du problème dont la solution est imminente.

Supposez, Français, qui étiez alors en France, que vous ayiez été mis au courant de la situation comme nous l'étions nous-mêmes ; quelle idée aurait dominé toutes vos préoccupations ?

Ne vous seriez-vous pas écriés comme nous, en apprenant la blessure du général : « Mais c'est le lieutenant-colonel Herbinger, qui est le plus élevé en grade après lui et qui va prendre le commandement ? »

Puis, vous raccrochant à un suprême espoir, vous auriez fait des vœux pour que la haute responsabilité qui allait lui incomber fût de nature à l'assagir et à lui donner le sentiment de la situation et de ce qu'il y avait à faire.

En prenant possession de son nouveau commandement, le colonel sembla pencher d'abord pour une solution féroce.

Le 111e, tenu en réserve pendant tout le combat de Ky-Lua, fut rappelé à Lang-Son ; deux de ses compagnies reçurent l'ordre de repasser le Song-Ki-Kong, de s'établir solidement dans deux fortins formant tête de pont sur la rive droite et d'y *tenir jusqu'à la mort.*

En cas d'attaque, le pont de radeaux serait coupé ; la petite troupe, livrée à elle-même, se tirerait ensuite de ce mauvais pas comme elle le pourrait.

Les deux pauvres compagnies, ainsi vouées à la mort, se mirent à l'œuvre pour consolider les talus des ouvrages destinés à leur servir de tombeaux, et les cuisiniers d'escouade procédèrent à la confection de la soupe du soir.

Le repas fini, ordre est envoyé aux deux compagnies de repasser le Song-Ki-Kong et de prendre rang dans la colonne qui rétrogradait sur Dong-Song.

Il était nuit. La retraite de Lang-Son s'effectuait.

Un rapport sur l'évacuation de cette place a paru dans le *Temps* du 10 décembre 1885 ; il porte la signature du colonel Borgnis-Desbordes et a eu en France un grand retentissement.

Ce rapport a soulevé beaucoup de cris d'indignation ; peu de personnes y ont cru, la masse l'a trouvé exagéré, les politiciens s'en sont servis pour leurs polémiques de partis.

Quant à nous, qui avons assisté à cette retraite, qui avions suivi pas à pas le colonel depuis son arrivée au Tonkin ; de Chu jusqu'à Ky-Lua et de Ky-Lua jusqu'à Chu, nous tenons ce rapport pour rigoureusement exact. Il n'avait qu'un défaut, il ne lui manquait, pour être accepté par tous, que la contre-partie, celle que nous venons de traiter.

Nous reproduisons ci-dessous ce document, qui est à lire en entier. Le lecteur jugera si les faits qu'il relate ne sont pas de la même essence que ceux que nous avons signalés jusqu'ici, si, étant donnés les premiers, les seconds ne doivent pas être tenus pour vrais :

Rapport sur l'évacuation de Lang-Son et la retraite de Lang-Son à Chu.

« La 2ᵉ brigade, sous le commandement de M. le général de Négrier, avait été laissée à Lang-Son, après la prise de la citadelle (13 février 1885).

» Le 28 mars, cette même brigade, dont tout le corps expéditionnaire connaissait le courage, la persévérance, la valeur et l'entrain, quittait Lang-Son la nuit avec précipitation, abandonnant une partie de ses bagages, le trésor, des canons, des munitions, des vivres. On a voulu attribuer cette défaillance d'une part à l'emploi d'une nourriture insuffisante, et d'autre part à l'énervement, à l'usure, à la fatigue.

» Pendant le séjour à Lang-Son, les difficultés de ravitaillement avaient en effet exigé l'emploi, à certains jours, de rations dites substituées, qui avaient une valeur nutritive moindre que la ration réglementaire.

» Dans la ration substituée, on avait 800 grammes de riz, au lieu de pain ou de biscuits ; mais tous les jours on distribuait de la viande fraîche, du sel, du sucre, du café, du tafia (en petite quantité il est vrai, 6 centilitres). Il est impossible d'admettre que, dans ces conditions, la ration substituée ait exercé sur les troupes une influence susceptible de diminuer leur valeur ; ce serait se payer de mots et déplacer la question.

» L'autre motif ne vaut pas mieux. Les Chinois refoulés de Dong-Dang et sur la porte de Chine, avaient reçu des renforts et paraissaient devoir nous disputer la position de Lang-Son. Le général de Négrier avait agi vigoureusement contre eux dans la journée du 23 février, les Chinois avaient été mis en déroute et la porte de Chine avait été détruite.

» Dong-Dang, à 15 kilomètres environ en avant

de Lang-Son, restait, à dater de ce jour, occupé par nos troupes.

» Les Chinois se reformèrent et reçurent encore de nombreux renforts, et la brigade dut, de nouveau, les 23 et 24 mars, entrer en lutte avec eux. La journée du 24 mars fut défavorable à nos troupes ; un mouvement que M. le lieutenant-colonel Herbinger devait exécuter ne le fut pas, pour des raisons que je n'ai pas à rechercher. Il en résulta bientôt la nécessité de battre en retraite, d'autant plus que les masses chinoises, venant prendre part au combat, allaient toujours grossissant, menaçaient d'enserrer nos petits effectifs.

» Cette retraite fut conduite par M. le général de Négrier avec une habileté et un sang-froid auxquels j'ai entendu rendre hommage par tous les officiers sans exception, et nos troupes purent se retirer en bon ordre. Mais il se produisit dans cette retraite un fait inévitable : quelques blessés, officiers et soldats, restèrent entre les mains de l'ennemi et, sous les yeux de nos troupes, eurent la tête coupée par les Chinois ; il en résulta une impression douloureuse pour tous et surtout pour les soldats du régiment de France, auquel la plupart de ces blessés appartenaient.

» L'armée chinoise, encouragée par son succès du 24, attaqua, le 28 mars, le fort de Ky-Lua : une contre-attaque, ordonnée par le général de Négrier et commandée par le lieutenant-colonel Herbinger réussit ; un assaut fut repoussé et, bien que la contre-attaque n'ait pas été poussée à fond, le général de Négrier ayant été blessé sur ces entrefaites, les Chinois se retirèrent ; la journée a dû leur coûter beaucoup de monde, obligés qu'ils ont été de se découvrir pour attaquer. De notre côté, les troupes avaient combattu avec vigueur et entrain, et les masses chinoises s'étaient brisées contre le fort de Ky-Lua, sans que le général de Négrier eut jugé utile de faire donner toutes les troupes dont il disposait : ce n'est pas là le fait de troupes usées, fatiguées, énervées.

» Le 28 mars au soir, la situation de la brigade, au moment où le général de Négrier, blessé, remet le commandement au lieutenant-colonel Herbinger, est donc la suivante :

» La brigade a supporté, du 14 février au 28 mars, c'est-à-dire en 42 jours, 4 jours de combat : elle a été victorieuse le 23 février ; obligée de battre en retraite, mais en bon ordre, le 24 mars ; victorieuse encore le 28 mars. En outre et c'est là un point important, le général en chef a envoyé 1,500 hommes de renfort, qui sont arrivés du 23 au 26 mars. Cette brigade est susceptible encore de très grands efforts et la responsabilité de la défaillance du 28 mars ne doit pas peser sur elle, mais sur son nouveau chef, comme nous allons le voir :

« *Evacuation de Lang-Son.*

» Dès qu'il a reçu le commandement, le lieute-

nant-colonel Herbinger décide la retraite, avant
d'avoir reçu tous les renseignements nécessaires,
sans écouter aucun avis. Il télégraphie au général
en chef le 28 mars, à quatre heures ou quatre heures
trente du soir (le général de Négrier avait été
blessé à trois heures et demie environ, c'est-à-dire
une demi-heure ou une heure avant) :

« Général de Négrier grièvement blessé. Pris
» commandement de la colonne. Profiterai de la
» nuit pour rétrograder par Dong-Song et Than-
» Moï sur deux colonnes. Impossible maintenir
» positions, faute munitions et vivres. Me dirige
» personnel lement par Cut et Than-Moï. Com-
» mandant Schœffer, de la légion étrangère, prend
» le commandement de la colonne de Dong-Song.
» Je demande instamment que colonels Donnier
» et Godart soient maintenus dans leurs postes
» respectifs. »

» Le lieutenant-colonel Herbinger, en communication télégraphique avec le général en chef, a
jugé tout de suite la situation si grave, qu'il ne
croit pas devoir le consulter et ordonne la retraite
immédiate, la nuit, après le combat du 28 mars,
sans tenir compte de la fatigue de tous. L'urgence
de fuir et de fuir vite domine tout. Il m'a avoué
lui-même ce qui suit :

« L'évacuation était entrée dans mon esprit dès
ma prise de commandement. »

» Les motifs qu'il donne au général en chef sont résumés dans ces mots de la dépêche télégraphique citée plus haut :

« Impossible maintenir positions, faute munitions et vivres. »

» Pour ce qui est relatif aux vivres, sur l'observation qui lui est faite par moi que cette affirmation est contraire à ce que dit son propre rapport, le lieutenant-colonel Herbinger me déclare que ce mot lui a échappé ; il ignorait à ce moment la situation en vivres. Je crois inutile d'insister sur ce fait ; je me bornerai à remarquer qu'en présence des intérêts si graves qui sont en jeu, M. le lieutenant-colonel Herbinger ne devait pas rédiger avec une pareille légèreté une dépêche au général en chef.

» Les munitions sont d'un transport difficile, et il est certain que l'approvisionnement du fort de Lang-Son n'avait pu être fait avec toute la célérité qu'exigeaient les consommations faites pendant les trois journées des 23, 24 et 28 mars. Cependant là encore, en écrivant qu'il est impossible de rester à Lang-Son, faute de munitions, le lieutenant-colonel Herbinger se trompe complètement. D'abord l'ordre d'évacuer a été arrêté dans son esprit, je l'ai déjà dit plus haut, dès sa prise de commandement. M. le commandant Fortoul, chef de l'état-major de la 2e brigade, lui donne, à une heure que cet officier ne peut déterminer, l'état

des munitions inscrit sur son carnet et qui se
rapportait à l'existant avant le combat du 28. Le
lieutenant-colonel Herbinger ne fait pas appeler le
commandant de l'artillerie, M. le commandant de
Douvres ; il ne prend aucun renseignement sur
les munitions, qui restent effectivement à la date
du 28 au soir ; il ne se préoccupe pas davantage
des munitions en transit sur la ligne de ravitaillement ; il conclut immédiatement qu'il manque
de munitions.

» Il est utile d'entrer ici dans des détails [de
chiffres. La situation initiale, c'est-à-dire au moment où la 2ᵉ brigade était laissée à Lang-Son, le
16 février, était la suivante :

Entre les mains des hommes :

120 cartouches d'infanterie par fusil ;
1,200 coups de 80ᵐᵐ de montagne ;
600 coups de 4 rayé de montagne.
Total : 1,800 coups de canon.

Au parc de Lang-Son :

219,876 cartouches d'infanterie ;
1,813 coups de canon de 80ᵐᵐ de montagne.
Total des coups de canon dans les batteries et
au parc : 3,613.

» On ne saurait dire que la brigade avait été
laissée sans munitions !

» Le 28 mars au soir, au moment où le lieutenant-colonel Herbinger prend le commandement, la situation est la suivante :

» Cartouches d'infanterie. — La façon singulière dont on distribue les cartouches, le soir du 28, en faisant déposer sur la route des caisses ouvertes dans lesquelles les hommes puisent à volonté, empêche tout contrôle sérieux : on est réduit à des hypothèses. Le lieutenant-colonel Herbinger m'a dit, comme on le verra plus loin à propos du trésor, que les hommes étaient surchargés de cartouches ; dans son rapport, il reconnaît 120 cartouches par homme et 63,000 au parc.

» D'après tous les renseignements recueillis, la situation du 28 au soir, au moment du départ, serait la suivante :

» 120 cartouches au moins par homme, 30,600 cartouches au parc mobile.

» Certes, cette situation n'est pas très brillante, mais il suffit de consulter les consommations habituelles des jours de combat pour pouvoir affirmer qu'on pouvait faire face à plusieurs affaires. De plus, le lieutenant-colonel Herbinger savait que, le 28 mars, il y avait entre Dong-Song et Pho-Vi, c'est-à-dire pouvant arriver le 29 à Lang-Son, 91,800 cartouches. Enfin il aurait pu savoir, s'il avait jugé utile de prendre par le télégraphe des informations, que le 21 mars il arrivait à Dong-Song 9,480 cartouches, et ces cartouches pouvaient être facilement, le 30, à Lang-Son. De plus, il devait bien se douter que le fort de Dong-Song était approvisionné ; il pouvait, par le télégraphe, demander le 28 au soir les cartouches de sûreté de Dong-Song, soit 42,336, que Chu aurait remplacées le même jour.

» Ces cartouches pouvaient être le 29 au soir, ou le 30 au plus tard, à Lang-Son. C'était donc 143,616 cartouches que la brigade pouvait avoir le 30.

» En outre, si le lieutenant-colonel Herbinger avait pris par le télégraphe des renseignements à Chu, comme cela était son devoir, il aurait su que des ordres étaient donnés pour envoyer des cartouches le 29, et qu'à cette date partaient effectivement 76,824 cartouches arrivées le 29 au soir à Dong-Song et 87,696 cartouches arrivées aussi à Dong-Song le 29 ; total : 164,520 cartouches, lesquelles pouvaient être le 31 à Lang-Son. Le 30 mars, arrivaient encore à Pho-Can 38,436 cartouches parties à cette même date de Chu.

» On était donc en droit de conclure, à moins que les deux lignes de ravitaillement ne fussent coupées à très bref délai, qu'on ne manquerait pas de cartouches, et nos communications, nous le verrons plus loin, ne pouvaient être coupées à si bref délai, si tant est qu'elles dussent jamais l'être.

» Munitions d'artillerie. — Le 28 au soir, la situation était la suivante :

1,030 coups de 80^{mm} de montagne aux batteries ;

1,071 coups de 80^{mm} de montagne au parc.

Total : 2,101 coups de 80^{mm} de montagne.

575 coups de 4 rayé de montagne.

2,676 coups de canon en tout.

» Le rapport du lieutenant-colonel Herbinger est inexact ; il fait ressortir seulement :

936 coups de 80^{mm} de montagne dans les batteries ;

700 coups de 80^{mm} de montagne au parc.

Total : 1,636 coups de 80^{mm} de montagne, plus 548 coups de 4 rayé de montagne.

Total : 2,176 coups de canon.

» Même en admettant ce nombre 2,176, qui est inexact, au lieu du nombre vrai 2,676, il y a lieu de remarquer qu'il y avait encore plus de coups de canon que nous n'en n'avions consommé avec les deux brigades dans les combats des 4, 5, 6, 11 et 12 février pendant la marche sur Lang-Son.

» Sur cette observation qui lui est faite par moi, le lieutenant-colonel Herbinger me répond : « Si j'avais su que nous avions de quoi suffire à plusieurs jours de combat en artillerie, je ne serais pas parti. »

» Il est vrai que le lieutenant-colonel Herbinger m'a envoyé, le lendemain du jour où il me disait ces paroles, la lettre du 17 avril avec une note jointe (pièce n° 1 du dossier A), mais cette note ne change rien aux observations qui précèdent : elle accuse même chez son auteur cette idée préconçue

que la retraite exigera des combats d'artillerie
continus ; il ne lui vient pas encore à l'idée d'examiner la situation qui résulterait d'une défense
acharnée à Lang-Son, pendant trois jours, c'est-à-
dire le 29, le 30 et le 31, si tant est que cette éventualité fût probable, et en tenant compte de ce fait
dont je vais parler, que des munitions d'artillerie
étaient en route.

» Le lieutenant-colonel Herbinger savait en effet
qu'une batterie de 80ᵐᵐ de montagne, la 2ᵉ batterie
bis du 28ᵉ régiment, devait lui être envoyée. Cette
batterie, qui était à Pho-Can, le 30 mars, portait
1,450 coups de 80ᵐᵐ de montagne.

» Il y a une autre observation du lieutenant-
colonel Herbinger, dans la note jointe à sa lettre
du 17 avril, qui n'est pas explicite, mais que je
crois devoir signaler : le lieutenant-colonel Herbinger semble ne compter que les coups à obus ;
les coups à mitraille n'existent pas pour lui, et de
fait c'est tout à fait exceptionnellement que les
Chinois nous ont donné l'occasion de nous servir
de ces projectiles. Ils évitent ordinairement de
nous aborder de si près. Mais, du moment que le
lieutenant-colonel Herbinger jugeait l'ennemi
devenu si brave et si audacieux, qu'une brigade
française ne pouvait même l'arrêter derrière des
murailles, il aurait dû, au contraire, considérer
les coups à mitraille comme une ressource très
précieuse.

» Ces explications sont un peu longues parce

12.

que j'ai cru nécessaire d'entrer dans tous les détails susceptibles de ne laisser aucun doute dans l'esprit. Il résulte que le lieutenant-colonel Herbinger, en annonçant au général en chef qu'il évacuait Lang-Son faute de munitions et de vivres, a dit une chose inexacte, aussi bien pour les munitions que pour les vivres.

» Le lieutenant-colonel Herbinger, dans son rapport sur les opérations du 28 mars au 1er avril, a cru devoir abandonner le motif relatif au manque de vivres ; il relègue au troisième plan le motif relatif au manque de munitions et il s'appuie sur ce que, en se maintenant à Lang-Son, il se plaçait en présence de la certitude :

» 1º D'avoir, sur le front de la brigade, à soutenir des attaques plus ou moins énergiques, qu'on était certain de repousser vigoureusement, non, toutefois, sans quelques pertes.

» 2º De voir en même temps, et sans pouvoir s'y opposer, un rassemblement évaluable au moins à 8 ou 10,000 hommes se porter sur sa ligne de retraite.

» Je remarque, tout d'abord, combien il est inexplicable que, dans sa dépêche au général en chef du 28 mars, le lieutenant-colonel Herbinger se soit appuyé seulement sur le manque de vivres et de munitions, et ait laissé complètement de côté, au contraire, les considérations générales, qui prennent la première place dans son rapport.

On est en droit de se demander s'il ne craignait pas de recevoir l'ordre de rester, en donnant pour motif de l'évacuation cette crainte de voir sa ligne de retraite coupée, au lieu d'affirmer ce fait brutal devant lequel il fallait bien s'incliner : le manque de vivres et de munitions.

» Les considérations militaires, que met en avant le lieutenant-colonel Herbinger, ne sont pas, en effet, acceptables. Je laisse de côté le premier considérant, qui prouve tout au moins que, dans l'esprit du lieutenant-colonel Herbinger, il n'y avait aucune crainte d'être forcé à Lang-Son. Je n'envisage que le deuxième point, celui qui semble, au premier abord, être le plus sérieux.

» Pour se porter sur notre ligne de retraite, les Chinois auraient exécuté devant la brigade, en se mettant un fleuve à dos, un mouvement de flanc qu'il me paraît impossible d'admettre : ils ne sont ni assez intelligents, ni assez audacieux pour tenter un pareil mouvement. Et cela aurait dû paraître d'autant plus improbable à M. le lieutenant-colonel Herbinger, qu'il savait par le commandant Servières qu'une batterie de 80mm de montagne et un escadron de spahis, qui devait être bientôt suivi par un second, étaient en route pour Lang-Son ; que le même officier supérieur lui avait dit que le général en chef faisait revenir de Tuyen-Quan une partie de la brigade du général Giovaninelli ; par suite les Chinois, placés sur notre ligne de retraite, auraient été bientôt dans une situation détestable entre les forts de Dong-Song et de Lang-Son, entre la brigade de Négrier et la plus forte partie de la brigade Giova-ninelli. Ce n'est pas parce qu'on a l'esprit hanté par de pareilles craintes qu'on abandonne une place frontière, qu'on découvre la plus grande partie du delta, qu'on annule le résultat des efforts de tous dans les journées des 4, 5, 6, 11 et 12 février, qu'on met tout le corps expéditionnaire dans une situation critique, que l'on compromet gravement l'honneur des armes.

» Le lieutenant-colonel Herbinger se contente de répondre au commandant Servières, lui annonçant tous ces envois de troupes : « Je n'en sais rien. » Et il ne paraît même pas se douter qu'il a le télégraphe sous la main, lui permettant de communiquer avec le général en chef et de s'assurer de la vérité des renseignements de cet officier supérieur, s'il a des doutes à cet égard.

» En voyant cette décision si grave de l'abandon de Lang-Son, prise avec tant de légèreté et de précipitation, on peut se demander si le lieutenant-colonel Herbinger, peu préparé à prendre le commandement, ne s'est pas trouvé entouré d'officiers et de troupes démoralisés et n'a pas été entraîné, sans s'en rendre compte, sans pouvoir y résister, par un de ces courants d'opinion auxquels ne sont capables de s'opposer que les hommes exceptionnellement trempés.

» Mais, le 28 mars, les troupes sont victorieuses

et elles ne sont nullement démoralisées, nous l'avons déjà dit plus haut ; les dépositions des commandants Diguet et Servières ne laissent aucun doute à cet égard, et les officiers, en général, restent stupéfaits à l'annonce de cette fuite précipitée ; et le commandant Servières représente au lieutenant-colonel Herbinger qu'il ne partage pas sa manière de voir. Bien plus, il demande l'honneur de rester à Lang-Son avec le bataillon d'Afrique, et on le lui refuse !

« Ce n'est pas tout : le général de Négrier, le chef respecté de la 2e brigade, devant la compétence militaire duquel s'inclinent sans exception tous les officiers, quels que soient leur grade et leur âge, a cru de son devoir, après avoir remis le commandement au lieutenant-colonel Herbinger, quoique blessé et souffrant cruellement, de dicter à son officier d'ordonnance, M. Dégot, la note suivante :

« 28 mars, 5 h. 15 du soir.

» D'après mon avis, il y aurait lieu de faire tenir
» les routes de Pho-Vi et de Than-Moï, aux
» passages importants, par des échelons ; faire
» écouler tout ce qui peut être gênant et, dans
» cette situation, observer ce que fait l'ennemi
» en ne laissant à Ky-Lua qu'une arrière-garde,
» tandis que toutes les troupes se tiendront sur les
» hauteurs de la rive gauche, de telle sorte que
» si, comme je le crois, l'ennemi n'a plus aucune
» envie d'attaquer, il devienne inutile d'évacuer.

» Le lieutenant-colonel Herbinger, qui a vu la
» situation, est meilleur juge ; aussi je ne donne
» cet avis que comme ma manière de voir (1). »

» Cette note a été lue à 6 heures 20 environ au
lieutenant-colonel Herbinger.

» Le général de Négrier ne donne plus d'ordres ;
il a remis le commandement. La responsabilité
comme l'autorité appartient entièrement au lieutenant-colonel Herbinger ; mais le général fait
connaître sa manière de voir au chef improvisé de
la 2ᵉ brigade : il sait à qui il a affaire et ses
conseils portent l'empreinte d'une prudence appropriée aux facultés de celui à qui il s'adresse ; en
se conformant aux indications du général, les
lignes de retraite sont assurées, la retraite elle-
même est débarrassée de tous les *impedimenta*,
puisqu'on devait avoir la précaution de les faire
écouler, et elle sera facile si elle devient nécessaire ; enfin si, comme le croit le général, l'ennemi n'a plus envie d'attaquer, Lang-Son sera
conservé.

» Et le lieutenant-colonel Herbinger, après avoir
écouté cette note sans y réfléchir une seule minute,
répond immédiatement : « C'est bien. Ce que me
dit le général de Négrier est impossible. Je continue. » Et cet aveuglement, cet affolement (car il
n'y a pas d'autre mot possible) est si grand que

(1) Voir pour expliquer cette note le rapport du général de
Négrier des 26, 27 et 28 mars.

l'ordre donné est de battre en retraite, non sur
Dong-Song et Than-Moï, mais sur Chu.

'» La déposition du commandant Schœffer ne
laisse guère de doute à cet égard : la mission du
brigadier de chasseurs Cambier, parti le 29, vers
midi, pour donner au commandant de Lacale,
commandant supérieur de Dong-Song, l'ordre de se
préparer à évacuer cette place, en est d'ailleurs la
preuve bien nette. La dépêche du lieutenant-
colonel Herbinger, du 29 mars, à 5 heures du
soir, à Than-Moï, au commandant Schœffer, lui
donnant l'ordre de continuer le mouvement de
retraite sur Chu, confirme que telle était l'intention
bien arrêtée du lieutenant-colonel Herbinger.

» Je dois faire remarquer en passant que le lieutenant-colonel Herbinger écrit dans son rapport :
« Il n'y avait pas à douter d'une attaque vigoureuse pour le 29. » Mais le général de Négrier n'y
croit pas ; le commandant Servières, le commandant Diguet, qui ont conservé leur calme, leur
sang-froid, leur jugement, n'y croient pas non
plus. (Voir les dépositions de ces deux officiers).

» Enfin, les nouvelles reçues par l'état-major
général n'ont-elles pas fait connaître que l'ennemi
s'était retiré à Dong-Dang et au-delà ? Je n'ai pas
entre les mains ces renseignements (1) ; je ne puis

---

(1) Les renseignements des mandarins tonkinois sont
précis. L'ennemi en déroute ne s'était arrêté qu'à la nuit, à
16 kilomètres de Ky-Lua ; c'est là que les métis chinois le
trouvèrent le 29 mars au matin pour lui apprendre le départ
de la 2ᵉ brigade.

donc rien affirmer à cet égard, et alors même
que cette attaque improbable aurait eu lieu, le
lieutenant-colonel Herbinger n'a-t-il pas reconnu
lui-même qu'on était certain de la repousser
vigoureusement ?

» *Abandon d'une batterie de 4 et du trésor.*

» Le lieutenant-colonel Herbinger a sacrifié la
batterie de 4 rayé de montagne (capitaine Martin),
parce que le commandant Schœffer n'a pas cru
devoir accepter de se retirer par la route de Pho-
Vy avec cette batterie et que, d'autre part, la route
par Cut avait été signalée comme ne permettant
pas à cette artillerie de passer sans de grandes
difficultés à 8 kilomètres environ avant d'arriver à
Cut, en venant de Lang-Son. Le capitaine Martin
s'était fait fort d'emmener sa batterie par la route
de Cut, en sacrifiant au besoin ses avant-trains. Le
chef d'escadron de Douvres, commandant l'artillerie de la 2ᵉ brigade, a eu le très grand tort de ne
pas communiquer ces observations du capitaine
au lieutenant-colonel Herbinger et de ne pas
insister auprès de cet officier supérieur sur la
nécessité de ne pas laisser un pareil trophée entre
les mains de l'ennemi : il donne pour excuse que
cela n'aurait servi de rien. Le lieutenant-colonel a
reconnu devant moi que ces observations n'auraient sans doute pas modifié sa manière de voir,
eu égard à l'importance qu'il attachait à perdre le
contact de l'ennemi.

» Il est certain que cette batterie aurait pu être emmenée par la route de Cut, mais en admettant que la retraite se fît d'une manière moins précipitée.

» Quant au trésor jeté dans le Song-Ki-Kong, comme les canons de 4, le lieutenant-colonel Herbinger ne l'a pas fait enterrer parce qu'il n'avait pas le moyen de le faire et parce qu'il jugeait préférable de le jeter à l'eau. Il n'a pas jugé non plus devoir distribuer cet argent à la troupe, parce que d'abord les soldats étaient surchargés de cartouches, ensuite parce qu'il craignait le désordre (1), beaucoup de soldats étant ivres, enfin parce que le temps manquait. Le lieutenant-colonel Herbinger cite le 2ᵉ bataillon de la légion comme étant particulièrement ivre.

(1) En parlant de désordre, le lieutenant-colonel Herbinger fait allusion au fait suivant :

Quand nous reçûmes l'ordre de battre en retraite, les pauvres mercantis qui avaient transporté à Lang-Son de nombreuses marchandises, étaient atterrés. Pour presque tous c'était la ruine. Ils résolurent, pour que rien ne tombât entre les mains des Chinois, de distribuer leurs denrées et leurs liquides aux soldats qui passaient devant leurs boutiques.

Cette distribution occasionna un léger désordre ; quelques rangs furent rompus, mais l'énergie des officiers, l'esprit de discipline vinrent facilement à bout de la confusion toute momentanée et très restreinte qui se produisit alors.

Il y eut bien 8 ou 10 légionnaires plus récalcitrants que les autres qui s'attardèrent devant les boutiques. Ils burent un peu trop, se saoûlèrent et quittèrent les rangs pour cuver leur vin dans les fossés, mais c'est tout. D'un pareil fait isolé, peut-on conclure qu'il y ait eu désordre dans la colonne ?

(Note de l'auteur).

Le commandant Diguet proteste contre cette appréciation.

» Il y a lieu de remarquer que la plus grande partie des bagages des corps sont partis avec leurs coolies, et qu'au lieu d'emporter des cantines de cuisine ou autres, des objets sans valeur de toute nature, il était du devoir du commandement de sacrifier tous ses bagages et d'emporter le trésor. Le capitaine du parc, M. Maistre, dans son rapport constate que des coolies ne portant rien passaient devant lui, et il les força à prendre des munitions ; il aurait mieux valu encore détruire quelques caisses de munitions dont on n'avait nul besoin pour fuir si vite et emporter les caisses d'argent.

» Il résulte de ces faits :

» 1° Que la batterie de 4 a été abandonnée sans que le commandement ait fait le nécessaire pour la sauver ;

» 2° Que le trésor a été jeté à l'eau alors qu'il aurait été possible d'emporter tout ou partie de l'argent.

» Je ne parle pas des vivres qu'on laisse à Lang-Son sans les détruire, sans même faire couler le tafia pour empêcher les hommes de s'enivrer. Je ne parle pas non plus des munitions qu'on jette à l'eau : ce sont des détails presque insignifiants dans cette triste affaire.

» *Abandon de Dong-Son et de Than-Moï.*

» L'évacuation de Lang-Son, la nuit, en abandonnant une batterie d'artillerie et le trésor, en laissant les vivres sans oser les détruire, pour ne pas attirer l'attention de l'ennemi, avait agi, il faut le reconnaître, sur le moral de tous, et, dans cette fuite précipitée, lorsque la brigade arrive le 29 mars au soir, partie à Dong-Song, partie à Than-Moï, la fatigue et l'énervement de tous, bien qu'on n'ait pas été poursuivi, sont tels qu'il faudra au commandement beaucoup de calme et de sang-froid pour arrêter là le désordre (1).

» Le général en chef envoie au lieutenant-colonel Herbinger les télégrammes suivants :

« 29 mars, n° 172.

» Je ne comprends pas que, sans poursuite,
» vous ayez ainsi éreinté vos troupes : vous êtes
» commandant de la brigade, vous avez cru pou-
» voir prendre sur vous d'évacuer Lang-Son ; vous
» devez savoir, aujourd'hui, ce que vous pouvez
» faire avec des troupes de la qualité de celles que
» vous avez l'honneur de commander.

» Je vous ferai remarquer qu'en pareilles cir-
» constances on ne demande pas d'instructions,
» surtout quand on ne se rend pas compte de l'état

---

(1) Appréciation inexacte ou mal présentée. Non, la brigade n'a été énervée que par son chef improvisé. Pas de désordre, si ce n'est celui résultant de marches et de contre-marches que les ordres et contre-ordres du colonel amenèrent.
(Note de l'auteur).

» moral de sa troupe. Mais j'estime d'ici que vous
» pouvez tenir Than-Moï et Dong-Song en occu-
» pant le col ; vous êtes à proximité du ravitaille-
» ment en vivres et munitions, qui arriveront, si
» vous le demandez, à Dong-Song et à Chu.
» Demain, vous aurez à Dong-Song un deuxième
» escadron de spahis et une batterie de 80ᵐᵐ. Dans
» quelques jours, vous recevrez 1000 zouaves, et
» un peu après le général Giovaninelli, avec une
» partie de sa brigade. Donnez des ordres par
» Dong-Song au commandant Schœffer, qui ne
» paraît pas avoir marché si vite que nous, et au
» commandant Jorna de Lacale. »

« 30 mars, n° 180.

» Je donne l'ordre au commandant du génie qui
» est à Chu, d'aller vous rejoindre, afin de perfec-
» tionner les défenses naturelles et artificielles de
» Dong-Song, Than-Moï. Je prescris à Donnier
» d'approvisionner et tenir fortement Noui-Bop :
» envoyez-lui une compagnie pour renforcer ce
» point. J'estime que le triangle Than-Moï, Dong-
» Song, Noui-Bop avec Chu en arrière, doit être
» inexpugnable pour l'armée chinoise, qui n'a osé
» poursuivre ni vous, ni Schœffer. »

« 30 mars 1885, n° 185.

» Je m'occupe de Kep et vais aviser pour Thaï-
» Nguyen. Vous tenez par le col communication
» avec Dong-Song. Vous pouvez donc vous faire

» appuyer suivant cas, si l'ennemi n'est pas en
» force sur la route de Pho-Vy. Je vous le répète,
» je n'ai pas prétention diriger d'ici vos manœu-
» vres, ce sont simples appréciations que je puis
» vous donner, mais vous devez comprendre
» combien il serait désastreux de nous laisser
» ramener à notre point de départ. Vous ne me
» parlez pas encore de l'état moral de votre
» troupe (1). »

» Le lieutenant-colonel ne peut donc alléguer
qu'il ne connaît pas très nettement les instructions
du général en chef, instructions qui peuvent se
résumer par cette phrase du télégramme n° 185 :

» Vous devez comprendre combien il serait
» désastreux de nous laisser ramener à notre point
» de départ. »

» Ce n'était pas l'avis du lieutenant-colonel Herbinger, et, dès son arrivée, le 29 mars, à cinq

_____

(1) Toutes ces dépêches du général Brière de l'Isle sont
évidemment très sagement conçues. Mais au lieu de tant
télégraphier, n'aurait-il pas été plus pratique d'envoyer au
colonel Herbinger ce simple mot : « J'arrive » ; puis de monter sur une canonnière jusqu'à Chu et de là se diriger à cheval sur Dong-Song. Ce trajet pouvait se faire en vingt-quatre
heures, trente-six au plus, en allant vite comme les circonstances l'exigeaient.
L'annonce de la venue du général Brière de l'Isle aurait
beaucoup plus frappé l'esprit du colonel que toute cette discussion télégraphique, et le général y aurait gagné de s'être
conformé à cet axiome militaire, qui veut qu'un chef se porte
sur le point où sa présence est le plus nécessaire.
                                    (Note de l'auteur.)

heures du soir, il avait télégraphié de Than-Moï à
Dong-Song au commandant Schœffer :

« Vous continuerez dès demain, 3o mars, votre
» mouvement sur Chu, en évitant le contact de
» l'ennemi, comme vous l'avez fait aujourd'hui :
» de mon côté, je me reporte demain sur Kep, à
» moins que je ne reçoive des ordres contraires du
» général Brière et alors je vous le ferai savoir.
» Détruisez approvisionnements et poste Dong-
» Song, mais sans incendie. »

« Ainsi l'intention du lieutenant-colonel Herbinger de ne pas s'arrêter à Dong-Song et Than-
Moï, déjà mise en évidence par la mission confiée
au brigadier de chasseurs Cambier, dans la journée
du 29, se retrouve dans cette dépêche d'une façon
très catégorique, et il y a lieu de remarquer combien les idées du lieutenant-colonel Herbinger
sont troublées : il prévoit qu'il peut recevoir du
général en chef des ordres de défendre Dong-Song
et Than-Moï, et il donne cependant l'ordre de
détruire les approvisionnements et le poste de
Dong-Song. »

» Un peu plus tard, il télégraphie au commandant Schœffer et au commandant Jorna de Lacale :

« Than-Moï, 29 mars 1885.
(Heure pas indiquée sur le registre de la
brigade).
» J'ai reçu instructions général en chef, prescri-

» vant rester à Than-Moï et Dong-Song et envoyant
» renforts. En conséquence, j'annule les ordres
» donnés par la dépêche précédente : Restez donc
» à Dong-Song, coûte que coûte, etc., etc. »

» Cette expression « coûte que coûte », alors que
l'ennemi n'avait pas encore osé se montrer, est un
indice de l'état d'esprit dans lequel était le chef :
aussi ces résolutions énergiques de tenir, de limi-
ter le désastre, comme le voulait le général en
chef, ne durèrent pas longtemps et s'écroulèrent
sous des motifs dont on ne saurait s'imaginer la
futilité.

» Le 30 mars, à neuf heures du matin, le lieutenant-colonel Herbinger télégraphie de Than-Moï
au général en chef :

« Mouvement rétrograde complètement arrêté
» conformément à vos ordres reçus cette nuit.
» Occupons Dong-Song et Than-Moï ; je fais éta-
» blir un poste retranché pour assurer la posses-
» sion du col du Déo-Quan. Les émissaires signa-
» lent l'ennemi en grand nombre, marchant de
» Lang-Son par Maï-Sau sur Thaï-Nguyen ;
» l'ennemi est actuellement à Maï-Sau, qui est à
» peu près moitié distance ; à Maï-Sau, s'em-
» branche une bonne route conduisant à Bac-Lé.
» Dans ces conditions, Kep me paraît très menacé.
» Dois-je y porter un détachement ? Le colonel
» Godart demande 400 hommes ; le trajet pourrait
» être déjà très difficile pour eux, la muraille

» calcaire étant inaccessible du côté est et sillonnée
» de nombreux sentiers communiquant avec le
» côté ouest. Ma cavalerie, à neuf heures du matin,
» est en contact avec l'ennemi et voit un gros qui
» descend la descente de Cut. »

» Cette dépêche a pour objet de montrer au
général qu'on va être tourné par l'arrière en même
temps qu'on va être attaqué fortement par devant ;
or, ces deux renseignements, donnés sans aucune
forme dubitative, sont inexacts.

» Le mouvement de l'ennemi marchant de Lang-
Son par Maï-Sau sur Thaï-Nguyen, repose sur un
renseignement donné par M. Julien, lieutenant du
génie, au lieutenant-colonel Herbinger : or, cet
officier n'a pas dit que les Chinois venaient de
Lang-Son à Maï-Sau, mais qu'il y avait des Chinois à Maï-Sau et que ces Chinois circulaient entre
ce village et Thaï-Nguyen : il s'agissait de la bande
de Caï-Kinh. Cet officier attachait d'ailleurs peu
d'importance à ce renseignement, que ses émissaires lui donnaient presque journellement depuis
un mois pendant qu'il travaillait sur la route : il
avait conduit ses émissaires au lieutenant-colonel
Herbinger pour qu'il puisse les interroger, s'il le
jugeait utile : le lieutenant-colonel Herbinger ne
croit pas devoir le faire. Aujourd'hui, 24 avril, il
n'y a pas encore de Chinois à Thaï-Nguyen.

» Quant à l'annonce du gros des Chinois qui
descendent la descente de Cut, il suffit de lire la

déposition du maréchal des logis Dathis (3ᵉ escadron de spahis) et celle du capitaine Gachet pour
voir que c'est une exagération qui dépasse les
limites permises à l'imagination la plus surexcitée;
il n'y avait pas plus de 250 chinois sur cette route
de Cut. Toutefois, le général en chef ne s'était pas
laissé troubler par ces faits extraordinaires ; il
avait répondu par la dépêche citée plus haut,
nº 185.

» A trois heures du soir, le 30 mars, le lieutenant-
colonel Herbinger envoie la nouvelle dépêche télégraphique qui suit :

« Je n'ai pas été attaqué à Than-Moï. Dong-
» Song est attaqué vigoureusement et les forts de
» Ha-Ho sont réoccupés. J'envoie un bataillon
» pour appuyer commandant Schœffer. »

» Est-ce sur l'affirmation du commandant
Schœffer que le lieutenant-colonel déclare que
Dong-Song est attaqué vigoureusement ? Il est
impossible de le savoir, le lieutenant-colonel Herbinger n'ayant pas conservé les télégrammes du
commandant Schœffer, le commandant Schœffer
n'ayant pas conservé la minute de ses télégrammes,
la bande du télégraphe ayant été lacérée et laissée
à Than-Moï par ordre du lieutenant-colonel
Herbinger.

» Le commandant Schœffer n'a pu reconstituer
ses télégrammes ; mais il suffit de lire son rapport
sur la journée du 30, pour voir que cet officier

13

supérieur, dont la bravoure personnelle est connue de tous et hors de doute, n'avait pas conservé tout le sang-froid nécessaire. (Rapprocher le rapport du commandant Schœffer et les dépositions de MM. Lascombes, Schwartz, Bonneau, Roman. Annexes nᵒˢ 13, 17, 14 et 14).

» Ce combat, s'il peut être appelé ainsi, était tout à fait insignifiant. De notre côté, il y avait un cavalier tué, surpris dans une embuscade, et trois blessés. (Je ne sais exactement le nombre, n'ayant pas eu les noms ; la liste qui a été établie a été remise au général en chef)(1). Les Chinois étaient, d'après les uns 800, d'après les autres 1,000 à 1,500 ; quelques-uns vont jusqu'à 2,000. Bref, on avait affaire, sans aucun doute, à une force chinoise bien minime, et les forts de Dong-Song n'étaient pas occupés par l'ennemi plusieurs jours après notre retraite définitive.

» Le lieutenant-colonel Herbinger aurait dû envoyer un des officiers de son état-major à Dong-Song pour voir et lui rendre compte. Il ne l'a pas fait.

» Quant à l'occupation des forts de Ha-Ho, il suffit de lire la déposition de M. le capitaine Pfeiffer et de son lieutenant, M. Longpré, pour être convaincu qu'il n'y avait aucun mouvement sérieux des Chinois en arrière de nous, que les mouvements signalés, si tant est qu'ils aient été

(1) Il n'y a pas eu plus d'un blessé.

faits par les Chinois, n'étaient pas de nature à
inquiéter une compagnie isolée. La seule reconnaissance d'officier qui ait été faite, celle de
M. Longpré, a signalé un homme dans les forts
en arrière de Dong-Song, et on ignore si cet
homme est un chinois ou un annamite.

» A 5 heures 15, le 30 mars, le lieutenant-colonel
Herbinger envoie au général en chef une nouvelle
dépêche dans laquelle se trouve cette phrase : « Le
» commandant Schœffer fait savoir que le Déo-Van
» et les forts de Ha-Ho sont réoccupés par l'en-
» nemi. » La seule reconnaissance commandée par
un officier avait constaté, dans un ancien fort
chinois, la présence d'un homme, chinois ou annamite, comme je viens de le dire.

» Le commandant Schœffer a-t-il télégraphié
cette nouvelle absolument improbable que le Déo-
Van était occupé? Les télégrammes de cet officier
manquent : je ne puis rien dire à cet égard. Ce
que j'affirme, c'est qu'à l'heure où j'écris (24 avril),
le Déo-Van n'est pas encore occupé par l'ennemi
et qu'il ne l'a jamais été entre le 3 février, jour du
départ de la colonne pour Lang-Son et aujourd'hui
24 avril ; il aurait suffi d'ailleurs d'envoyer une
dépêche au lieutenant-colonel Donnier, commandant le fort de Chu, pour être renseigné à cet
égard.

» Quant aux forts de Ha-Ho, c'est toujours la
même conclusion exagérée de renseignements

fournis par les reconnaissances de cavalerie : Ces forts n'étaient pas occupés.

» Le général en chef, en présence de ces renseignements donnés coup sur coup :

» Descente du gros de l'armée chinoise par Cut;

» Attaque vigoureuse de Dong-Song ;

» Marche des Chinois, par Maï-Sau, sur Thaï-Nguyen ;

» Occupation des forts de Ha-Ho et du col de Déo-Van ;

» Faits inexacts ou tous exagérés, sans exception, télégraphie. au lieutenant-colonel Herbinger qu'il doit se retirer sur Chu, *si la retraite est indispensable*. La retraite est immédiatement ordonnée. A 10 heures du soir, le lieutenant-colonel Herbinger télégraphie : « Je vais profiter de la nuit et de la » lune pour rétrograder conformément à vos ins- » tructions (1). »

» Il fallait, pour comprendre ainsi ces mots du général en chef : « Si la retraite est indispensable », une singulière envie de continuer cette retraite désordonnée.

» A 4 heures du soir, le 30 mars, le payeur recevait l'ordre par écrit de brûler ce qu'il avait pu sauver de sa comptabilité.

» A 6 heures du soir, l'employé de la poste et du télégraphe recevait l'ordre de brûler la correspon-

(1) Le lieutenant-colonel Herbinger ne reproduit pas ces mots « vos instructions » dans son rapport.

dance et les archives et de briser les appareils, bien qu'il eût le moyen de les transporter.

» A 10 heures du soir, le sergent chargé du service optique, brise par ordre les trois appareils optiques qui sont en sa possession.

» On abandonnait les bagages des officiers, les vivres et les approvisionnements de Than-Moï (1).

» A Dong-Song, on laisse une grande quantité des munitions d'artillerie et d'infanterie sans les détruire. Le lieutenant-colonel Herbinger fait remarquer, en effet, dans une de ses lettres, qu'il ignorait l'existence de ces munitions. On pourrait se contenter de lui répondre qu'il ne devait pas l'ignorer. Un fort a toujours des munitions ; mais, en outre, il devait savoir que des munitions avaient été envoyées à la brigade et qu'une grande partie d'entre elles était nécessairement à Dong-Song. S'il l'ignorait, il devait s'en informer et prendre les mesures nécessaires.

(1) Ce fut navrant cet abandon des bagages, ce bris des appareils télégraphiques. Personne ne comprenait rien à une pareille mesure. Les coolies eux-mêmes, devinant les sentiments qui animaient leurs officiers, prenaient part à leur douleur. Montrant leurs mains vides, ils s'écriaient dans leur langage moitié français, moitié annamite : « Nous pas fatigués, nous bien contents porter bagages. Nous rien porter, alors ? »

Quelques officiers demandèrent de brûler au moins les objets qu'il était défendu d'emporter... Non, il fallut les laisser là à l'abandon. A Than-Moï, on essaya bien de jeter le contenu des cantines dans le ruisseau, espérant que le courant entraînerait le tout au loin. Mais ce ruisseau était trop peu profond et les objets s'accrochaient aux rives et aux rochers émergeant au-dessus de l'eau. Quant aux coolies, ils parcoururent, les mains vides, le trajet de Dong-Song à Chu. (Note de l'auteur).

» On abandonne les approvisionnements en
vivres, relativement considérables, de cette place ;
on est même sur le point d'y laisser une batterie
de 4 et le commandant Schœffer ne revient sur cet
ordre que sur les observations qui lui sont présen-
tées par M. le chef de bataillon Jorna de Lacale,
commandant supérieur de Dong-Song, et le capitaine d'artillerie Renaud. Les magasins de Pho-
Can sont abandonnés avec tous leurs approvisionnements ; on n'ose pas encore les brûler de
peur d'attirer l'ennemi.

» A Déo-Quan même, à la porte de Chu, on n'em-
porte pas tous les approvisionnements qui y sont
déposés, et cependant la colonne n'est suivie que
par quelques chinois, les uns disent 50, les autres
100 à 150, et qui se tiennent à une distance respectueuse de l'arrière-garde de la colonne et qui
ne lui font aucun mal. « Je crois, sans pouvoir.
l'affirmer, qu'il y a eu un seul homme blessé (1)
(un tirailleur tonkinois), et les Chinois, le 3 avril,
lorsque j'ai fait réoccuper cette position, n'y étaient
pas encore arrivés. »

» Il résulte de ces faits que les positions de Than-
Moï et le fort de Dong-Song ont été abandonnés
après un combat insignifiant à Dong-Song ; que
les mouvements tournants des masses chinoises
sont de pure invention, ces masses signalées dans
les télégrammes n'étant pas sur les lieux ; que la

(1) Ce blessé est celui de la journée précédente.

destruction des lettres, des appareils optiques et télégraphiques, des registres de comptabilité du trésor et l'abandon des vivres et des munitions sans les détruire sont sans excuse.

« *Attitude du lieutenant-colonel Herbinger depuis sa prise de commandement jusqu'à son arrivée à Chu.*

» En voyant toutes les fautes commises par le commandement dans cette retraite, on est conduit à se demander si le lieutenant-colonel Herbinger jouissait bien de toutes ses facultés ; mais on conçoit combien il est difficile d'élucider une pareille question, alors qu'on sort du domaine des faits pour entrer dans celui des appréciations.

» Les officiers qui étaient sous les ordres du lieutenant-colonel Herbinger deviennent très réservés, on le comprend ; ils ne veulent rien dire qu'il ne soit possible de prouver et on ne peut en obtenir que des indications très générales.

» M. Rollin, le payeur, dit : « Le 28, au soir, » le lieutenant-colonel était très animé, mais il ne » m'a pas paru ivre. »

» Le commandant Servières constate que le lieutenant-colonel était très animé à Lang-Son et à Than-Moï.

» Le commandant Diguet déclare que le lieutenant-colonel était à Lang-Son dans un état de surexcitation anormale, ressemblant à celle d'un homme pris de boisson.

» Le commandant Schœffer déclare qu'à Lang-Son le lieutenant-colonel était très surexcité et dans un état d'animation insolite.

» Le commandant de Douvres déclare que le lieutenant-colonel était à Lang-Son dans un état de surexcitation inexprimable.

» Le docteur Zuber, médecin chef de l'ambulance de la 2ᵉ brigade, déclare que le lieutenant-colonel était très excité à Lang-Son et à Than-Moï.

» D'autres officiers déclarent que le lieutenant-colonel Herbinger était dans son sang-froid (1) : M. Massiet du Biest, capitaine d'infanterie, attaché au lieutenant-colonel ; M. le commandant Fortoul, qui remplissait autour de lui les fonctions de chef d'état-major ; M. le sous-intendant militaire Jau.

» Quoi qu'il en soit de ces contradictions, on peut cependant en tirer cette conclusion, que tous les officiers supérieurs, sauf M. le sous-intendant Jau, et M. le commandant Fortoul, qui est directement attaché à son état-major, reconnaissent chez le lieutenant-colonel Herbinger un état de

(1) Ces mêmes officiers, commandant Fortoul, capitaine Massiet du Biest, lieutenant Dégot, ont déclaré par contre à l'instruction, que le lieutenant-colonel Herbinger était absolument ivre le jour de « Than-Moï », c'est-à-dire le lendemain ou le surlendemain, sous la foi du serment, devant le commissaire-rapporteur du Conseil de guerre.

surexcitation insolite à Lang-Son. A Than-Moï, le même fait est relevé par le docteur Zuber et par le commandant Servières ; la plupart des autres officiers supérieurs étaient à Dong-Song.

» A quoi doit être attribuée cette surexcitation ? Je l'ignore. Je ne connais pas les antécédents du lieutenant-colonel Herbinger ; je n'ai aucun renseignement sur cet officier et je n'ai jamais eu avec lui que des rapports de service, et seulement deux ou trois fois. Je ne saurais, dans ces conditions, pousser plus loin ces investigations ; mais, sans rechercher la cause de cette surexcitation à Lang-Son et Than-Moï, il me paraît facile d'établir qu'elle devait exister.

» A Lang-Son, le lieutenant-colonel, sans avoir aucun renseignement précis, sans rien écouter, prend la décision d'évacuer.

» Il télégraphie au général en chef qu'il n'a pas de vivres, et il n'en sait absolument rien.

» Il fait emporter des bagages sans valeur et fait jeter à l'eau le trésor.

» Il abandonne une batterie d'artillerie, sans consulter aucun des officiers de l'arme.

» Il ne daigne pas réfléchir une minute à la note que lui transmet le général de Négrier, qui était son chef, quelques instants auparavant.

» Lorsque le commandant Servières lui annonce les renforts qui sont en route, son esprit ne s'y arrête pas un instant ; il répond seulement : « *Je n'en sais rien !* » et il ne juge pas utile de s'assurer

13.

de ces faits importants, alors qu'il a le télégraphe à sa disposition.

» Est-ce la conduite d'un homme en équilibre, ou d'un homme dont les facultés sont troublées?

» La réponse paraît d'autant moins douteuse que le lieutenant-colonel Herbinger est intelligent, qu'il a été professeur à l'Ecole supérieure de Guerre, qu'il a de beaux états de service.

» A Than-Moï, le 30 mars, le défaut d'équilibre s'accentue davantage. Cette comptabilité du trésor qu'on donne l'ordre écrit d'abandonner, ces appareils optiques et télégraphiques brisés, les correspondances privées brûlées, les bagages abandonnés, etc..., et tous ces coolies s'en allant les mains vides, sont des faits qui déroutent l'esprit.

» Et, d'ailleurs, le lieutenant-colonel Herbinger, dans une dépêche adressée de Than-Moï, le 30 mars, au commandant Schœffer à Dong-Song, s'est chargé de démontrer lui-même que ses idées sont bien troublées.

» Voici cette dépêche :

« Profitez de la présence de la compagnie du
» 111e et du 143e, pour faire occuper en arrière de
» vous le col de Déo-Quan d'une manière sérieuse.
» Je tiendrai ici jusqu'à la mort ; faites-en autant
» et attendons. Si vous veniez à être coupé du
» col de Déo-Quan rabattez-vous sur moi. Vous
» me préviendrez par trois feux allumés au
» sommet du Déo-Quan. Je prendrai toutes mes

» dispositions pour assurer votre retraite par Bac-
» Lé. En tout cas, tenez vigoureusement cette
» nuit ; il n'y a pas d'autre moyen de nous tirer
» d'affaire. De la baïonnette, et le moins possible
» de coups de fusil. Faites occuper votre ligne
» de retraite par ce dont vous pouvez disposer.
» Tenez dur avec le reste ; j'en fais autant. Si
» vous vous voyez coupé, rabattez-vous sur moi.
» Je tiens jusqu'au dernier homme. »

» On reste confondu en pensant que de pareils
ordres ont été rédigés par un lieutenant-colonel,
ancien professeur à l'Ecole de Guerre. Quel
trouble d'esprit ! Quelle incohérence ! et quelles
expressions dramatiques ridicules !

» Ce télégramme officiel suffit amplement, à mon
avis, à prouver que le lieutenant-colonel Herbinger ne jouissait pas, à Than-Moï, de toutes ses
facultés. Une autre preuve encore n'est-elle pas
cette réponse faite le 30 mars, à 5 heures du soir,
au docteur Folenfant, médecin-major de 2e classe,
qui demande des ordres pour la confection des
brancards : « Il est difficile de songer à cela. La
» situation est tellement grave que personne n'en
» sortira, blessés ou autres. »

« Est-ce ainsi que parle un chef qui a gardé la
moindre notion de ses devoirs ?

» Une nouvelle preuve de ce trouble d'esprit
m'a été fournie par lui-même. Dans un télégramme
envoyé le 29 mars à Than-Moï, le général en chef

disait au lieutenant-colonel Herbinger, entre autres choses :

« Je vous ferai remarquer qu'en pareilles circons-
» tances, on ne demande pas d'instructions, surtout
» quand on ne rend pas compte de l'état moral de
» ses troupes. »

» Le lieutenant-colonel Herbinger m'affirme sur l'honneur que ce membre de phrase : « surtout » quand on ne rend pas compte de l'état moral de » ses troupes », n'a pas été transmis par le télégraphe ; or, la dépêche même qui lui a été remise est aux archives de la 2ᵉ brigade, et le membre de phrase en question y est tout entier. C'est un défaut de mémoire qu'on ne peut s'expliquer que par cette surexcitation extraordinaire.

» Dans un autre télégramme, nᵒ 185, du 30 mars, du général en chef au lieutenant-colonel Herbinger, on trouve cette phrase : « Mais vous » devez comprendre combien il serait désastreux de » nous laisser ramener à notre point de départ. » Vous ne me parlez pas de l'état moral de votre » troupe. » Le lieutenant-colonel Herbinger affirme que toute cette partie de la dépêche a été supprimée.

» Est-ce encore un défaut de mémoire ? Je suis porté à le croire, vu qu'il me paraît bien difficile d'admettre qu'un employé du télégraphe se permette de prendre sur lui de tronquer les dépêches du général en chef ; mais je ne puis rien vérifier à cet égard, la bande du télégraphe ayant été lacérée et laissée à Than-Moï, la brigade n'ayant reçu, le 30, les dépêches que verbalement, au fur et à mesure qu'elles arrivaient. Ce point ne saurait être tiré au clair que par le témoignage des deux employés de Dong-Song et de Than-Moï, qui ne sont pas ici (1).

» *Conclusions :*

» De l'enquête à laquelle je me suis livré sur les faits qui se sont passés du 28 mars, à partir du moment où le lieutenant-colonel Herbinger a pris le commandement de la 2e brigade, jusqu'au 31 mars, il ressort à mon avis les conclusions suivantes :

» Le lieutenant-colonel Herbinger a donné l'ordre d'évacuer Lang-Son ;

» Sans s'être rendu un compte exact de la situation des vivres et des munitions, et en trompant, à cet égard, la confiance du général en chef dans sa dépêche du 28 mars, quatre heures du soir ;

» Sans avoir voulu faire le nécessaire pour connaître les secours en personnel, matériel et munitions qui lui étaient envoyés ou allaient l'être, alors qu'il avait le télégraphe à sa disposition ;

» Sans avoir tenu compte des avis du général de Négrier et du commandant Servières, tous les deux opposés à l'évacuation ;

(1) Ces témoignages ont été fournis et sont formels. Les déclarations des deux employés sont au dossier envoyé au ministre.

» Sans avoir rien tenté de ce que lui prescrivaient les règlements et l'honneur pour conserver Lang-Son.

» 2º L'abandon de la batterie de 4 rayée de montagne et du trésor, est sans excuse ;

» 3º L'évacuation des positions de Than-Moï a été faite par le lieutenant-colonel Herbinger, contrairement aux avis du général en chef et sans nécessité ;

» 4º La destruction ordonnée par le lieutenant-colonel Herbinger à Than-Moï, des registres de comptabilité du trésor, des appareils optiques et télégraphiques, est sans excuse ;

» 5º L'évacuation du fort de Dong-Song a été ordonnée par le lieutenant-colonel Herbinger, malgré les avis du général en chef, sous des prétextes futiles ou imaginaires ;

» 6º La retraite a été conduite avec une précipitation que rien ne justifie et sans avoir pris les mesures nécessaires pour ne laisser entre les mains de l'ennemi, ni vivres, ni munitions ;

» 7º A Lang-Son, le 28 mars au soir, à Than-Moï, le 30 mars, le lieutenant-colonel Herbinger était dans un état de surexcitation qui l'empêchait de jouir de toutes ses facultés.

» *Le colonel commandant par intérim*
la 2ᵉ brigade,

» Signé : Borgnis-Desbordes.

» Chu, 24 avril 1885. »

Nous n'ajouterons que le fait suivant au rapport du colonel Borgnis-Desbordes :

A Than-Moï, le 3o au soir, la 2ᵉ compagnie du 111ᵉ se trouvait en *troisième ligne* dans le village même ; quelques coups de fusils se faisaient entendre à intervalles éloignés. Pour tout esprit sensé, il était évident qu'il n'y avait pas lieu de s'en préoccuper outre mesure. Deux fois le colonel Herbinger arrive, appelle aux armes la compagnie de réserve et lui tient les discours les plus incohéhérents :

« Tout le monde ici est pour sa peau ! La mienne ne vaut pas plus que la vôtre ! Pas un seul coup de fusil ; tout le monde à la baïonnette, et, s'il faut se servir des cartouches, que chacun s'en réserve une pour se faire sauter le caisson ! »

Le capitaine, outré d'un pareil langage, prescrivit à ses hommes d'aller immédiatement se coucher et de ne plus se lever que sur ses ordres formels.

Quant à nous, qui avons assisté à la retraite de Lang-Son, qui avons assisté à la retraite du Mans et malheureusement à d'autres aussi, en 1870, nous pouvons nous faire une idée de ce qu'est une troupe tournant le dos à l'ennemi. Nous ne craignons pas de le dire hautement : la retraite de Lang-Son s'est effectuée de la part des hommes dans le calme le plus parfait ; chacun restant à sa place ; dans les marches les plus pénibles, aucun intervalle n'était perdu, même de nuit ; aucun cri, aucun murmure ; tous les ordres des officiers étaient ponctuellement exécutés. Et il fallait qu'elle fut bien disciplinée, cette malheureuse troupe, pour rester aussi calme avec un pareil colonel à sa tête !

Le rapport du colonel Borgnis-Desbordes se termine par ces mots : « A Lang-Son, le 28 mars, et à Than-Moï, le 3o mars, le lieutenant-colonel Herbinger était dans un état de surexcitation, qui l'empêchait de jouir de toutes ses facultés. »

Cet état de surexcitation est-il dû à l'ivresse, à l'alcoolisme ou à toute autre cause ? Peu nous importe. Ce qui est hors de doute, c'est qu'il était surexcité et que cet état de surexcitation ne s'était pas inopinément manifesté le 28 ou le 3o mars. Il formait le fond même du caractère du lieutenant-colonel. Il s'était dévoilé dès sa prise de commandement et ne pouvait être attribué ni au climat, ni à la maladie. Jamais, en effet, le lieutenant-colonel n'avait eu un accès de fièvre, et il nous était arrivé en plein hiver, pendant la meilleure saison, à l'abri de toute insolation.

Il était au Tonkin tel qu'il était en France, tel qu'il s'était déjà légèrement dévoilé au Mexique, alors qu'il n'était que lieutenant.

Ceux qui l'ont suivi pendant cette dernière campagne, citent le fait suivant :

Envoyé, un jour, en reconnaissance, le lieutenant Herbinger se trouve en présence d'un parti de cavaliers mexicains. Il ouvre aussitôt le feu, et comme les cavaliers tournent bride, il se lance à leur poursuite. Les Mexicains prennent position plus loin ; le jeune Herbinger leur envoie de nouveaux feux de salve, tout en essayant de se rapprocher d'eux ; mais nos ennemis font de nouveau demi-tour dès qu'ils se trouvent à portée de nos fusils, et le lieutenant continue toujours à leur tirer dessus. Lorsqu'après de nombreux arrêts les Mexicains jugèrent, d'après le ralentissement des coups de fusils, que les munitions de la petite troupe s'épuisaient, ils se portèrent à sa rencontre. Heureusement qu'une colonne française, en marche dans les environs, attirée par la fusillade, vint au secours de la reconnaissance et la tira de ce mauvais pas.

Le courage du lieutenant-colonel, d'un autre côté, ne saurait être mis en doute. Toujours prêt à faire campagne : au Mexique, en 1870, à l'armée de Metz ; pendant la Commune, où il fut grièvement blessé ; il eut toujours le mépris de la mort. Au Tonkin, il est constamment avec la fraction de son régiment la plus exposée au feu. On ne peut donc pas dire que ce soit par lâcheté qu'il ait abandonné Lang-Son.

Doué d'une bonne mémoire, ayant une instruction solide des plus étendues, d'un esprit vif et sarcastique, il était servi par une grande facilité

d'élocution. Sachant mener de front le plaisir et le
service, on le voyait parfois sortir du cercle à la suite
d'une folle réception, pour aller, frais et dispos,
surveiller l'exercice de ses subordonnés, qu'il trou-
blait le plus souvent par son amère ironie, ou bien
encore pour improviser avec beaucoup de brio
une conférence sur un sujet militaire quelconque,
Mais à côté de ces qualités, qui malheureusement
suffisent, en général, pour vous faire noter comme
un officier brillant et d'avenir, il lui manquait absolument ce jugement, cette netteté de vue, ce sang-
froid, cette pratique de l'homme, cette com-
préhension du terrain appliquée aux choses de la
guerre, qui font le véritable chef.

Le lieutenant-colonel Herbinger inflige le plus
cruel soufflet qui puisse être donné à ce système
d'examen beaucoup trop en vigueur dans notre
armée, qui consiste à juger les officiers comme
des écoliers jusqu'à l'âge de 45 ans, d'après des
interrogations verbales ou des compositions sur le
papier, dans lesquelles la mémoire, la connaissance
littérale de nos règlements, les souvenirs histori-
ques jouent le plus grand rôle, et dans lesquelles
par contre il est rarement fait appel au jugement
des examinés et à la façon dont ils savent se servir
du terrain et de leurs soldats, pour résoudre pratiquement les problèmes multiples qui peuvent se
présenter à la guerre.

Le lieutenant-colonel Herbinger n'a pas à assumer la responsabilité de la haute estime en laquelle il avait été tenu par ses chefs. Il ne pouvait pas refuser l'avancement dont il avait été l'objet. On ne pouvait pas non plus lui reprocher d'avoir voulu ratifier l'estime de ses supérieurs en allant faire campagne.

Ils ont dû en relever bien des fautes de détail, les inspecteurs qui ont été appelés à passer en revue le brillant bataillon de chasseurs à pied du commandant Herbinger ! Et dire qu'il a fallu un événement comme celui de la retraite de Lang-Son, qui a fait sauter tout un ministère, pour faire découvrir que cet officier supérieur *ne jouissait pas de toutes ses facultés !*

Et cependant celui-ci ne cachait pas son jeu ; son état de surexcitation continuelle en est la meilleure preuve.

Pour ces raisons, nous ne nous associons pas à cette conclusion du colonel Borgnis-Desbordes, qui tendrait à établir que le chef improvisé de la 2ᵉ brigade n'a pas fait tout ce que lui prescrivaient les règlements et l'*honneur.*

Lang-Son n'a pas été évacué par lâcheté, mais par suite d'un manque absolu de jugement, dont on aurait dû s'apercevoir plus tôt et dont le lieutenant-colonel Herbinger ne peut pas être rendu responsable.

Et nous qui ne l'avons certes pas ménagé jusqu'ici, nous lui pardonnons volontiers ses écarts de langage et nous nous inclinons avec tristesse devant sa tombe, comme devant celle d'un malheureux, victime irresponsable d'un défaut de notre éducation militaire.

CHAPITRE XIII

M. (***) et son étude : « *A la recherche de la vérité sur l'évacuation de Lang-Son.* — Aveuglé par la passion politique. — Tous les faits sont dénaturés. — La blessure du général de Négrier. — Le général de Négrier a fait connaître son sentiment sur la retraite de Lang-Son et sur le lieutenant-colonel Herbinger.

La retraite de Lang-Son a soulevé trop de polémiques pour que nous essayions de réfuter tous les arguments qui ont été lancés à ce sujet, par tous ceux qui avaient intérêt à dénigrer cette entreprise.

Nous allons toutefois discuter les principaux points, qui nous paraissent dévoir être pris en sérieuse considération, en nous maintenant tou-

jours, selon notre habitude, dans le domaine purement militaire.

Afin de donner un corps à notre argumentation,
nous nous occuperons exclusivement d'une étude
dont nous avons déjà parlé, qui a paru dans le
Correspondant du 10 décembre 1885, en même
temps que le rapport du colonel Borgnis-Desbordes et qui est intitulée : « *A la recherche de la
vérité sur l'évacuation de Lang-Son.* »

L'auteur de cette étude, signée (***) s'appuie
justement sur ce rapport pour pousser une charge
fond contre M. Jules Ferry et plus particulièrement contre les généraux Brière de l'Isle et de
Négrier.

C'est ce dernier surtout qui est le plus malmené.

Tout nous fait supposer que les trois étoiles, dont
est signé l'article du « *Correspondant* » représen-
tent le grade de l'auteur, qui s'est mis à la recherche de la vérité sur l'évacuation de Lang-Son

Nous respecterons son incognito.

Avec une désinvolture charmante, le général
(***) commence par jeter M. Jules Ferry par dessus
bord.

« Non, la retraite de Lang-Son, dit-il, eut été
acceptée comme elle devait l'être, avec tristesse,
mais sans la moindre panique, si une forte dose
d'exaspération ne s'était pas peu à peu amassée
en nous, devant la persistance et le cynisme du
mensonge officiel, qui viciait tout, absolument
tout ce qui touchait à l'Extrême-Orient. Dès l'ori-

gine, dans cette malheureuse affaire du Tonkin,
tout a été duperie et mensonge. Les communications enthousiastes du gouvernement, mensonges ;
les dépêches officielles mises en circulation, mensonges ; car, il est prouvé qu'à part celle qui causa
la chute du ministère Ferry, il n'en est pas une
qu'on n'ait arrangée ou mutilée pour les besoins de
cause ; *les récits des opérations, les comptes-rendus
publiés sur chaque affaire, mensonges ou exagéra-
tions mensongères ; car la résistance n'a jamais été
aussi sérieuse qu'on l'a faite, et bien des gens auront passé héros à bon marché ;* ces combats reten-
tissants qui signalaient à jour dit, à heure fixe
l'ouverture de chaque session parlementaire ;
mensonge et ridiculisation de cette chose si grave,
la voix du canon !

Nous ne nous rappelons plus où nous avons lu
qu'un jour un monsieur quelconque, auquel on
demandait des renseignements sur une ville de
province, se mit à commencer ses explications par
ces paroles qui nous firent éclater de rire : « Je ne
connais pas Chicago ; mais.... » Et là-dessus, il fit
une comparaison des plus fantaisistes entre la ville
de province et Chicago, qu'il connaissait à peine
de nom.

Dans cette circonstance, le général (***) nous
paraît avoir établi, avec autant de connaissance de
cause que le monsieur de Chicago ses comparai-
sons entre les combats du Tonkin, qu'il n'a pas

vus, et les comptes rendus officiels, qu'il doit avoir à peine lus.

Nous nous flattons, nous, d'avoir assisté à la plupart de ces combats et d'en avoir lu avec soin les comptes rendus officiels.

A part celui de l'affaire du marché de Ha-Ho, sur lequel nous nous sommes déjà expliqués et dont le récit a été quelque peu arrangé dans un but fort louable, et pas du tout par M. Jules Ferry pour les besoins de sa politique, nous affirmons que tous ces comptes rendus étaient la reproduction aussi exacte que possible de la réalité.

Il faut avouer que la passion politique nous fait voir les choses sous un bien mauvais jour. M. (***) ose insinuer, sans aucune preuve à l'appui, que bien des gens, au Tonkin, auront passé héros à bon marché, que tout a été exagéré comme à plaisir.

Eh quoi ! les combats de Kep, de Chu, de Noui-Bop, de Dong-Song, de Bac-Viay, de Dong-Dang, de Hoa-Moï, le siège de Tuyen-Quan, tous ces faits d'armes ne seraient que mensonge ou exagération ? Une seule compagnie aurait eu ses trois officiers hors de combat dans la même journée, une autre aurait perdu plus du quart de son effectif en moins d'une demi-heure, et nous n'aurions eu affaire qu'à une résistance de pacotille ?

Au Kep, nous aurions compté, rien que dans le village même, 640 cadavres chinois, alors que nous n'étions que 1,400 combattants ; à Noui-Bop

nous aurions enterré près de 600 chinois (1) morts
aux environs du camp retranché, alors que l'effectif
de la brigade de Négrier n'était que de 1,800 à
2,000. A Bang-Bo et à Ky-Lua, les Chinois
auraient eu 12,000 hommes hors de combat, et
il n'y aurait pas eu de résistance sérieuse ;
Tuyen-Quan serait presque à rayer de nos fastes
militaires !

Dominé, Bobillot, Gravereau, Cotter, Normand

(1) Quand le général de Négrier voulut estimer les pertes
subies par l'ennemi, il en arriva, en se basant sur le nombre
des cadavres chinois, à un chiffre tellement fort, qu'il ne
voulut pas le porter dans son compte-rendu officiel. Il dit à
cette occasion : « Je sais qu'en France on émet des doutes
sur les pertes que nous faisons subir à l'ennemi, il vaut
mieux les passer sous silence. » Le nombre des chinois
laissés morts sur le terrain de Noui-Bop est de 5 à 600. Ce
chiffre a été donné assez approximativement par l'officier
qui, le 5 janvier, fut préposé à la corvée des cadavres,
que l'on enterra sur place pour ne pas les laisser pourrir en
plein air. Tout le monde sait que les Chinois avaient pris
toutes sortes de précautions pour pouvoir enlever leurs morts
du champ de bataille ; nous les avons vus bien souvent
venir les chercher sous nos balles. Le combat ayant duré 6
heures, la poursuite n'ayant pu se faire, on pourrait bien
admettre qu'ils eurent le temps de retirer du champ de bataille
un nombre de cadavres égal à celui qu'ils y laissèrent. Total :
1,000 tués. Comme on compte généralement de 4 à 6 blessés
pour un tué sur le terrain, on voit d'ici le chiffre considérable de chinois mis hors de combat, auquel on arrive pour
une colonne d'un aussi faible effectif que la nôtre. Ce chiffre
paraît tellement fort qu'il est à supposer que les Chinois, ce
jour-là, n'eurent pas, par exception, les moyens nécessaires
pour emporter leurs tués et qu'ils les laissèrent sur place. En
prenant donc pour base 500 morts comptés sur le champ de
bataille, on arrive au chiffre respectable de 2 à 3,000 hommes
hors de combat.

14

seraient passés héros à bon marché. Le défenseur
de Tuyen-Quan serait à peine un vil charlatan !

Il a fallu que M. (***) soit bien aveuglé par la
passion politique pour oser écrire d'une plume aussi
légère. Nous voulons ignorer les combats où il a
conduit les troupes qui lui ont été confiées et les
sièges qu'il a supportés ; mais si sa brigade ou sa
division avaient eu à enregistrer autant de faits
d'armes que les troupes du Tonkin pendant la
période de 1883 à 1885, il ne se serait peut-être
pas permis une aussi étrange insinuation.

Et maintenant, par qui, de M. (***), ou de nos
généraux, a été le plus ridiculisée cette chose si
grave, la voix du canon ?

M. (***) dit, et beaucoup d'autres avec lui, que
tous nos combats au Tonkin ont été livrés sur commande, de France, par M. Jules Ferry. C'est d'abord
une injure à faire à nos généraux. Il aurait fallu,
en outre, que le président du conseil des ministres
fût un bien profond Machiavel pour avoir réussi
à faire ainsi coïncider toutes nos victoires avec les
besoins de sa politique et l'ouverture de chacune
de ses sessions parlementaires ; car alors il aurait
dû faire ses commandes non seulement à nos généraux français, mais encore aux généraux mandarins chinois.

Ils auraient bien ri, nos officiers, quand ils
marchaient sur Kep, sur Chu, sur Noui-Bop, sur
Dong-Dang, quand ils se défendaient si héroïquement à Tuyen-Quan, si on leur avait dit tout cela,

ce ne sont pas les circonstances qui le veulent, ni
même la situation de l'ennemi qui l'exige, c'est
tout simplement M. Ferry qui l'ordonne.

C'est alors M. Ferry, qui aurait commandé aux
Chinois de menacer Phu-Lang-Thuong, de venir
nous surprendre à Ha-Ho, de faire une démonstration sur notre flanc droit à Noui-Bop, de se
fortifier à Dong-Song, de s'établir à 15 kilomètres
de Lang-Son, alors que nous occupions cette
place.

Nous avons pris part à tous ces combats; à tous
nous avons reconnu une raison d'être, imposée par des considérations d'un ordre purement
militaire et exclusivement militaire.

Quant à nos victoires, elles étaient alors retentissantes, parce qu'elles devaient être retentissantes, et, ne vous en déplaise, elles redeviendront
retentissantes lorsque les faits, tassés par l'histoire,
auront mis en lumière les points qui ont été jusqu'ici obscurcis par une politique de mauvais aloi.

Quand on s'est livré à de semblables digressions,
on ne doit pas s'étonner de voir le lieutenant-colonel
Herbinger ainsi apprécié :

« Aux yeux des militaires, cette sinistre dépêche
(la fameuse dépêche du général Brière de l'Isle)
s'illuminait pourtant d'une lueur d'espérance : on
était unanime à proclamer que nul plus que le
lieutenant-colonel Herbinger n'était capable de

recueillir l'écrasante succession du général de Négrier.

» Herbinger était connu de toute l'armée. Depuis St-Cyr, où il figurait n° 1 à l'entrée comme à la sortie, il était resté si en vue que le général Lewal n'avait pas hésité à confier au jeune chef de bataillon l'enseignement de la tactique d'infanterie à l'Ecole de guerre. La tâche était absolument nouvelle ; elle était non moins pratique que théorique. Herbinger s'en était acquitté de manière à s'ouvrir l'avenir des plus hautes destinées militaires. Son nom était la meilleure garantie de l'opportunité et de la bonne exécution d'une mesure militaire quelle qu'elle fût.

» S'il continuait à rétrograder, c'est que la retraite s'imposait, et l'on pouvait avoir confiance qu'entre ses mains elle ne se changerait pas en déroute.

» Telle fut l'impression dans l'armée ; l'écho s'en retrouve dans tous les journaux. Aussi l'émotion fut-elle profonde.... »

Et plus loin l'auteur ajoute :

« Son intelligence remarquable des choses de la grande guerre, son sentiment élevé de la pure tactique, ses connaissances étendues, fruit d'une éducation militaire hors ligne, ont pu lui nuire plutôt que lui servir vis-à-vis d'un adversaire inférieur. »

A cela nous n'avons plus rien à dire. Nous avons

assez fait connaître notre sentiment avec preuves
à l'appui.

A titre de simple curiosité, nous reproduisons
ci-dessous l'histoire du combat de Bang-Bo (journée du 24), d'après le général (*****), qui n'aime pas
les récits fantaisistes :

« ...La nuit se passe au contact. Dans la soirée,
le ravitaillement en cartouches et en munitions ne
peut avoir lieu par suite de la maladresse du parc,
qui n'a pas su trouver sa route.

» L'ordre est donné d'attaquer le 24, à l'aube,
mais il fait du brouillard, heureusement. Cela
donne le temps aux cartouches d'arriver à 9 heures.
L'attaque est déjà commencée ; elle se poursuit
toujours ; mais l'artillerie ne peut plus appuyer le
mouvement, elle n'a plus d'obus.

» Malgré cela, un fort est encore enlevé, puis
on se trouve au pied d'une hauteur boisée, d'un
relief énorme. En ce moment, le colonel Herbinger
est engagé avec trois compagnies du 143e ; on lui
envoie deux compagnies de la légion.

« Tout à coup on sonne *en retraite.* Les troupes d'Herbinger maintiennent leurs positions jusqu'à ce que l'ordre soit confirmé par billet. Le
bataillon du 111e vient d'être écrasé en cherchant
à aborder le centre de la position ennemie. Les
pertes de ce bataillon sont en vingt minutes, sur
327 présents : 4 officiers tués, 1 blessé ; 84 hommes tués, blessés ou disparus.

» La retraite est très calme d'abord, très métho-
dique ; mais bientôt la conduite s'accentue, *l'ennemi finit par faire rouler des rochers sur la colonne.*

» A la nuit, on a rejoint le poste de Cua-Aï,
position fortifiée à 6 kilomètres en avant de Dong-
Dang. Là, la retraite s'arrête. Le soir même, la
retraite continue sur Dong-Dang. »

Si tous les comptes-rendus officiels des combats
du Tonkin avaient été rédigés dans le genre de
celui-ci, c'est alors que nous ne nous serions pas
élevés contre M (···), lorsqu'il qualifiait de mensongères les communications du gouvernement, lorsqu'il prétendait qu'elles étaient toutes arrangées
ou mutilées pour les besoins de la cause.

En revanche, l'auteur de l'étude sur *la recherche de la vérité sur l'évacuation de Lang-Son*,
possède un document officiel, signé d'un officier
supérieur, s'appuyant sur des témoignages d'officiers ayant vu. C'est bien le moment de s'emparer
de ce document pour arriver à cette vérité, qu'il a
tant à cœur de découvrir. Seulement, ce document
est gênant pour son argumentation, pour le
triomphe de ses rancunes politiques ; et le colonel
Borgnis-Desbordes n'est plus « que l'exécuteur
des hautes œuvres du général Brière de l'Isle, qui
est lui-même traité de Toussaint-Louverture, et
son accusation devient alors passionnée. »

Quand cet officier supérieur établit, preuves en
mains, le compte des munitions et des vivres,

« il n'est plus que d'une minutie ridicule, il devient haineux ; il a l'air de régler le compte d'un capitaine d'habillement, dont l'emballage eut laissé à désirer dans un changement de garnison. »

En revanche, quand il s'agit de s'appuyer sur des documents dignes de foi, notre auteur va chercher une grave confession de Monsieur Germain, faite au cours d'une récente période électorale !

Une drôle de base que prend là un général, qui déclare vouloir rester, dans son étude, sur le terrain purement militaire ; et si notre auteur part toujours ainsi en guerre à la recherche de la vérité, nous doutons fort qu'il arrive jamais par ses découvertes à faire pâlir la gloire de Christophe Colomb.

Comme documents de témoins oculaires, il exhibe un fragment de lettre d'une personne qui dit avoir assisté à la retraite de Pho-TY (lisez Pho-Vy) à Chu et au combat de Dong-Song.

Si ce ne sont là que les faits d'armes auxquels notre témoin a assisté, et s'il qualifie de combat la fusillade de nuit de Dong-Song, nous ne sommes plus étonné de voir la désinvolture avec laquelle il établit les responsabilités de chacun, et surtout de lui voir traiter le lieutenant-colonel Herbinger de tacticien prudent et *habile*.

D'un autre côté, le Général (***) laisse complètement dans l'ombre la batterie de 8o^mm de montagne, les deux escadrons de spahis qui sont annoncés et dont un est rencontré à Dong-Song le

30 mars, ainsi que les 1,000 zouaves qui peuvent arriver sous peu de jours.

Ce sont là cependant des renforts sérieux contre des Chinois et qui peuvent nous permettre de réfléchir un moment.

Et dire que, de tous les ouvrages qui ont essayé de défendre l'évacuation de Lang-Son, en se plaçant sur le domaine militaire, c'est cette étude du Général (***) qui nous a paru la plus sérieuse. *Ab uno disce omnes !*

Oui, le Général (***) a eu raison de vouloir discuter la question du Tonkin, en s'appuyant sur des considérations purement militaires ; mais, aveuglé ou entraîné par la passion politique, il a commencé par dénaturer presque tous les faits, par supprimer ceux qui pouvaient gêner son argumentation, et il ne s'est plus servi alors que de professions de foi électorales. Il est parti d'un très bon pied et s'est cassé le nez dès le premier pas.

Nous avons fait connaître notre sentiment sur presque toutes les questions soulevées dans cette étude. Nous n'y reviendrons pas.

Il existe cependant quelques points secondaires que nous n'avons pas eu l'occasion d'envisager et qui méritent quelques explications. Nous allons les passer en revue :

On s'est beaucoup ému de cette parole du général de Négrier : « Pas de chemin de fer Decauville, pas de Lang-Son. »

Quel est le sens de ces paroles ? Elles signifient tout simplement : J'entrevois que les routes qui conduisent à Lang-Son sont tellement mauvaises qu'elles nous créeront de très grandes difficultés pour nos ravitaillements de toutes sortes. Si donc nous allons à Lang-Son, il nous faudra faciliter par un chemin de fer Decauville nos moyens de transport.

Pour construire un chemin de fer, il fallait d'abord occuper Lang-Son ; on ne pouvait guère avoir la prétention de l'édifier sur un terrain que nous n'occupions pas encore.

N'avons-nous pas vu que la grande préoccupation du général a été, aussitôt Lang-Son pris, d'améliorer les routes, d'organiser les moyens de ravitaillement de toutes manières, même en nous donnant des rations substituées ? Si le chemin de fer n'est pas construit le 28 mars, nos moyens de communication sont du moins en bonne voie d'amélioration et les difficultés pressenties sont résolues en grande partie, tellement du reste que le lieutenant-colonel Herbinger a pu parcourir en trois jours et demi la distance qui séparait Lang-Son de Chu, et encore les troupes se sont-elles reposées toute la journée du 3o à Than-Moï et Dong-Song.

Notons en passant que deux compagnies, lês 1re et 2e du 111e, furent envoyées à Chu, le 3ı mars au soir, et qu'elles y arrivèrent vers onze heures dans la nuit.

14.

S'il n'y avait pas de chemin de fer, les travaux des routes étaient cependant assez avancés pour que Lang-Son ne fût pas considéré comme aussi en l'air qu'on a bien voulu le prétendre.

Nous sommes à Lang-Son, nous pouvons nous y maintenir et nous y ravitailler, que ce soit par un chemin de fer Decauville ou par tout autre moyen, peu importe.

Vient ensuite la blessure du général de Négrier : deux fois et d'une façon insidieuse le Général (***) revient sur cette blessure.

Quand on est aussi peu sûr de ce qu'on dit, quand on ne possède aucune preuve, on doit se garder de porter une accusation aussi grave que celle qui est formulée dans les deux phrases suivantes : « Le général n'abuse-t-il pas un peu du bonheur d'avoir été blessé au moment psychologique ? » Et plus loin : « La blessure du général de Négrier, qu'on représentait comme beaucoup plus grave qu'elle n'était réellement.... »

Ayez au moins le courage de dire franchement ce que vous pensez, ou plutôt ce que vous seriez très heureux que vos lecteurs tiennent pour vrai.

La blessure du général de Négrier, à votre sens, est une de ces légères blessures dans le genre de celles dont profitent quelques troupiers pour quitter le champ de bataille. De là à accuser le général de lâcheté, il n'y a qu'un pas. Toujours la question politique qui perce !

Puisqu'il faut faire de pareilles preuves, citons encore le fait suivant :

Le docteur Zuber était à la tête de l'ambulance où se trouvait le général de Négrier pendant la retraite. Le capitaine Sazonoff, du 111e, commandait une partie des troupes chargées de protéger les malades. Pendant une des premières haltes, il interroge sur la blessure du général le médecin en chef de l'ambulance. Celui-ci avait fait préparer un breuvage qu'il tenait à la main ; il répondit au capitaine : « Je ne sais pas encore ce qui va en résulter ; je vais essayer de faire prendre cette boisson au général ; s'il peut la digérer, rien n'est perdu ; sinon, il faut s'attendre à un grand malheur ! »

Quand la vie d'un malade tient à l'absorption d'une potion, peut-on insinuer une pareille accusation ? Le général pouvait-il conserver le commandement de sa brigade, dans de pareilles conditions, ainsi que voudrait bien le faire croire notre auteur à la recherche de *La Vérité sur l'évacuation de Lang-Son ?*

Le Général (***) avoue du reste qu'il n'a pas la prétention d'apporter la vérité, qu'il ne fait que la chercher et que ce serait une rare bonne fortune pour lui de la voir un jour dans son heure de rayonnement. Nous sommes très heureux de pouvoir lui venir en aide dans cette circonstance, et comme il semble tenir beaucoup à connaître le sentiment du général de Négrier sur le sujet qu'il traite, nous allons le lui donner.

Nous avons eu, nous, la bonne fortune d'être, sans le vouloir, sans que le général s'en doute, le confident de ses pensées. Lorsque parut le numéro du *Correspondant* du 10 décembre 1885, un exemplaire lui fut adressé de France. Sur cet exemplaire, les ("") étaient remplacées par le nom de l'auteur : « Général..., dit-on. »

L'ouvrage fut nécessairement lu par le général de Négrier, qui souligna au crayon vert certains passages ; ces traits, par eux-mêmes, sont assez éloquents pour nous donner la pensée du général, qui voudra bien nous pardonner cette légère indiscrétion, le numéro du *Correspondant* en question ayant été laissé à l'abandon.

Ce qui excite le plus la verve du crayon du général, ce sont les passages où le colonel Herbinger est traité d'habile tacticien. Dans la phrase suivante que nous avons déjà citée : « Son intelligence remarquable des choses de la grande guerre, son sentiment élevé de la | pure | tactique... » sentiment élevé de la pure tactique est souligné et le mot « pure » est encadré par le trait vert du crayon.

Quand le témoin oculaire, qui a assisté à la retraite de Pho-Ty (sic), affirme que « le colonel Herbinger a agi en tacticien prudent et habile, » le trait est saccadé et en marge sont deux gros points d'exclamation qu'on pourrait plutôt appeler de stupéfaction.

C'est qu'en effet, s'appliquant à la tactique du colonel Herbinger, le mot « pure » est à encadrer.

Citons encore d'autres soulignes :

Baraque croulante, s'adressant à Lang-Son, est souligné.

Quand Monsieur (***) semble mettre en doute la gravité de la blessure du général de Négrier, on sent que le crayon est conduit par une main indignée : le trait est en zigzag.

Un petit trait légèrement ironique est placé en marge de ces mots :

« Les faits que nous venons de reproduire (ces faits sont ceux qui ont trait à la situation de Lang-Son, le 28 mars, et à la relation fantaisiste du combat de Bang-Bo) en leur laissant leur simplicité militaire, nous avons longtemps et vainement cherché à en retrouver même une ombre affaiblie ou une version contradictoire dans les correspondances venues d'Hanoï. »

Est soulignée aussi l'idée suivante que le Général (***) prête au colonel Herbinger :

« Les Chinois vont m'attaquer avec une dizaine de mille hommes, puis passer derrière | moi avec le reste. »

Le mot « derrière » est encadré.

Pour en finir avec la déposition du général de Négrier, nous donnons ci-dessous un fac-simile des soulignes qui ornent un des plus importants passages de l'étude du Général ("""") :

« Je puis enfin parler, maintenant que l'arrêt du conseil de guerre est rendu. J'ai été membre de la commission du crédit de 200 millions pour le Tonkin, j'ai vu les dépêches du général de Négrier télégraphiant :

« Je suis enveloppé, écrasé ; attendez-vous aux » événements les plus graves. Nous manquons de » tout. Ravitaillez Lang-Son par tous les mo- » yens. »

» C'est triste à dire, c'est une honte pour le pays, le colonel Herbinger a été mis sur la sellette pour des motifs politiques. Que tout le monde le sache, nos soldats et nos marins ont été des héros ; s'ils n'ont pas toujours été victorieux, c'est notre faute ; c'est que le gouvernement les laisse manquer des moyens, des ressources nécessaires.

» D'autres se sont chargés de flétrir les politiciens qui ont, de sang-froid, ordonné la marche sur Lang-Son, envoyé nos soldats au massacre, et qui, pour sauver leur responsabilité, ont tenté de perdre un loyal et brave officier.

» Mais il y a à tirer de ces faits quelques enseignements au point de vue militaire. ——————

« La peur des responsabilités, a dit M. de Bis- » marck, est une maladie qui travaille tout parti-

» culièrement notre siècle, une maladie qui a
» pénétré jusqu'au sommet de l'arbre social. »
Certes, il est peu d'hommes d'Etat qui aient pu
s'affranchir de ce redoutable fléau, comme le chancelier de l'empire germanique. Hélas ! la guerre
du Tonkin est venue révéler combien sont rares,
dans les rangs de notre corps d'officiers, les âmes
de la trempe de celle du Richelieu prussien.

» Dans cette malheureuse affaire de Lang-Son,
toutes les responsabilités se sont évanouies comme
par enchantement, pour ne plus laisser exposer
aux colères de l'opinion publique et du gouvernement que l'infortuné colonel Herbinger, trans-
formé en bouc émissaire.

» Une guerre funeste et fertile en mécomptes,
où s'engloutissent notre or et le meilleur de notre
sang, avait eu du moins l'heureux résultat de
désigner, à la foi du soldat et aux espérances de la
foule, des chefs jeunes, intelligents et intrépides.

» La France se prenait à saluer joyeusement
ceux qui effaçaient le stigmate de ses anciennes
défaites et qui, en relevant le prestige de ses armes,
rendaient la confiance à ses jeunes bataillons.
Pourquoi faut-il que ces brillants généraux aient
eux-mêmes, dans une heure de défaillance, diminué leur propre gloire et prouvé qu'ils ne possé-
daient pas, au même degré que le courage militaire, le courage plus rare mais non moins nécessaire à des chefs d'armée ?

» Les dépêches adressées à plusieurs reprises par le général Brière de l'Isle au gouvernement, manifestaient son opposition énergique à une marche vers le nord. L'opinion du général de Négrier n'était pas moins formelle : quand il fut contraint d'entreprendre la marche déconseillée par lui, il en prévoyait l'issue.

» Les télégrammes vus par M. Germain témoignent, d'une manière irréfutable, que le général de Négrier à Lang-Son se rendait compte, avant sa blessure, de l'état désespéré des affaires et qu'il avait prévu l'éventualité de la retraite. Le colonel Herbinger, mis subitement à la tête des troupes, ne fit, en présence de l'aggravation de la situation, qu'exécuter le plan conçu par son ex-supérieur.

» Pourquoi donc, à la nouvelle de l'échec, le général Brière de l'Isle a-t-il, dans une dépêche qui trahissait l'affolement, désigné d'avance le colonel Herbinger comme un coupable ? Pourquoi le général de Négrier n'a-t-il pas trouvé un mot à dire pour défendre son lieutenant et déclarer, avec l'autorité de sa vaillance, déjà légendaire, que la retraite n'était pas une défaillance, mais une nécessité ?

» Nous osons, dans un intérêt supérieur, faisant violence à la sympathie respectueuse que nous avons pour ces deux généraux, dire que, en cette circonstance, un des plus impérieux devoirs du commandement n'a pas été accompli par eux. »

CHAPITRE XIV

On devait rester à Lang-Son. — Le lieutenant-colonel
Herbinger ne jouissant pas de la plénitude de ses facultés,
tout s'explique. — Erreur sur les personnes. — Fautes
commises.

Pour voir clair maintenant dans toute cette
affaire de Lang-Son, il n'est pas nécessaire d'avoir
des connaissances militaires bien étendues, il
suffit d'ouvrir les yeux. Prenons la deuxième
brigade, le 28 mars au soir, alors que les Chinois
viennent d'être repoussés dans leur attaque contre
Ky-Lua ; faisons disparaître le lieutenant-colonel
Herbinger et mettons à sa place un chef quelconque doué d'un simple gros bon sens. Que fera-
t-il ?

Les Chinois ont disparu, on n'entend plus le

moindre sifflement de balle, il a donc tout le temps de la réflexion ; il n'est pas dans une de ces situations difficiles du champ de bataille, où il faut, en une minute, prendre une de ces résolutions dont la réussite fait souvent les grands génies.

Il pourra donc examiner froidement la question. Cette succession d'idées lui viendra naturellement à l'esprit :

1° S'informer auprès des différents chefs de service de la brigade qu'il a sous la main de la situation en vivres et en munitions de la place de Lang-Son ;

2° Télégraphier au général en chef pour savoir s'il peut compter sur des renforts, dans le cas où sa ligne de retraite viendrait à être menacée ;

3° Chercher à connaître la situation de son ennemi.

Au moyen de quelques patrouilles de cavalerie, soutenues au besoin par des troupes d'infanterie, il pourra pousser de l'avant pour reconnaître jusqu'à quel point l'adversaire a battu en retraite.

Nos chasseurs d'Afrique et nos fantassins ont déjà assez donné de preuves de leur habileté et de leur savoir-faire dans des circonstances beaucoup plus difficiles encore, pour qu'on puisse avoir confiance en eux pour une pareille mission.

Et qu'on ne vienne pas nous objecter que ce

sont là des raisonnements faciles à formuler à l'aise dans son fauteuil par-dessus les événements.

Si un officier supérieur quelconque de l'armée française n'est pas capable, en dehors du champ de bataille, de donner une aussi mince preuve de sang-froid et de jugement, c'en est fait de notre armée ; il ne reste plus qu'à la licencier et à utiliser, dans d'autres travaux beaucoup plus pratiques, les millions que nous dépensons pour l'entretien de nos forces nationales.

Aussi, nous le disons avec la conviction la plus profonde : un chef quelconque qui aurait fait le simple raisonnement que nous venons de tenir, qui se serait renseigné en avant, en arrière et sur les lieux mêmes, aurait été amené forcément à rester à Lang-Son et à s'y maintenir. Et nous n'aurions pas assisté à ce spectacle vraiment étrange d'une brigade battant, la nuit, en retraite, alors qu'elle vient de mettre son ennemi en fuite.

Ce sont ceux-là, qui sont les pires ennemis de l'armée, qui cherchent à expliquer et à trouver logiques de pareils actes. Car, si, par malheur, semblables mœurs s'acclimataient chez nous, c'en serait fait de notre armée, le jour où elle aurait à se mesurer avec une puissance européenne quelconque.

La faute d'avoir placé un officier, ne jouissant pas de toutes ses facultés, dans une situation telle qu'il pouvait, à un moment donné, avoir, de par son grade, un rôle important à jouer dans cette campagne, est tellement sans excuse, qu'elle ne laisse plus aucune place pour les autres.

Tous les actes accomplis au Tonkin, et qui ont soulevé tant de polémiques, peuvent se prêter à la discussion et donner lieu à d'interminables controverses.

On peut trouver des raisons à l'explosion de la porte de Chine ; on peut expliquer, avec motifs à l'appui, l'attaque de Bang-Bo ; on peut discuter sur le plus ou moins de troupes envoyées au Tonkin ; on peut trouver des excuses à la dépêche du général Brière de l'Isle, qui a causé en France un si grand affolement. Mais que dire de la présence d'un déséquilibré à la tête d'un régiment français !

Là, pas de discussion, pas d'explication possible.

Le colonel Herbinger reconnu pour un officier ne jouissant pas de toutes ses facultés et pris, d'un autre côté, pour un aigle par ses supérieurs, tout le voile qui couvre cette mystérieuse affaire de Lang-Son se déchire.

Le mutisme du général de Négrier, qui excite tant la curiosité de M. (***), s'explique bien simplement : s'il avait donné franchement son avis, il aurait été obligé de tout dire sur le colonel Herbinger et de reconnaître, par suite, qu'il était fou au point de vue militaire. Mais alors, on aurait pu lui répondre, avec juste raison, comment a-t-on pu laisser un fou à la tête de la moitié de vos troupes? Et il n'aurait rien eu à dire.

L'ordonnance de non-lieu prononcée en faveur du colonel Herbinger, sur des instructions émanant de France et que le ministère de la guerre aurait pu se dispenser d'envoyer au général de Courcy, s'explique aussi bien simplement :

Le colonel reconnu coupable, on aurait été obligé de tout dévoiler ; et la foule alors, à laquelle il faut une victime, ne se serait pas portée au quai d'Orsay, mais à la rue Saint-Dominique, pour demander compte de la présence d'un déséquilibré à la tête d'un régiment français.

Et le ministre de la guerre n'aurait pu faire que cette réponse : « Que voulez-vous ? Nous nous sommes trompés. » Ce qui, je crois, n'aurait guère apaisé la foule.

Une victime avait déjà été sacrifiée, la masse était satisfaite. Assez d'ennuis comme cela. En avant le mystère.

Prenez maintenant le général Brière de l'Isle, c'est lui le plus malheureux, il a déjà parlé et même un peu trop avec son télégramme du 28 mars, 11 heures du soir (Hanoï) ; il ne peut pas s'arrêter là, il trouve le parti le plus simple, dire la vérité ; il la dit franchement, brutalement, et tout le monde alors de lui tomber dessus et de l'accuser d'avoir voulu dégager sa responsabilité en cherchant à écraser son lieutenant.

Lui aussi, s'était trompé sur le compte du colonel Herbinger, et il supportait les conséquences de son erreur.

On est généralement puni par où l'on a péché :

La guerre du Tonkin n'a été, tout le temps, qu'une fausse application de personnes, elle s'est fatalement dénouée par la plus grossière erreur que l'on ait pu faire sur une personne.

Quand la guerre battait son plein, on a donné le commandement des troupes au général Brière de l'Isle, qui est un excellent administrateur ; mais qui avait bien compris qu'il devait entièrement se reposer sur le général de Négrier pour les choses du champ de bataille (1).

Quand la paix est faite, qu'il ne s'agit plus que de faire renaître le calme, que d'apaiser les esprits, on envoie tout de suite un sabreur qui, à peine débarqué, met tout en révolution.

Au général Brière de l'Isle, on marchande ses pouvoirs en fait de récompense et d'avancement, et cependant c'est sous ses ordres qu'on se fait tuer ; il faut six mois pour qu'une décoration, pour qu'un nouveau grade vienne de France. Que de décorés, que de nouveaux promus, morts sans avoir eu la consolation d'une récompense plusieurs fois méritée.

Lorsque la paix est signée, lorsqu'il n'y a plus

(1) C'est peut-être là qu'il faut aller chercher la cause de l'affolement subit du général Brière de l'Isle : Outre la douleur de voir l'évacuation de Lang-Son, il sent la fortune lui échapper. Celui sur lequel il se reposait entièrement pour le combat est blessé grièvement. Quant à Herbinger ! il n'y comprend rien. Il ne se sent plus à hauteur de circonstances qu'il s'exagère. Il perd la tête.

d'action d'éclat du champ de bataille à accomplir;
on donne tout pouvoir au général de Courcy qui,
ayant à s'acquitter de promesses faites pendant la
traversée, va imaginer la sotte affaire de Hué.

Quand, à Bac-Lé, il faut un homme pondéré,
ayant de la diplomatie, une grande souplesse de
caractère, on envoie un Dugenne, un briseur
d'obstacles, qui ne demande que plaies et bosses.

Nous laissons de côté le colonel X....

Que dire maintenant de ce qui s'est passé, lorsqu'il s'est agi d'envoyer au Tonkin, 3 bataillons
pris dans les 23e, 111e et 143e d'infanterie (1).

Après les terribles leçons de 1870, il s'est trouvé
un ministre de la guerre, qui n'a pas craint de
supposer qu'il pouvait se rencontrer dans l'armée
française des officiers capables de laisser leurs
troupes partir en campagne sans eux.

Vous faites à quelqu'un, en temps de paix,
l'honneur de lui confier une compagnie, un
bataillon, et lorsqu'il y a quelques dangers à courir, vous admettez qu'un capitaine, qu'un chef de
bataillon déserte son poste d'honneur; vous n'hé-
sitez pas à placer des officiers dans cette triste
alternative d'avoir à choisir entre leur devoir et

---

(1) Quand ces trois bataillons furent désignés pour faire
campagne, les officiers furent laissés libres, soit de partir
avec leurs troupes, soit de rester en France. Au 111e il n'y
eut que le chef de bataillon qui laissa partir son bataillon sans
lui. Il passa dans un autre régiment où tout le monde lui tourna
le dos. Ce fut le commandant Chapuis, mort au Kep, qui le
remplaça.

une désertion morale ; et tout cela, pour pouvoir trouver un plus grand nombre de places pour vos favoris.

———

CONCLUSION

Depuis 1870, la France, sous le rapport militaire, s'est complètement transformée. La nation n'a ménagé à l'armée, ni son argent, ni ses enfants, ni ses encouragements, ni son admiration.

L'armée, elle, a répondu à tous ses sacrifices en travaillant avec acharnement, sans aucune défaillance.

Elle a fait d'immenses progrès sous le rapport de la mobilisation, de l'armement, de l'organisation, de l'instruction de la troupe et des officiers.

Elle peut actuellement passer à juste titre pour redoutable. Elle constitue une puissante cuirasse pour la sécurité de nos frontières. Mais cette cuirasse a encore des défauts qu'il faut à tout prix faire disparaître.

Le principal de ces défauts, que nous dénonçons hautement, réside dans notre éducation. A peu

15

d'exceptions près, nous sommes instruits, nous savons ; mais nous ne sommes pas éduqués, nous ne savons pas faire.

Et comme le disait le maréchal Bugeaud : « Dans l'armée, il ne faut pas des gens savants mais des gens sachants. »

Par éducation militaire, nous entendons l'art de cultiver et de développer pratiquement les facultés physiques, intellectuelles et morales de tous, en faisant converger tous les efforts vers un seul but, la victoire, lorsque sonnera l'heure terrible de l'appel aux armes.

Pour que cette éducation puisse se bien donner, il faut une seule tête pour vouloir, une puissante main pour bien diriger, du prestige pour imposer l'obéissance, et avec tout cela du temps et de la persévérance.

Malheureusement nous avons eu beaucoup trop de ministres, la guerre de 1870 avait trop abattu le prestige de nos généraux, pour que cette éducation, qui demandait à être prise de longue main, ait pu se faire dans de bonnes conditions.

Aussi, faute de pouvoir éduquer, s'est-on rabattu sur l'instruction. D'où ces règlements multiples, qui tous portent la marque d'une bonne intention, mais qui modifiés, corrigés, annulés, remplacés chaque jour suivant l'idée du moment finissent à la longue par constituer un immense fouillis où tout le monde perd la tête.

Nous sommes étreints par la *réglementomanie*, nous ne sommes pas même glissés dans des couloirs qui nous permettent quelque aisance des coudes, nous sommes coulés dans des tuyaux où nous n'avons pas la faculté de lever la tête.

Pénétrez au cœur d'un régiment, d'un état-major quelconque et vous serez stupéfaits de la quantité de papiers feuilletés, de décisions invoquées pour résoudre la question même la plus simple. Ce n'est plus le bon sens qui vous guide, ce sont des dates de circulaires. C'est une guerre permanente qui se fait entre les régiments et les états-majors, à coups de papier, de bulletins officiels. Comment voulez-vous ensuite pouvoir juger des aptitudes à la guerre d'un officier, lorsque vous ne lui aurez permis, pendant toute sa carrière, d'exercer ses facultés qu'en s'appuyant sur un cas prévu par telle ou telle instruction ministérielle ou autre ?

LE RÈGLEMENT c'est la grande épée de chevet du supérieur vis-à-vis du subordonné. « Ceci est dans ce règlement ; ceci, Monsieur, n'est pas règlementaire. » Ce mot, le règlement, est neuf fois sur dix l'*ultima ratio* de ceux qui n'ont aucune raison à vous donner.

Voici ce qu'à propos de règlement, disait un colonel de l'armée française, que nous ne voulons pas nommer de peur de le compromettre. Sa théorie est trop rare à rencontrer dans la bouche d'un chef de corps pour que nous résistions à l'envie de la consigner ici :

« Le règlement fait ce qu'il peut pour nous venir en aide, c'est à nous à faire le reste. Le règlement nous fournit des moyens et des aides. Il ne peut pas être une gêne et encore moins un but. Nos idées sur le caractère et l'influence des règlements — tactiques surtout — sont encore très étroites et imprégnées, infectées d'un esprit de routine contre lequel il faut réagir vigoureusement. Le premier pas à faire pour entrer dans cette voie c'est de se mettre en l'esprit et de proclamer hautement que tout ce qui n'est pas défendu expressément par le règlement est permis. Le règlement n'a pas prévu et ne pouvait prévoir aucun cas particulier, et pourtant dans la vie réelle pratique, il n'y a absolument que des cas particuliers qu'il faut résoudre *avec* et au besoin *sans* les moyens règlementaires.

» Allons-nous chercher la solution dans le texte? Non. Car elle n'y est pas et y fut-elle, par hasard, que nous devrions faire comme si elle n'y était pas. Nous ferons donc une combinaison de moyens règlementaires et nous le ferons chaque fois en consultant, non pas le texte, mais les exigences de la situation. L'ordre donné et compris, la situation exposée et comprise, le chef n'a plus qu'à oublier tous ses livres, tous ses cours, y compris les règlements, et se poser cette unique question, toujours la même. De quoi s'agit-il ? S'il a le malheur de chercher dans sa mémoire, dans ses souvenirs, il est perdu, il sera collé odieusement par les questions les plus simples, quelles que soient d'ailleurs *sa science* et son érudition.

» Ça n'est pas dans le règlement, je ne connais que le règlement ». Paroles malheureuses que tout officier devrait s'interdire et qui méritent d'être relevées énergiquement : « On ne vous demande pas, Monsieur, ce qu'il y a dans le règlement ; mais bien ce que vous avez dans le ventre. » Paresse ou indigence d'esprit, ankylose intellectuelle et morale, voilà ce que prouvent de pareils propos. Le règlement est fait pour l'armée et non l'armée pour le règlement. »

En ne nous enfermant pas toujours dans les lignes étroites de nos circulaires, en faisant beaucoup moins de règlements, en adoptant simplement quelques principes sagement et largement conçus, vous laisserez à vos officiers une plus grande marge pour se mouvoir et vous aurez vous, généraux, plus de données pour les apprécier, les connaître et les noter. Il y aura peut-être, avec ce système, plus de fautes commises dès le début ; mais ces fautes auront été commises en temps de paix et elles seront facilement réparables ; et vous aurez au moins gagné ceci : de pouvoir juger plus

15.

sainement les officiers que vous aurez à utiliser sur le champ de bataille.

Laissez un peu de côté tout ce qui est parade, épure, tout ce qui n'est fait qu'en vue du trompe-l'œil. Laissez également de côté vos circulaires et voyez un peu mieux vos hommes. Ce n'est pas à coups de règlements, de décisions, de beaux alignements, de rangs de taille perfectionnés que vous arriverez à mettre en fuite votre ennemi. C'est à coups d'hommes bien éduqués, dont vous aurez formé le jugement, constaté le sang-froid, dans les veines desquels vous aurez infiltré un sang généreux, dans le cœur desquels vous aurez insufflé, non des prescriptions réglementaires, mais le sentiment du devoir, l'amour de la patrie, le mépris de la mort.

Voyez un peu ce qui se passe aux inspections générales, ce ne sont généralement que rappels à des décisions : Ports d'armes défectueux, étiquettes mal placées, pantalons trop longs, trop courts, pas d'uniformité dans la tenue des chambres. Les manœuvres à rangs serrés manquent d'ensemble. En terrain varié quelques soldats ne savent pas encore arrêter une patrouille, un déserteur, un parlementaire. Les déploiements se font mal.

Aux grandes manœuvres, c'est toujours l'épure ; tout est combiné, dicté à l'avance. Rien n'est laissé à l'imprévu. Et comme alors il faut tout prévoir, le directeur de la manœuvre est constamment absorbé par son papier blanc sur lequel il met du noir.

Sur le terrain, il n'est préoccupé que de l'idée de voir si l'on s'est bien conformé à ses instructions multiples.

Les officiers, qui le savent, ont aussi leur petit papier dans la poche, et quand ils se trouvent embarrassés, ce n'est pas du terrain, de la situation des adversaires, des événements qu'ils s'inspirent ; ils déplient leur petit papier pour voir s'ils ne tombent pas sous le coup d'un reproche. Tout le monde regarde en l'air pour voir si le chef est satisfait, personne ne regarde au-dessous pour voir ce qu'il y a à faire avec les éléments dont on dispose.

On arrive ainsi à détruire toute initiative, à entuyauter tout le monde ; ceux qui cherchent à sortir du tube reçoivent le plus souvent un coup de patte, qui les fait entrer brusquement dans ce qu'on appelle le règlement et dans ce que nous appelons, nous, l'inertie.

Ce système de règlementation à outrance en vigueur dans notre armée a été basé sur la méfiance ; le système d'éducation que nous préconisons, doit, au contraire, reposer sur une confiance réciproque et avoir pour conséquence première de laisser à chacun l'initiative qui lui revient, cette initiative, dont sont saupoudrés tous nos règlements, dont tout le monde parle et qu'on se refuse d'autant plus à appliquer qu'on est plus élevé dans la hiérarchie militaire.

L'initiative a pour base la confiance du supérieur dans son subordonné. La confiance ne peut
s'infiltrer dans l'armée que par un juste sentiment
de réciprocité. Elle doit venir d'en haut. Que le
supérieur donne à son subordonné cette preuve
de confiance de lui accorder toute l'initiative à
laquelle il a droit, et celui-ci donnera sans réserve
sa confiance à son chef, et dans cette confiance
réciproque, l'armée puisera cette force morale, qui
à elle seule constitue le principal facteur de la
victoire.

TABLE DES MATIÈRES

ERRATA

Page 40, 1ʳᵉ ligne, au lieu de « Dang-Dong », lire : Dong-Dang.

Page 77, 22ᵉ ligne, au lieu de « deux cavaliers... 5 heures », lire : deux cavaliers... 5 heures 45.

Page 164, 13ᵉ ligne, au lieu de « pour rappeler vertement à » lire : pour être rappelé vertement à.

Page 175, 12ᵉ ligne, au lieu de « avec la Chine comme voisine «, lire . avec les Chinois comme voisins.

Riom. — Imprimerie U. Jouvet, rue de l'Hôtel-de-Ville, 8.

MÊME LIBRAIRIE
Envoi franco contre mandat ou timbres-poste

Riom. — Imp. L. Jouvet, rue de l'Hôtel-de-Ville, 8.

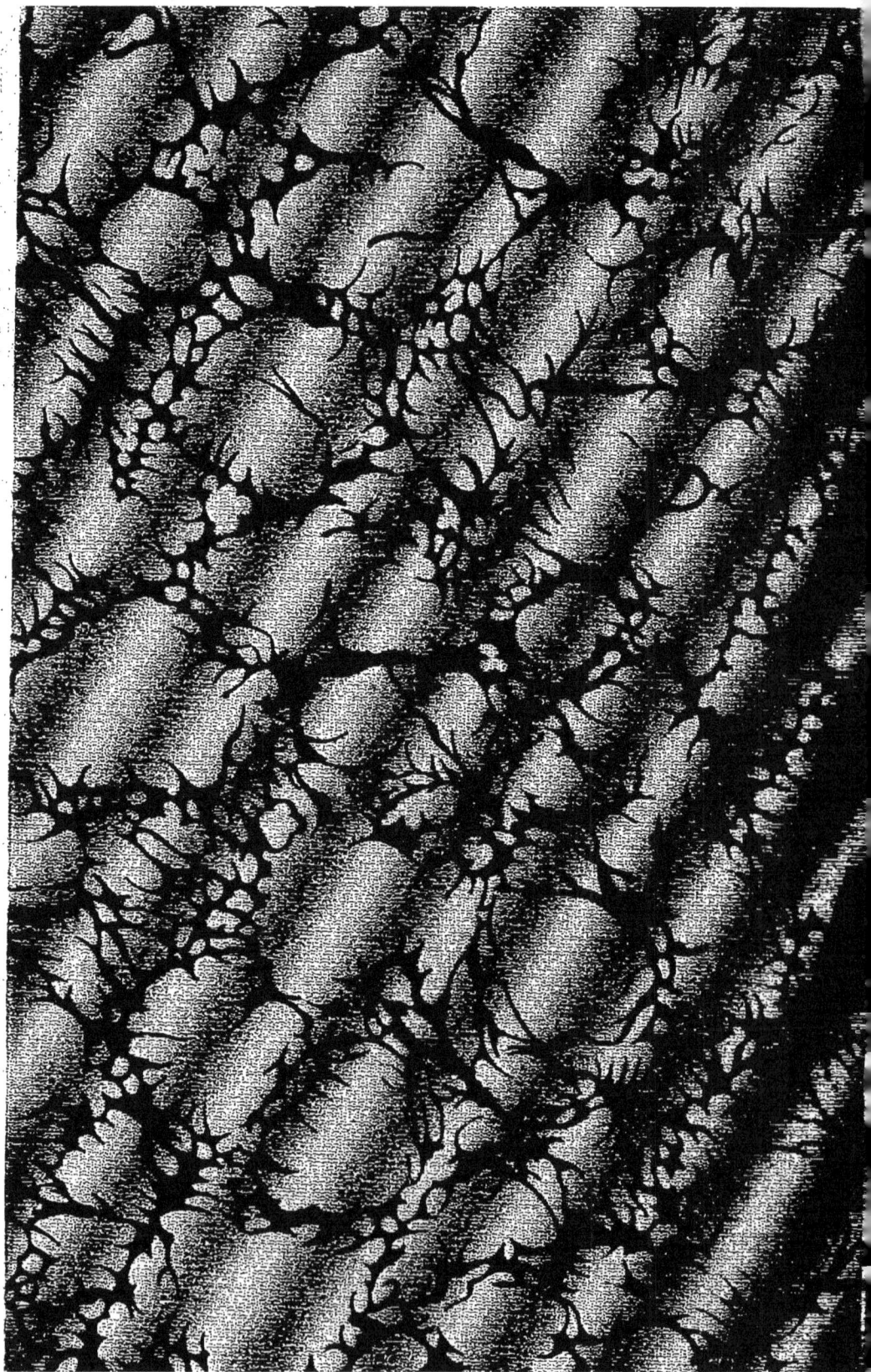

www.ingramcontent.com/pod-product-compliance
Lightning Source LLC
Chambersburg PA
CBHW071621270326
41928CB00010B/1720